JN249537

コンパス
障害児の保育・教育

2019年度　保育士養成課程　教職課程コアカリキュラム　対応

編著：武藤久枝・小川英彦

共著：一木　薫・大河内修・荻原はるみ・勝浦眞仁・金山三惠子
　　　岸本美紀・熊谷享子・幸田政次・白取真実・千田隆弘
　　　髙沢佳司・橋本悦子・布施由起

建帛社
KENPAKUSHA

まえがき

　わが国の障害児教育は「特殊教育から特別支援教育へ」と大転換期を迎え，現在，幼稚園・保育所等においては，障害のある子どもをはじめ，特別な支援を必要とする子ども達の受け入れが進んでいます。保育者は，子ども達の支援について日々，大変な努力のもとに取り組んでいますが，保育者には障害や子どもの発達，そしてその家族についての理解を深めることだけでなく，子どもの将来を見通した対応も求められています。また，幼稚園・保育所等では，障害のある乳幼児について，学校と同様に個別の支援計画を立てることが望ましいとされ，保育者には多岐に渡る役割が求められるようになりました。

　このような状況に対応できる保育者を養成するテキストとして，このたび本書を編集しました。本書では，障害のある子どもの保育・教育について学ぶ方々が，障害についての原因を含めた理解，そしてその理解に基づく療育や保育のあり方や，障害のある子どもの保育・教育の歴史や制度も含めて，基礎となる事柄を幅広く学べるようにまとめています。

　本書の特色として，第一に，近年，幼稚園・保育所等の保育現場でニーズが高まっている発達障害に関する乳幼児期の特徴と保育者の対応について，重点的に解説しています。第二に，障害のある子どもをクラスで担当した場合の統合保育における指導計画が，演習によって立案・作成できるようにしています。第三に，それぞれの障害について，乳幼児期の特徴と集団保育の中での保育者としての実践的対応に焦点を当てて解説しています。

　また，2017（平成29）年に告示された「保育所保育指針」，「幼保連携型認定こども園教育・保育要領」，「幼稚園教育要領」，そして2019年度から実施される新たな保育士養成課程や教職課程などにも対応できるように，重症心身障害のある子ども，医療的ケアの必要な子ども，日本語を母語としない子どもや貧困の子どもといった，特別な教育的ニーズを必要とする子どもについても取り上げています。

　本書の構成として，第1〜7章では，障害のある子どもの保育・教育に取り組むための必要な基礎知識について解説しています。第8〜11章では，障害のある子どもの保育・教育の実際や現状・課題について，それぞれ具体的に解説しています。そして，第12・13章では，事例検討などのグループワークや，個別の支援計画の立案などを演習できる内容となっています。この構成をふまえ，例えば事例演習，支援計画立案への取り組み方次第では，半期15週，通年30週いずれの場合でも対応できるよう配慮しています。

本書が保育士養成課程，幼稚園教諭教職課程における障害児保育，特別支援教育に関するテキストとして活用いただくことはもとより，障害児保育の基礎を理解する研修等において保育者の指針としても役立つことを願っています。

　最後になりましたが，それぞれの専門分野の知見を活かしてご執筆くださった先生方，そして本書の編集を温かく見守り励ましてくださった建帛社編集部に心より感謝申し上げます。

2018年3月

編者　武藤　久枝

小川　英彦

目　　次

第12章　事　例　演　習　　　　　163

第13章　支援計画の演習　　　　　173

「障害」という表記について

　障害には，「障害」「障碍」「障がい」などの表記があり，本書においては「障害」で統一している。このことについてわが国では，「害」という字に差別的なイメージがあり，障害のある人自身が害をなすかのような印象を与えてしまうとして，「さまたげる」という意味の「碍」，あるいはひらがなの「がい」を用いるべきといった見解がある。

　そうした見解が広がっている現状ではあるが，医学的な診断基準や関連法令においては「障害」という表記が使用されているため，本書では「障害」の表記を用いることとした。

第1章 障害の概念と保育・教育の基本

本章では，まず障害のある子どもを理解するにあたって，子どもの発達と最善の利益をいかに保障していくかについて学ぶものとする。その上で，その保育・教育の意義について，実践の場から学んでいく。ここでは障害のある子どもの実態に応じた，合理的配慮の観点から述べていく。特に，文部科学省が打ち出した特別支援教育の制度の特徴を把握する。インクルージョン保育を見据えた時代の中で，「普遍性」と「特殊性」をもち合わせた障害のある子どもの保育・教育の現状について理解する。

1 障害の概念と理解

(1) ICF (国際生活機能分類)

ICF（International Classification of Functioning, Disability and Health）とは，WHO（世界保健機関）による健康と障害に関する枠組みである（図1−1）。ICFは人間の生活機能と障害に関する状況の記述を目的として分類されており，健康状態，心身機能，身体構造，活動と参加，環境因子，個人因子で構成される。ICFにおける生活機能とは，心身機能，活動，参加のすべてを表す。活動とは，個人による課題や行為の遂行である。参加とは，生活・人生場面への関わりである。環境因子とは，人々が生活し，人生を過ごしている物理的環境，社会的環境，人々の社会的な態度による環境によって構成される。

ICFが示す障害の概念は，構造障害を含む機能障害，活動制限，参加制約を包括している。活動制限

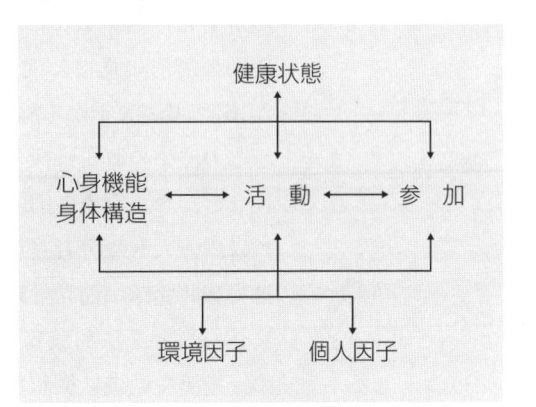

図1−1　ICFの構成要素の相互作用

とは，個人が活動を行う際の困難さである。参加制約とは，個人が生活・人生場面に関わる際に経験する問題である。ICFでは，障害は一部の人にのみではなく，すべての人が人生のいずれかの時期に経験するものと捉えている。

　ここでは環境因子との関わりが強調されている点に注目できよう。今日，バリアフリー（barrier free）といわれるが，障害を個人の心身のみに帰属するという見方ではなく，社会の側にもバリア（障壁）があって，それを除去することで活動や参加が可能になるという理解である。

（2）障害のある子どもの理解

　これまでの障害児保育の蓄積で，障害のある子どもを「障害」「発達」「生活」の面から理解することが大切であると確かめられている。さらに，近年では特別支援教育の推進の中で，「ニーズ」の面からの理解も主張されている。

　ここでは「障害」と「発達」の相関性に注目したい。障害のある子どもへの保育・教育は，障害の克服のみを意図するものではない。あくまでも能力や人格の形成を図り，発達を保障することが本来の目的である。例えば，なかなかその場から移動できない子どもに対して，先を見通す力，切り替える力をつけることでその問題行動を解決できることを実践から導くことができる。

　「生活」の面では，生育歴（障害の診断，通院，園での並行通園など）や生活環境（家族，地域など）である。「ニーズ」の面では，障害のある子どもも障害のない子どもと同様に，人間としてのニーズをもって，生活の充実に向けて活動しているのである。要求は発達の源泉であるといわれることに注目したい。

（3）障害者差別解消法と合理的配慮

　すべての国民が，障害の有無によって分け隔てられることなく，相互に人格と個性を尊重し合いながら共生する社会の実現に向け，障害を理由とする差別の解消を推進することを目的として，2013（平成25）年に「障害を理由とする差別の解消の推進に関する法律」（いわゆる「障害者差別解消法」）が制定され，2016（平成28）年から施行された。

　この法律の概要は次の通りである。①障害者権利条約や障害者基本法に実効性をもたせるための国内法整備として制定された。②法律の理念を実現するために，何人も障害者差別をしてはならないことが明記された。③日本国政府や地方公共団体・独立行政法人・特殊法人は，障害者への合理的配慮に対策を取り込むことを法的義務とし，民間事業者については，努力義務ではあるものの，指導や勧告に従わなかったり，虚偽の事実を述べたりした場合は罰則の対象となる。④障害者に対する合理的配慮については，この法律では特段の定義

はないので，障害者権利条約第2条によって定められる。

　ここでいう合理的配慮とは，障害のある人が日常生活や社会生活を送る上で妨げとなる社会的障壁を取り除くために，状況に応じて行われる配慮のことである。本人から何らかの助けを求める意思の表示があったとき，過度の負担にならない範囲で提供されるべきものをいう。合理的配慮をしないことは，障害者差別解消法で禁じられている差別にあたる。

　園や学校に通う障害のある子どもへは，次の合理的配慮が考えられる。

　教育内容の面では，①学習上または生活上の困難を改善・克服するための配慮，②学習内容の変更・調整である。

　教育方法の面では，③情報・コミュニケーションおよび教材の配慮，④学習機会や体験の確保，⑤心理面・健康面の配慮である。

　支援体制の面では，⑥専門性のある指導体制の整備，⑦幼児・児童・生徒・教職員・保護者・地域の理解と啓発を図る配慮，⑧災害時等の支援体制の整備である。

　施設・設備面では，⑨校内環境のバリアフリー化，⑩発達・障害の状態および特性等に応じた指導ができる施設・設備の配慮，⑪災害時等への対応に必要な施設・設備の配慮である。

2　障害のない子どもとその保護者の障害理解

（1）障害のない子どもの障害理解

　統合保育では分離保育を解消し，同じ園にただ在籍する状態にとどまらず，仲間としてともに生活することをめざすために，障害のある子どもとない子どもの双方の発達を促していく。保育室における相互作用を対象にして，「障害のある子どもと障害のない子どもたちの関係をどのように仲立ちするのか」「双方にとって，主体的にやりとりできる仲間関係を育むためのクラス活動とはどのようなものか」という方法が園では取り上げられている。

　徳田（1997）によれば，①気づきの段階，②知識化の段階，③情緒的理解の段階，④態度形成段階，⑤受容的行動の段階というプロセスが障害理解にはあると指摘される[1]。これらのうち，幼児期から小学校低学年にかけての時期は，障害のある人の存在を認識する気づきの段階に相当する。

　図1－2は，障害のある子どもとない子どもが双方の関わり合いを通じて，発達が全体的に促され，生きる力が培われることを示している。障害のある子どもは仲間として受け入れられ，集団生活をともにしていく中で，他の子ども

1）徳田克己・遠藤敬子『ハンディのある子どもの保育ハンドブック』福村出版，1997，pp.107-108.

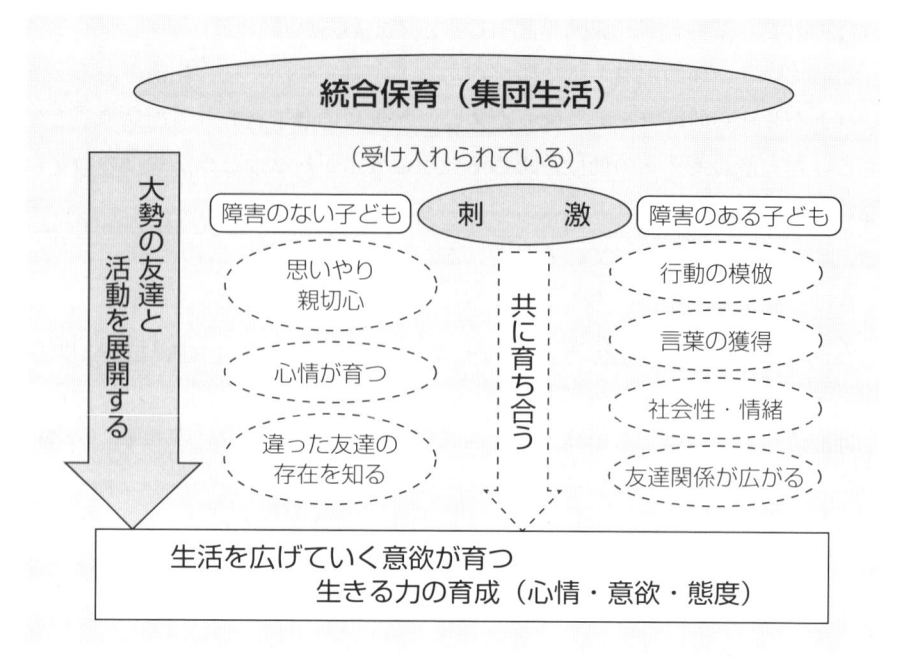

図1-2　統合保育における子ども同士の育ち合い

から多くの刺激を受け，行動の模倣，言葉を覚えることが早くなり，社会性や情緒などの発達も促されていく。一方，障害のない子どもにとっては，障害のある子どもの面倒をみたり，手助けをしたりすることによって，思いやりや親切心などの心情が育ち，自分と違った友達の存在を知ることができる。

　「思いやり・親切心」「心情が育つ」「違った友達の存在を知る」という変化は，同じ場所にいるだけでは不十分であり，障害のある子どもと一緒に過ごして楽しいと感じたか否かに左右されよう。そして，障害特性に対する知識を獲得するというよりは，仲間の一人として，心情的・個別的な理解を深めていくことになろう。やはり，気づきの面が幼児期には大きな変化となってくる。

（2）障害のない子どもの保護者の障害理解

2）文部科学省「通常の学級に在籍する発達障害の可能性のある特別な支援を必要とする児童生徒に関する調査結果について」2012.

　発達障害の疑いのある子どもは，文部科学省の調査[2]によると，義務教育の通常学級に約6.5％の割合で在籍していると公表されている。こうした子どもは，特性上，遊びの場面，生活の場面，友達関係や集団活動の場面でつまずきやすくなる。発達障害は一見して障害がわかりにくく，障害の現れ方も子ども一人ひとりによって様々である。その現れから，周囲から「わがままな子ども」「乱暴な子ども」といった誤解を受け，理解されないままになっていることが案外多い。

　ここでは，障害のない子どもの保護者が障害理解を促進するための理解・啓

発に向けての実際の場面から検討したい。

事例1-1　教室を飛び出す子どもと教育の環境

・4月当初から，クラス全体が落ち着かずにいる。保育中，担任が何回も注意しても，子ども達が個々に話をし出すため，音に過敏なA男児は，「うるさくて，こんなところにいやだ」と，最近では，保育室から飛び出すようになった。

・ある保護者から，A男児が勝手に保育室から飛び出していくことについて，問い合わせが担任にあった。

こうした場合，A男児を含めたすべての子ども達が，落ち着いて生活することができる環境（視覚的な方法，活動の見通しを示すなど）を知ってもらう機会として，保育公開やクラスだよりを活用する。個別の配慮が必要な子どもへの理解のために，日常的な連絡を大切にしていく。また，日頃から想定される事柄や子どもの困り感を未然に防ぐための環境づくりなどを発信していく。

事例1-2　行動が荒れる子どもへの対応

・B女児は，自分の思うようにできないことに対して嫌気がさしてしまい，途中まで作りかけていた作品を「気に入らない」と壊してしまうときがある。イライラした自分の気持ちを抑えきれなくなると，保育室の壁や机を蹴ったりしはじめるため，周囲の子ども達は声をかけることができず，見守るようにしている。

・学級懇談会でB女児のことが話題にあがった。

ここでは，学級懇談会ではB女児を批判する場とならないように注意し，クラスの子ども達の声や気持ちに丁寧に関わりながら，一人ひとりをクラスの一員として育てるという観点で保護者に働きかける。すべての子ども達が生活上のつまずきはあることから，居心地がよく，安心できる集団づくりが大切になってくることを保護者に伝え，協力を求めていくことになる。

3　障害のある子どもの保育・教育の理念と基本

（1）障害のある子どもの保育・教育の意義と理念

障害のある子どもを保育・教育することは，何らかの障害があって，生活や発達にいくらかの困難を抱えている子どもを受け入れ，一人ひとりの実態に応じて必要な支援を行い，発達を保障することである。

今日，障害のある就学前の子どもを対象とした保育・教育は，特別支援学校幼稚部，保育所，幼稚園，認定こども園，児童発達支援センター，通園事業など，様々な機関において実施されている。

ところで，障害のある子どもの保育・教育は，「普遍性」と「特殊性」の両面をもっている。「普遍性」とは，たとえ障害があろうとも，かけがえのない人間の子どもであることから，障害のない子どもと共通する発達の過程を歩むことである。その保育・教育は発達の可能性を最大限に実現するとともに，最善の利益になることをめざして行われなければならない。したがって，保育・教育するにあたっては，将来を担う子どもにふさわしい人格の基礎となる力や生きる力を育てるために，質の高い保育内容を準備し，系統的で，組織的な支援を継続することが大切となってくる。

また，「特殊性」とは，障害があることから，障害の軽減や克服をめざす取り組みが加わることである。感覚訓練，言語訓練，聴能訓練などの機能訓練がこれにあたる。医療的ケアと呼ばれるものも相当する。こうした取り組みによって残存機能を高め，意欲をもって生活できるように支援していく。

障害児保育は，保育の原点であるといわれることがある。ここには，障害がある子どもに対する保育をきめ細かく，丁寧に行うことで，障害のない子どもへの保育を再度見直す契機になったりする場合がある。発達の理解や子どもを見つめる保育の視点を確認したり，チェックしたりすることになるのである。何か特別な分野のみに関わっているという見方だけは避けたいものである。

障害のある子どもの保育・教育の理念は，分離保育に始まり，統合保育が加味され，そしてインクルージョン（inclusion）へと変遷してきた。ノーマライゼーション（normalization）は，「障害児者と健常児者ができるだけ近い生活を」という原理であり，1960年代にアメリカで再統合され，1970～1980年代に国連でその理念が位置づけられ，世界的に普及していった。

インテグレーション（integration）は，障害児の保育・教育と通常の保育・教育の制度的な一体化を意味する用語として広まった。

1994年のユネスコとスペインの共催で提起されたサラマンカ宣言で，インクルージョンが打ち出された。障害だけでなく，貧困，外国籍，病弱，被虐待など特別な教育的ニーズのある子どもたちを排除せずに，包み込んで保育・教育していくことをいう。現在の保育・教育形態の改革論である。

（2）障害のある子どもの保育・教育の基本

障害のある子どもの保育・教育は，障害のある子どもと障害のない子ども，それぞれの保護者，保育者，保育者集団（園全体），地域（関係機関）によって

進められていく。そして，個々の目標はあるものの幼児期全体においては，①基本的生活習慣の確立，②話し言葉の基礎を培うといった2大目標がある。その達成のため，個別指導と集団指導が組み合わされて日々の実践が展開される。ここでは，障害のある子どもの目標，連携，個と集団について述べる。

保育・教育の目標は，子ども自らが育とうとする可能性を信じて，諸能力の基礎を培うことである。障害のある子どもの場合も同じである。保育所保育指針や幼稚園教育要領等に示された保育の原理や教育の基本に沿って行われる。

保育・教育の中で障害のある子どもを丁寧にみるとは，まず一人ひとりの発達や障害や生活を把握することである。例えば，食事，排泄，衣服の着脱，睡眠などの基本的生活習慣の確立，話し言葉や集団生活の中での社会性など多角的な視点で観察する。その上で，その子どもの今できることと少し援助があればできることの発達課題を見極めることが大切である。発達課題を明らかにすることができれば，次に達成するための支援方法を確立することになる。

家庭との連携においては，保護者との信頼関係を築きながら，子どもの姿，発達課題を共有して，どのような保育・教育が効果的なのか，共通理解を図ることが重要になる。地域の関係機関から直接助言を得ることも大切であるが，保護者から関係機関の情報を得ながら支援に生かしていく方法も考えられる。

障害のある子どもの保育・教育においては，一人ひとりの発達や障害が異なっているため，発達課題に応じたきめ細かい支援が求められる。実際の保育・教育を展開する基本的な視点として，個と集団という考え方がある。

基本的生活習慣の確立に向けての支援には，細やかな個別の方法が必要となってくる。スモールステップで活動を細分化し「自分でできた」という達成感や満足感を味わえるようにし，自己肯定感を高めていけるようにしたい。遊びでは，好きな遊びなど障害のある子どもが興味・関心のある活動の中で，必要な発達課題を捉え支援していく即興性が求められる。保育者との信頼関係を築いていくために，1対1の関わりが必要になってくる。

個別の関わりから集団活動に参加する前段階として，当番活動を行ったり，小集団で他児と一緒に遊んだりし，人と関わる面白さ，心地よさといった体験をさせるようにしたい。少しずつ集団の規模を広げながら集団活動になじめるように配慮する必要がある。

以上の個や集団での活動を通して，安心感や居場所といったものを障害のある子どもにもたせることがポイントとなってくるのである。

表１－１　障害のある子どもについて（保育所保育指針・幼稚園教育要領）

障害のある子どもの保育については，一人一人の子どもの発達過程や障害の状態を把握し，適切な環境の下で，障害のある子どもが他の子どもとの生活を通して共に成長できるよう，指導計画の中に位置付けること。また，子どもの状況に応じた保育を実施する観点から，家庭や関係機関と連携した支援のための計画を個別に作成するなど適切な対応を図ること。
（保育所保育指針，第１章　総則，３　保育の計画及び評価，（２）指導計画の作成）

子どもに障害や発達上の課題が見られる場合には，市町村や関係機関と連携及び協力を図りつつ，保護者に対する個別の支援を行うよう努めること。
（保育所保育指針，第４章　子育て支援，２　保育所を利用している保護者に対する子育て支援，（２）保護者の状況に配慮した個別の支援）

障害のある幼児などへの指導に当たっては，集団の中で生活することを通して全体的な発達を促していくことに配慮し，特別支援学校などの助言又は援助を活用しつつ，個々の幼児の障害の状態などに応じた指導内容や指導方法の工夫を組織的かつ計画的に行うものとする。また，家庭，地域及び医療や福祉，保健等の業務を行う関係機関との連携を図り，長期的な視点で幼児への教育的支援を行うために，個別の教育支援計画を作成し活用することに努めるとともに，個々の幼児の実態を的確に把握し，個別の指導計画を作成し活用することに努めるものとする。
（幼稚園教育要領，第１章　総則，第５　特別な配慮を必要とする幼児への指導，１　障害のある幼児などへの指導）

（３）保育所・幼稚園・認定こども園の指針・要領との関連

2017（平成29）年の告示においては，障害のある子どもの保育・教育に関して，表１－１のように記述されている。

保育所保育指針と幼稚園教育要領を比較してみると，いくつかの共通する事項が明らかである。①障害の状態，②一人一人の・個々の，③計画を個別に作成する，④他の子どもとの生活を通して共に・集団の中で生活する，⑤家庭や関係機関との連携，などである。幼保連携型認定こども園教育・保育要領においても，幼稚園教育要領と同様な記述がみられる。

4 障害のある子どもの保育・教育の形態

（１）療育のための機関

児童福祉法では，2012（平成24）年の改正により，障害のある子ども達が住んでいる地域で療育が受けられるよう，それまでの障害種別の施設を撤廃して，障害児通所支援と障害児入所支援に大別された。

　障害児通所支援とは，児童発達支援，医療型児童発達支援，放課後等デイサービス，保育所等訪問支援をいう。このうち児童発達支援は，日常生活における基本的な動作の指導，知識・技能の付与，集団生活への適応訓練などである。医療型と福祉型に分かれ，医療を行う場合は医療型児童発達支援となる。放課後等デイサービスは，就学児童を対象とし，放課後または休業日に生活能力の向上のために必要な訓練，地域社会での交流を実施する。保育所等訪問支援は，専門スタッフが保育所・幼稚園等に訪問し，障害のある子どもに集団生活に適応するための指導を行う。近年では大きな自治体に「○○発達センター」「○○総合療育センター」という名前のついた総合的な施設が創設されてきている。その機能・役割は，それぞれのセンターで違うものの，医療型の施設を基本的にもっているのが一般的である。

　障害児入所支援では，障害のある子どもが障害児入所施設に入所し，保護，日常生活の指導および独立自活に必要な知識の付与を受ける。治療を伴う場合は医療型障害児入所施設，そうでない場合は福祉型障害児入所施設となる。

（2）保育・教育の形態とソーシャルインクルージョン

　分離保育の例として，児童発達支援センターは，障害のある未就学の子どものための通所施設の一つにあたる。身体障害，知的障害，精神障害，発達障害のほか，障害者手帳の有無は問わず，児童相談所，保健センター，医師等により療育の必要が認められた児童も対象となる。障害児通所給付費支給申請を専門家の意見書と一緒に提出し，児童発達支援利用の必要が認められれば受給者証が市町村から発行され，通所の申し込みができる。

　統合保育は，前述したように障害のある子どもと障害のない子どもを同じ場所で保育する。あらかじめそれぞれを区別した上で，同じ保育所・幼稚園等の下で保育する形態をいう。英語ではインテグレーションが相当する。

　わが国におけるソーシャルインクルージョンについては，2000（平成12）年の厚生省（当時）「社会的な援護を要する人々に対する社会福祉のあり方に関する検討会報告書」によると，「全ての人々を孤独や孤立，排除や摩擦から援護し，健康で文化的な生活の実現につなげるよう，社会の構成員として包み支え合う」という理念である。つまり，社会的に弱い立場にある人々を排除をせず，地域社会の一員として支え合う考え方のことである。「つながり」の構築を通じて，偏見や差別を克服するなど人間の関係性を重視するところに社会福祉の役割がある。また，この「つながり」は共生社会を示唆し，多様性を認め合うことを前提にしており，新しい社会福祉の考えを提言している。

　一方，教育界を中心にここ数年間で広がってきた理念としてのインクルージ

ョンは，障害の有無にかかわらず，一人ひとりの教育的ニーズに応じた保育を意味する。それゆえに，障害に限らず，アレルギー，病弱，貧困，外国籍，被虐待といった特別なニーズのある子ども達を包括的に対象とする考えであり，これは特別支援教育へとつながっている。

（3）保育所・幼稚園・認定こども園での保育・教育

当初から保育所や幼稚園，認定こども園に入園して卒園を迎える場合のほか，移行といって途中で分離保育の園から保育所や幼稚園，認定こども園に入ってくる場合がある。また，保育所や幼稚園，認定こども園に通うものの，ある曜日または時間帯に分離保育の園に行く並行通園といった形もあり，一人ひとりに応じた形で実施されている。

さらに，保健師，臨床心理士などの専門職が定期的にやってきて，保育者にアドバイスしながら連携をとった保育が進められるようになってきている。また，幼保小の連携の必要性が叫ばれる今日では，小学校の先生が園に訪問して指導方法などの情報交換するようにも変わってきている。

保育所や幼稚園，認定こども園では，入園までの健康診査で障害が診断された子どもがいる一方，多くは障害の有無がわかりにくい子どもが混在しているのが実情である。「気になる子ども*1」と呼ばれることもあり，乳幼児期であるために，生活年齢が低くなるほど障害の有無が不明確になるためである。

＊1　気になる子ども　第7章3参照。

それぞれ，保育所保育指針，幼稚園教育要領，幼保連携型認定こども園教育・保育要領に基づいて，就学前の子どもに関する保育・教育が行われている。

5　特別支援教育の現状

（1）特別支援教育の理念

2007（平成19）年4月より，文部科学省はそれまでの障害のある子どものための教育であった「特殊教育」から新たな制度の「特別支援教育」をスタートさせた。翌年の2008（平成20）年には保育所保育指針と幼稚園教育要領が同時に告示され，この特別支援教育の考えが幼児期にも位置づけられた。

その理念は，「特別支援教育の推進について（通知）」に端的に述べられている。第一に，「幼児児童生徒」という文言が示しているように，幼児期・学齢期・青年期といったライフステージにわたる支援をしていくことである。

第二に，知的障害，肢体不自由，病弱・身体虚弱，弱視，難聴，言語障害，

情緒障害に加え，知的な遅れのない発達障害まで対象を拡大したことである。

第三に，共生社会の形成をめざすことから，障害のない子どもにとって意味をもつものである。

（2）特別支援教育を行う体制の整備

次のような取り組みが，特別支援教育で実施されている。

第一に，特別支援教育に関する園内（校内）委員会の設置である。園長（校長）のリーダーシップの下，全園（全校）的な支援体制を確立し，発達障害を含む障害のある子どもの実態把握や支援方策の検討を行う。

第二に，実態把握である。保護者と連携して検討を進める。特に園，小学校においては，発達障害等の障害は早期発見・早期支援が重要である。

第三に，特別支援教育コーディネーターの指名である。園内（校内）の委員会・研修の企画・運営・関係機関・学校との連絡・調整，保護者からの相談窓口等の役割を担う。

第四に，関係機関との連携を図った「個別の教育支援計画」の策定と活用である。長期的な視点に立ち，乳幼児期から学校卒業後まで一貫した教育的支援を行うため，医療，福祉，労働等の様々な側面からの取り組みを含める。

第五に，「個別の指導計画」の作成である。幼児・児童・生徒の障害の重度・重複化，多様化等に対応した教育を一層進める。

第六に，指導者の専門性の向上である。各園（学校）は，園内（校内）での研修を実施したり，指導者を園外（校外）での研修に参加させたりすることにより，専門性の向上に努める。

（3）特別支援教育の制度

特別支援教育の対象については図1－3の通りである。2016（平成28）年現在では，義務教育段階の全児童・生徒数の3.9％，約38万7,000人が特別支援学校・特別支援学級・通級による指導で教育を受けている。加えて，前述の通り6.5％程度の発達障害の可能性のある子どもが通常の学級に在籍していることから，合計約10％が特別支援教育の対象となっている。

特別支援学校は，障害のある子ども達を対象とした学校で，その障害とは，視覚障害，知的障害，病弱・身体虚弱，聴覚障害，肢体不自由の5種類である。都道府県には設置義務があり，幼稚部・小学部・中学部・高等部の別があり，通学困難の子どものために訪問教育も実施されている。

特別支援学級は，障害の程度が比較的軽い子ども達を対象に，小学校と中学校に設置されている少人数の学級である。視覚障害，肢体不自由，自閉症・情

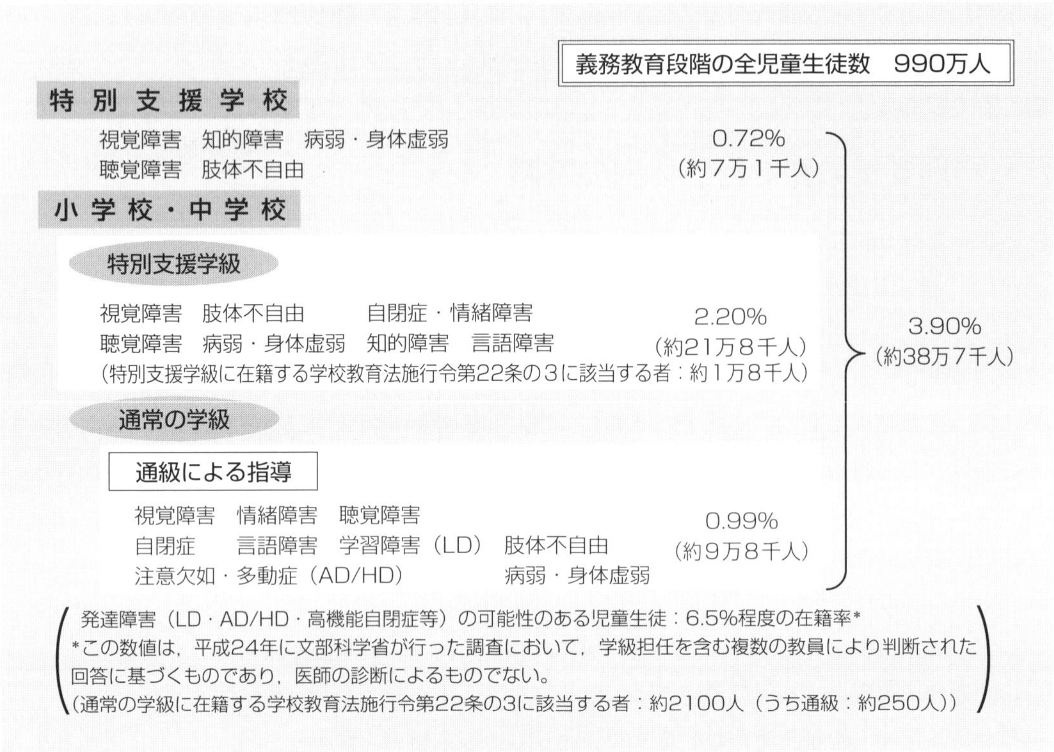

図1-3　特別支援教育の対象の概念図（義務教育段階）
出典）文部科学省HP「特別支援教育の現状」，2015，「特別支援教育資料」2017をもとに一部改変

緒障害，聴覚障害，病弱・身体虚弱，知的障害，言語障害の別がある。また，病院内に設置される院内学級もある。

通級による指導は，多くの授業を通常の学級で受けながら，障害の状態に応じた特別な指導を，一定時間だけ通級指導教室で受けることである。

（4）特別支援教育の学習指導要領と教育課程

特別支援教育においては，通常学校の学習指導要領（幼稚園教育要領）と特別支援学校学習指導要領（特別支援学校幼稚部教育要領）を基礎に教育課程が編成される。特別支援学校学習指導要領は，通常学校での「各教科」「道徳」「特別活動」「総合的な学習の時間」「外国語活動」とともに，障害への取り組みに関する「自立活動」を加えた領域となっている。その「自立活動」は，「障害による学習上又は生活上の困難を主体的に改善・克服するために必要な知識，技能，態度及び習慣を養う」ものとして定められている（幼稚部においても同様）。つまり，通常学校に準ずる教育内容が提供されるとともに，あわせて障害に即した教育的対応を含んだ教育課程が編成されている。

（5）個別の指導計画，個別の教育支援計画の意義

　特別支援教育の中，それぞれが進められつつある。個別の指導計画の意義は，①最適な学習活動を明確にする，②一人ひとりに合った指導の工夫をしやすくなる，③ある期間の指導を個の視点から検討する，④教育が子ども，保護者，教師によって行われるといった点にある。

　一方，個別の教育支援計画*2は，様々な機関が協力してよりよい支援を提供するための有効なツールとしての意義がある。すなわち，乳幼児期から学校卒業後までの長期的な視点に立ち，医療，保健，福祉，教育，労働等の関係機関が連携して，障害のある子ども一人ひとりのニーズに対応した支援を効果的に実施するための計画であり，連携して一貫した支援をすることになる。

＊2　集団保育の場における具体的な支援計画については第9章を参照。

（6）関係機関との連携・協力

　地域には，保育・教育・療育・保健・医療などの専門機関や協力する住民がいる。こうした地域での関係機関のつながりをネットワークという。連携・協力は関係機関の補完性・専門性の発揮といってもよい。まず，複数の目によって，より適した支援の方針が打ち出される。そして，専門性の結集によって，障害のある子どもの発達をより保障し，家庭を一段と支援することになる。

　今日的な子どもや家庭の課題に対応しようとしたとき，関係機関とのつながりは特に重要である。個々の家庭に潜在している子育ての大変さや悩みに対して一つの機関のみで支援していくには，相当な無理が生じてきている。

6　障害のある子どもの保育・教育の歴史的経緯

（1）戦前の先駆的取り組み

　戦前期の先駆的事業としては，恩賜財団愛育会愛育研究所での実験保育があげられる。中心となって行ったのは三木安正であり，三木は研究所内の異常児保育研究所で，集団・遊び・作業・生活という活動を試みている。その成果は，1943（昭和18）年に『異常児保育の研究』が目黒書店より刊行されている。

（2）戦後の大きな転換期

1）先駆的な取り組み

　戦後の先駆的な取り組みとしては，戦争で活動の中断を余儀なくされた愛育研究所での再興があげられる。また，京都の精神薄弱児施設の白川学園に併設

された鷹ケ峰保育所においては，脇田悦三園長が30名定員の特殊保育部を設置している。

　1957（昭和32）年になると，精神薄弱児通園施設が新設された。その入園をめぐっては，「満6歳以上」という規定があることにより，対象が就学猶予・免除された児童であること，すなわち，通園施設が学校教育から切り捨てられた子どもの，福祉の側からの受け皿であった。この「満6歳以上」の規定改正は1974（昭和49）年まで待たなければならない。

２）公的な保育の萌芽

　1963（昭和38）年になると，中央児童福祉審議会が「保育に欠ける状況」の見直しをする。その報告では「軽度の心身障害児のためには，治療的な指導を行うことができる特別保育所の設置を検討する」と提言している。ここに，公の場で障害児保育の必要性が取り上げられた点は特筆できる。

　1960年代には，各地で保護者やボランティアによる「土曜保育」「日曜保育」などの自主的な障害児保育グループがつくられていく。

３）本格的な展開

　滋賀県大津市では，1973（昭和48）年に「保育元年」と称されるように市内のすべての障害のある幼児について市立，私立の保育所と幼稚園で受け入れを全国に先駆けて行った。1975（昭和50）年には大津方式の名の下で，医療機関，療育機関，保育所，幼稚園等が連携し，出生から小学校就学までの一貫した支援体制が可能になっていった。このシステムは，その後の多くの自治体のモデルとなっていったことで特筆できる。大津方式の特徴は，4か月，10か月，2歳，2歳6か月，3歳6か月と段階的に乳幼児健診を実施して，その後のフォローの体制を構築した点にある。つまり，早期発見から早期対応までの継続的な支援を地域で実施するという試みを開始したのである。

　中央児童福祉審議会は「当面推進すべき児童福祉対策について」の中間答申で「障害児を一般の児童から隔絶することなく社会の一員として，むしろ一般の児童とともに保育する」統合保育の必要性を打ち出すようになる。

　厚生省（現・厚生労働省）はこの答申をふまえて，1974（昭和49）年に「障害児保育事業実施要綱」を決め，障害児保育に対する助成・予算化を行っている。初年時は全国18か所で始まる指定保育所方式と呼ばれるものであったが，1978（昭和53）年には一般保育所方式へと拡大させている。いわゆる障害児保育の制度化が実施されたことで大きな転換期であった。さらに，この年には「心身障害児幼稚園助成事業補助金交付要綱」と，「私立幼稚園特殊教育費国庫補助金制度」がなされたことで幼稚園での制度化も進んでいる。

　また，1970年代後半になると，障害児医療と結びついた療育実践の展開をみ

るようになる。例えば，早期診断・治療の機関を設置する，ボイタ法・ボバーズ法の普及，母子保健対策の拡充などである。1979（昭和54）年には，「心身障害総合通園センターの設置について」が出され，地域療育の期待となった。

4）1990年代以降の動向

　1996（平成8）年に5歳児健康診査を全国でいち早く実施したのが鳥取県大山町である。その中心となった小児神経学の小枝達也によると，3歳児健康診査では，注意欠如・多動症，学習障害などの捕捉が難しい点があったというのが試行の主な理由である。この健診では集団の中での子どもの行動の様子やコミュニケーションをみることに力が注がれる。健診の内容のマニュアル化，5歳の誕生月に実施，健診と相談が一つのセットとなっている点に特徴がある。

　2007（平成19）年には，特別支援教育が制度化された。これまでの特殊教育にかわって，発達障害のある子どもにも対象を拡大した点に大きな特徴がある。1974（昭和49）年を大転換期とすれば，この年は第二の大きな転換期であるといっても過言ではない。この発端は1994（平成6）年にスペインで採択されたサラマンカ宣言での「特別なニーズ教育」という概念にあり，インクルーシブ教育の推進を打ち出したことにある。この制度化によって，幼稚園に在籍する障害のある幼児に対する教育的支援のいっそうの充実が求められるようになる。

コラム　　ノーマライゼーション

　障害のある人もない人も，同じ社会の一員として生活を地域社会で一緒にすることをめざす生活原理である。その根底にあるのは，障害のある人が同年齢の人と同等な権利をもち，平等に生活できる社会こそノーマルな社会であるという考えである。

　ノーマライゼーションの理念は，1950年代のデンマークに端を発する。当時のデンマークでは，障害のある人が巨大な施設に隔離されているのが一般的であって，親たちがそのような政策に疑問をもち，改善を求めたことに始まる。これがバンク-ミケルセン＊が示した「知的障害者の生活を可能な限り通常の生活状態に近づけるようにすること」という定義に結実した。その後，スウェーデンやアメリカで提唱され，国際連合の権利宣言や行動計画で基本理念として位置づけられ，わが国でも実際の取り組みにつながっている。①人間として尊重，②平等と機会均等，③地域社会の中での権利実現，④豊かに生活するためのQOL（生活の質）の保障，⑤自己決定の尊重がポイントである。

＊バンク-ミケルセン：デンマークの社会運動家。社会省行政官として知的障害福祉の向上に取り組んだ。

コラム　　気になる子ども

　幼児の行動面では，①多動・落ち着きがない，②こだわり・切り替えが難しい，③他児との関わりが難しい，④衝動的である，⑤指示が通りにくいなどが園で聞かれる。このような子ども達の中に，自閉スペクトラム症や注意欠如・多動症などの発達障害を抱えている可能性がある場合もあるだろうし，家族関係や家庭での生活の影響が考えられる場合や，生理的な原因が考えられる場合もあるだろう。①から⑤にあげた特徴は，行動面から捉えたものであるが，その背後にある原因を明らかにしていくとともに，何を思ってそのような行動をするのかといった内面を読み取ろうとする保育者の姿勢が子ども理解である。

　「気になる子ども」の用語が最初に幼児教育関係の雑誌で紹介されたのが1990年代後半とされるが，今日では幼児期で広く言われている。学齢期には「特別なニーズをもつ子ども」と称される。障害面以外に，例えばアレルギー，病弱，貧困，外国籍，被虐待などで気になるケースも出てこよう。こうした多様な子ども達を包括していくのがインクルージョン保育である。

●演習課題

課題１：身近な生活環境で，バリア（障壁）となっているものについて話し合ってみよう。

課題２：障害のある子どもを支援していくときに，保育者としてどのような基本的姿勢が大切になってくるかを考えてみよう。

課題３：2007（平成19）年4月から特別支援教育という新たな制度が始まったが，それ以前の特殊教育との相違点を明らかにしよう。

●参考文献

徳田克己・遠藤敬子『ハンディのある子どもの保育ハンドブック』福村出版，1997.

伊勢田亮・倉田新・野村明洋・戸田竜也『障害のある幼児の保育・教育』明治図書，2003.

小川英彦・広瀬信雄・新井英靖・高橋浩平・湯浅恭正・吉田茂孝『気になる幼児の保育と遊び・生活づくり』黎明書房，2011.

小川英彦『幼児期・学齢期に発達障害のある子どもを支援する―豊かな保育と教育の創造をめざして―』ミネルヴァ書房，2009.

小川英彦『保育士・幼稚園教諭のための障害児保育キーワード100』福村出版，2017.

第2章 視覚障害・肢体不自由の理解と支援

本章では，視覚障害や肢体不自由のある子どもに焦点を当てる。それぞれの定義と代表的な疾患，障害特性，さらには障害特性が発達に及ぼす影響について具体的に学びながら，集団における障害理解を含む保育者として必要な対応について理解する。

1 視覚障害の理解と支援

視覚障害は比較的まれな障害である。文部科学省の調査（2016（平成28）年度）によると，全国の特別支援学校に通う幼児児童生徒数13万9,821人のうち，重複障害を含む視覚障害は5,587人で，障害全体の約3.9％と最も少ない[1]。しかし，幼稚園・保育所等を利用する視覚障害のある乳幼児は一定数いる*1。また，問題はないと思われても視覚障害が見過ごされているケースもあり，その後の発達に影響を与えることもある。視覚障害を早期に発見することや，視覚面に問題を抱える乳幼児もともに育ち，もっている力を最大限発揮できる環境を設定するために，保育者には視覚障害に関する基礎的知識が求められる。

（1）視覚障害とは

視覚障害とはどのような障害かと学生に聞くと，「目が見えないこと」だという答えが返ってくるが，見えない状態を説明できる学生は少ない。視覚障害という言葉は耳にしても，よく知られていないのが現状だろう。見えなさ，見えづらさについて知るために，まずは見るための仕組みを理解しておく。

1）見る仕組み

視覚には様々な機能がある。入ってくる光の量を調整する，見る対象の遠近に合わせてピントを調整する，色の違いを認識するなどがある。こうしたことはなぜ可能になるのかの仕組みについて見ていこう。

1 ）文部科学省「特別支援教育資料」2017.

*1　例えば，秋田県の保育所・幼稚園で行われた調査（中村・大城，2015）では，3年間で視覚になんらかの問題がある乳幼児は全体の0.4％であった。

　視覚情報は眼球を通って網膜に到達し，網膜内にある視細胞により電気的な信号に変換されて大脳皮質に到達し，大脳皮質の中でさらに分析，統合され，自分が見ているものを認識する。図2－1に眼球の構造と視覚の経路を示した。

　目に入ってくる光の量はまず，瞳孔を拡大縮小させることで調整される。ピントは，水晶体が厚くなったり薄くなったりすることで調整される。硝子体は光の通路になり，眼の形を保ち，他の組織を保護する役割をもっている。

　光は網膜内の視細胞で電気的な信号に変換される。視細胞には錐体細胞と杆体細胞がある。錐体細胞は明るい場所で反応し，形や色の違いを見分けることに関わる。色の識別は，3種類の錐体細胞がそれぞれ別の色に強く応答することで可能となる。一方，杆体細胞は暗い場所でも少しの光を感じ取り，応答する。錐体細胞が黄斑部（視野の中心部の情報が入力される部分）に多く集まり，杆体細胞は黄斑部よりも外側に多い（視野の周辺部の情報が入力される部分）。そのため，視野の中心部では明るい場所で見るとき，何があるのかはっきり区別できるが，周辺部ではわかりづらい。また，暗い場所では，見ようとするほど何があるのかわからなくなるが，物をぼんやり見る（視野の周辺部で見る）とむしろわかる。この2種類の細胞は明暗に合わせて見やすく調節する（順応）働きもある。電気をつけたり消したりしてすぐには周囲に何があるかわからないが，少しずつ慣れて見えるようになるのは順応の働きのおかげである。

　また，左右2つの目の位置がずれていることによって網膜に映る像が異な

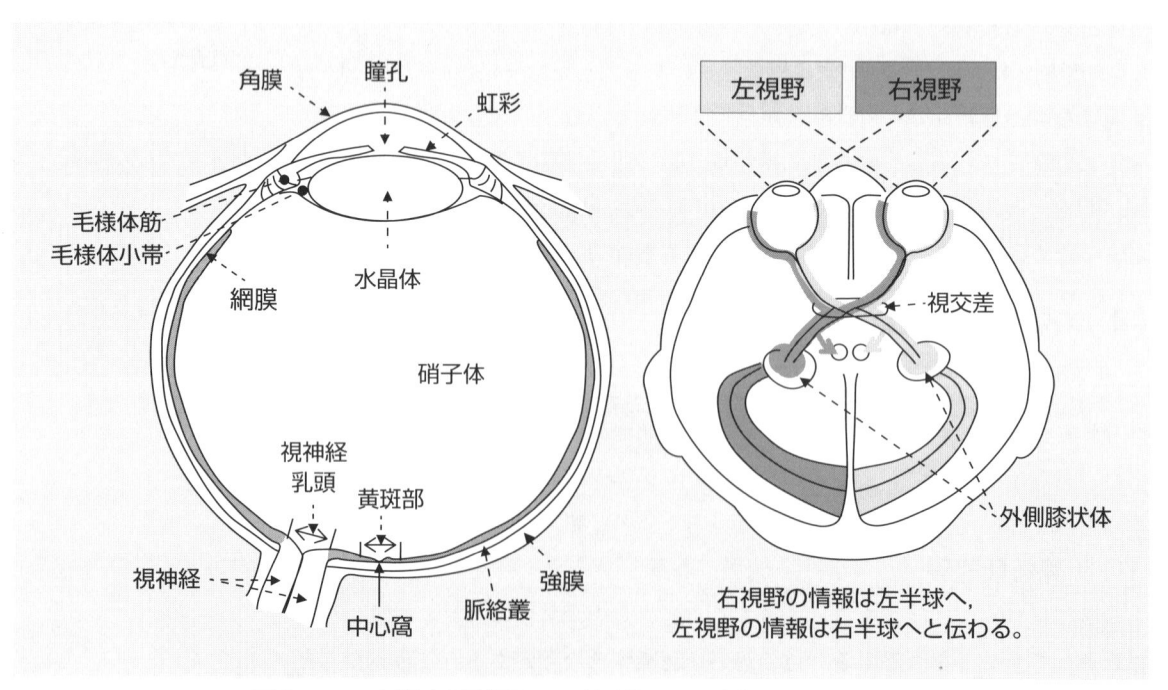

図2－1　右眼水平断面および網膜から一次視覚野への経路

り，それを脳が分析し，立体として感じることができる。したがって，片方の目がよく見えていても，もう片方の目が見えなければ奥行きがわかりづらい。

　眼球運動神経によって眼球の向きが調整され，縦や横に続く文字を追う緩（ゆる）やかな動きや，次の行に目を向けるときのように素早い動き，近くを見るときに目を中心部に寄せるといった動きができ，スムーズに物が見られる。

2）見えづらさの特徴

　視覚に関わる組織や器官に問題があれば，その機能は失われたり，低下したりして，それが見えづらさにつながる。主な症状を以下にあげる。

　近くのものや遠くのものにピントを合わせられないとぼやけたり（近視・遠視），光の屈折に関わる部分が歪むと二重に見えたり，にじんで見えたりする（乱視）。角膜や水晶体，硝子体など，光を通す部分が濁（にご）ると，霧がかかったような見えづらさを感じる（白濁（はくだく））。光の調整ができない（虹彩（こうさい）欠損や，明暗順応の障害など）ことにより，まぶしく見えづらい（羞明（しゅうめい）），暗くなると見えづらくなる（夜盲（やもう））といった症状がある。網膜剥離（もうまくはくり）などで視野が狭くなる（視野狭窄（しやきょうさく））。視野が狭くなっている部分は，迫ってくるものに気づきにくくなる。中心窩周（ちゅうしんか）辺での障害により中心部が見えなくなり（中心暗点），色や形に対する弁別が難しくなる。自分で動かそうと思っていないのに，眼球が揺れる（眼振（がんしん））。ある程度視力があっても，眼振があると安定して見ることができない。図2－2に見えづらさの例を示した。これらの症状が重複して出現することも多い。

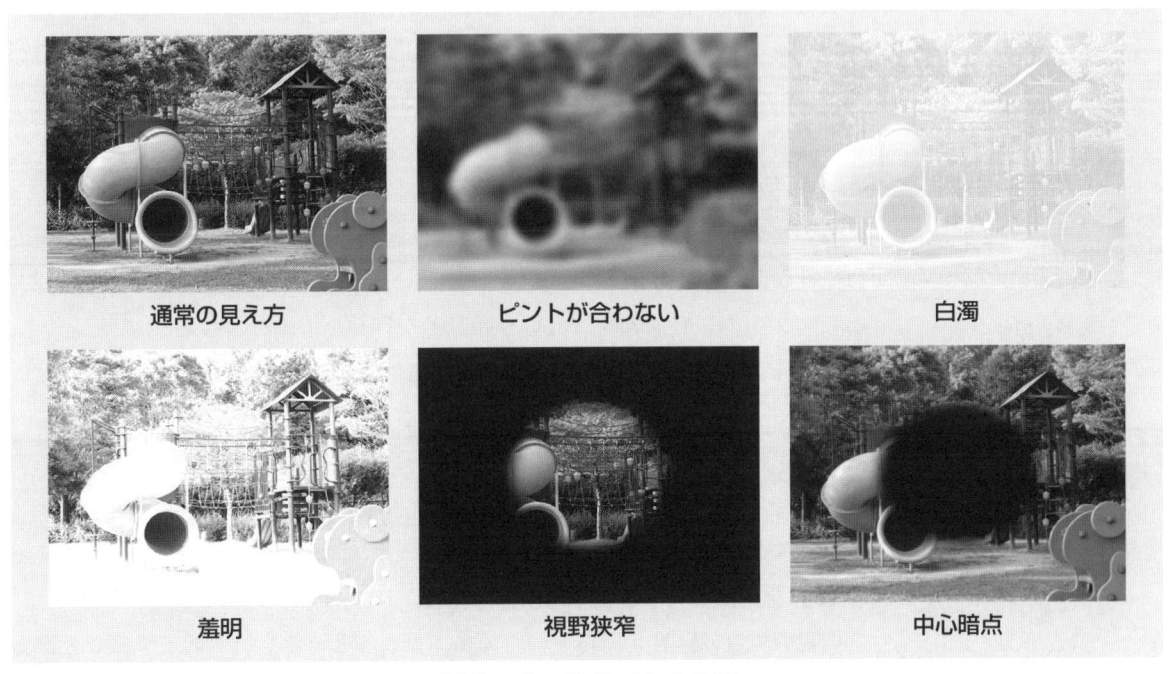

| 通常の見え方 | ピントが合わない | 白濁 |
| 羞明 | 視野狭窄 | 中心暗点 |

図2－2　見えづらさの例

3）法令上の視覚障害分類

　現在までのところ，視覚障害は身体障害の一つとして位置づけられ，視力と視野の程度によって1〜6級に分類されている*2

4）教育上の捉え方

　学校教育法施行令第22条の3では視覚特別支援学校への就学基準として，「両眼の視力がおおむね0.3未満のもの又は視力以外の視機能障害が高度のもののうち，拡大鏡等の使用によっても通常の文字，図形等の視覚による認識が不可能又は著しく困難な程度のもの」とされている。

　また，教育の領域で視覚障害は，盲と弱視に分けられている。盲は，全く見えない全盲，光があることは感じられる明暗弁，目の前で手を動かしていることがわかる手動弁，目の前に出された指の数は数えられる指数弁などの状態も含まれる。弱視は，眼鏡やコンタクトレンズで矯正しても日常生活に支障が出るが，現在の見えている状態に合わせて補助具*3を用い，視覚を使用しながら授業を受ける。つまり，学習場面において，盲では点字や聴覚，触覚中心で行い，弱視では現在の視力を用いて視覚的に学習を進める。また，進行性の疾患のために視覚の使用が将来困難になることが予測される場合などは，盲のクラスで学習することもある。

（2）乳幼児期の特徴

　人は，周囲の情報を受け取るために，約8割を視覚に頼っているという。その視覚を用いることができなかったり，制限されたりすることで，視覚以外の発達にも影響を及ぼすことがある。ここでは，盲と弱視の発達的特徴を把握するとともに，早期発見の重要性について考える。

1）盲を伴う場合の発達的特徴

　盲の場合は，運動発達や言語発達の遅れがみられることがある。運動面では，6か月以降のリーチング*4やはいはい，歩行に遅れが生じることがある。また，ブラインディズム*5という特徴的な行動を示すこともある。

　盲の乳幼児は視覚による経験が得られないため触覚や聴覚で補うが，触れることのできない事柄（例：色や光，小さすぎたり大きすぎたりするものや，触ると危険が伴うもの，見た動きを表すもの，遠くにある空や星など）に関する概念形成が困難である。そして，このような経験することが難しいことを原因として生じるバーバリズム*6がある。

2）弱視を伴う場合の発達的特徴

　弱視の場合は，見えづらさのために，見ようとする意欲が低下することがある。しかし，「見よう」としなければ，眼球の機能が保たれていても，それに

*2　巻末資料（p.182）を参照。

*3　拡大鏡やルーペ，拡大読書器などがある。

*4　リーチング
　対象物に向かって手を伸ばし，物をつかむことで，生後5か月ほどでみられる。

*5　ブラインディズム
　目を押す，手を振ると言った同じ動作をくり返し行う常同行動のこと。言語や運動発達が促されることによって減っていく。

*6　バーバリズム
　経験的な裏づけを伴わず，イメージを明確にもたないままに言語を使用すること。他の感覚に置き換えて経験し，実体験を豊かにしていく中で少しずつ改善される。

20

見合う大脳レベルの発達が促進されない。両眼で視力差があったり，斜視があったりするとき，見える方の目を覆うことがある。これは見えない方の目を積極的に使用させる意図がある。このように，弱視の中には専門的な訓練（視能訓練）を必要とする子どももおり，専門機関と連携し，助言や指導を受けながら保育の計画を立てることが望まれる。

3）早期発見，早期対応の重要性

どのように見えているのかは個人的なものであり，本人にしかわからない。生まれたときから視覚機能に問題がある場合，一般的な見え方と異なることに本人は気づけない。しかし，見えづらい状態を放置しておけば，その後の発達を妨げてしまうこともある。

生まれたばかりの頃の視力は0.02程度しかない。成長とともに眼球や各組織が徐々に大きくなり，見える環境に合わせて視神経や脳の機能が発達していく。その発達には臨界期[*7]があり，その時期を越えると，治療しても機能の獲得が難しくなる。例えば，斜視があるために両眼視が妨げられる状態が続き，臨界期を過ぎて手術を行った場合，立体視の機能を獲得することが難しくなる。したがって，視覚障害をできるだけ早期に発見して治療や対応をすることが求められる。極端に目を近づけて物を見る，目を細める，見る角度が不自然である，極端にまぶしがるなどの行動がみられる場合には注意が必要である。片眼のみが弱視の場合は，問題のない方の眼で遠くまで見えるために周囲は特に気づくのが遅れがちとなる。このような場合は，片方の眼を隠したときだけ嫌がる行動がみられないか，よく観察することによって発見できる。

また，日本では1991（平成3）年から3歳児健康診査の際に視覚検査が導入されている。多くの自治体ではランドルト環[*8]や絵指標を使用し，保護者が家庭で測定するように求められる。しかし，子どもによっては測定がうまくできず，検査が行えないこともある。保護者には，検査の意義や検査方法の工夫について伝えられるようにしておこう[*9]。

（3）保育場面での保育者からの支援

保育者は子どもが主体的に活動できるように環境構成や援助を行っている。しかし，視覚障害のある子どもは周囲の環境について多くの情報を一度に取り入れることが難しい。安全に遊べる環境を確保しながら，聴覚や触覚などの感覚を用い，自ら探索できるようにすることや，現在の視力を最大限に生かせるように配慮していくことが求められる。

安全面に関しては，通路に物を置かない，手がかりとしているものを移動したり妨げたりしない，物の配置を固定する，わかりやすい目印を付ける，壊れ

[*7　臨界期]
発達のある時期に必要な経験をしないと，後からその能力が身に付かない。この時期を臨界期という。

[*8　ランドルト環]
視力検査でよく用いられている。黒い環の一部がとぎれており，その方向を答えることで視力が測定できる。

[*9　日本視機能訓練士協会ホームページ]
（http://www.jaco.or.jp/）参照。

やすいものは置かない，突起のあるものは取り除く，ドアを半開きにしないといったことがあげられる。下方に視野狭窄があると，ある程度見えていても足元が見えず，つまずきやすいことがあるので，安全面の配慮を怠らない。個々の見え方の特性を理解し，危険なことはないか，わかりやすい配置にするためにはどうすればよいのかといった視点で環境を見直してほしい。また現在の状況を丁寧に伝える，状況が変化したことを具体的にわかりやすく伝えるなど，視覚障害のある子どもが安心して活動できるように配慮していく。

1）盲を伴う子どもへの支援

得られる情報が少ないので，積極的な働きかけをし，様々な経験をする機会を設けていく必要がある。

空間的な情報は，視覚を用いれば一度に遠方まで把握できるが，他の感覚では身体周辺の狭い範囲に限定される。より広い範囲の空間概念の形成のために，意図的な関わりが必要である。まずは自分の身体の位置や動作について把握し，上下前後左右といった認識を育てることから始まる。手遊び，ふれあい遊びなどで伝えていくことができるだろう。さらに，範囲を広げ，環境の中での位置を表す言葉を使用しながら一緒に園内を移動し，園内の環境について少しずつ理解できるようにしていく。曲がり角や，自分のロッカーの場所など触ってわかるようにするといったことも取り入れるとよい。園の中で基準となる場所を決め，そこからの位置関係をイメージできるように働きかけたり，園の模型を触らせながら，人形を子ども自身に見立てて伝えたりといった工夫も必要である。また，園内での安全を確保するために，園内環境のイメージが形成できるまでは配置を変えないようにする。

遊びに関しては，視覚以外の音や手触りを楽しむなど，感覚を用いる遊びを取り入れる。自分の周辺にあるものに興味がもてるよう，様々な手触りが楽しめるものを用意したり，多くの音を用いたりして環境を工夫する。縄跳びやフラフープなど複雑な動作を伴う運動には，視覚的な模倣が必要であるため，盲を伴う子どもには難しい。一つ一つの動作について手を取りながら伝えていくことになるが，盲を伴う子どもが楽しい，やりたい，と思えることが大切である。絵を描く活動は他児と一緒に行うことが難しいと感じるかもしれないが，レーズライター[*10]と呼ばれる教具があり，描いた絵がひっかき傷のようになり，触って確認することができる。専門的な器具を用いなくても，工夫次第で視覚を触覚に置き換えるような遊びを考えていくことができるだろう。

2）弱視を伴う子どもへの支援

弱視の場合は見やすくするために，個々に合った工夫が必要である。カレンダーや50音表などの掲示物はできるだけ目の位置に近い場所に貼る，大きな字

*10　レーズライター
　ビニール製の用紙を弾力のあるボード（ゴム製のものなど）の上に乗せ，ボールペンでその上から絵・文字などを書くと凹みができるので，それを確認しながら書くことができる道具。

で表示されたものを使用するなどである。また，その子どもの見えづらさに合わせて，コントラストを強くする，カーテンや照明で光の量を調整するなどしていく。ルーペや拡大鏡なども利用できるように準備するのが望ましい。しかし，拡大するということは一部分しか見えないことでもある。見える部分から見えない部分を推測して全体像を思い描けるようにバランスを考慮する。

3）相談支援体制と視覚特別支援学校との並行通園について

特別支援学校は障害児教育のセンター機能となることが期待されている。特に視覚障害に関しては，早期支援を担う施設が限られていることから，超早期（0〜2歳）から視覚特別支援学校が支援を行っているところが多い。来校しての相談や，電話やメールを用いた相談，年齢ごとの定期的なグループ指導，医療機関や幼稚園・保育所等へ出向いて相談支援を行うこともある。教材教具の貸し出しをしているところもある。

視覚特別支援学校幼稚部に通いながら幼稚園・保育所等に並行通園を希望する保護者も増えている[*11]。幼稚園・保育所等に主に求められているのは，障害のない子ども集団の中での保育を中心として，地域との関わりをもつことであろう。その役割を念頭におき，視覚特別支援学校と連携して個別の配慮を工夫しながら保育に取り組んでほしい。

（4）集団における障害理解

1）見え方の違いを理解するために

視覚障害のある子ども達は，見えにくいことによってとってしまう行動がある。例えば，挨拶をしたのに無視をされた（気づいていない），にらんできた（見ようとして目をしかめた），怒っているのにわかってくれない（表情の違いに気づけない）といったことである。障害に起因する行動から生じるいざこざによって，子ども達の間に壁ができてしまうことを避けるためにも，視覚障害のない子ども達に，見え方が異なることの理解を促していけるとよい。自分が見ているものと他の人の見ているものが違う，ということの理解は難しいが，見えなさ，見えづらさを体験することが理解を促す助けとなるだろう。例えば，視野を制限するような眼鏡を作ってかけてみる，すりガラス状の窓を通して外を見るなどの体験が考えられる。

また，眼球が白濁していたり，眼鏡で矯正していたりといった外見上の違いに対しても，見え方の違いの原因であることや，矯正器具や補助具の必要性などについて簡単な言葉で伝えていく[*12]。

視覚障害のある子どもへの理解を深めながら，手引き[*13]などの配慮について基本的なことを伝え，子どもたち同士で関わるきっかけをつくってほしい。

[*11] 猪平（2012）の報告では，全国の幼稚部での在籍児総数は255名であるのに対し，3歳以上で教育相談を受けた人数は941名となっている。教育相談で対応している視覚障害乳幼児の多くは，保育所・幼稚園等に入園していると推測される。

[*12] 以下のような視覚障害についての絵本もある。
　星川ひろ子『みえないってどんなこと？』岩崎書店，2002.
　コステキ＝ショー作／美馬しょうこ訳『わたしのすてきなたびする目』偕成社，2013.

[*13] 手引き
　歩行時に誘導すること。手を引っ張ることなく，段差や曲がり角など，障害物などについて声をかけながら不安のないように歩行の手助けをする。

2）保護者への支援について

　視覚障害のある子どもの保護者には，特有な悩みがある。特に，睡眠の問題は乳児期だけでなくその後も続く悩みとなることが多い。睡眠覚醒リズムの形成には光の刺激が大きな役割を果たしているので，盲の中でも特に光の変化がわからない全盲の子どもに対しては生活リズムを確立させることが大切である。起床・食事・就寝時間を一定にすること，昼間の活動量を増やして昼夜逆転を避けるなど，保育者はその子どもに合った生活リズムを個別に配慮しながら，保護者の取り組みを支援する。

コラム　　視覚障害がある場合の安全な環境

　視覚障害のある人の安全のために，様々な工夫がされている。青信号に変わると音楽がなったり，点字ブロックを設置したり，エレベーターや案内板などに点字が表記されたりしている。駅のホームでは，転落防止用ホームドアや，内方線付きの点状ブロックの設置が進められている[*1]。しかし，まだ不十分な駅が多く，2016（平成28）年3月31日現在，1日の利用者数が1万人以上の駅での内方線付きの点状ブロックの設置率は76.9％となっている[*2]。転落事故が後を絶たない中で，安全対策は緊急課題である。

　一方で，視覚障害のある人が常に支援を必要としているのかといえば，必ずしもそうではない。全盲の人でも，慣れた道では点字ブロックなどに頼らなくても迷わずに歩ける例もある。例えば，東京の地下鉄などは地方出身者には迷路そのものに感じるが，慣れている視覚障害のある人が記憶と白杖（はくじょう）[*3]を手がかりにすいすいと歩いていることもある。また，視覚障害のない場合には恐怖を感じる暗闇の中でも，全盲の人はいつもと変わらず行動できるのである。

　異なる情報を用いて生活をしている視覚障害のある人たちの内的世界をイメージし，個々に適した環境を考える視点をもってほしい。

＊1　ホームの内側か外側かを明確にするために，点状ブロックの内側に線状のブロックが追加されているものである。
＊2　国土交通省，「鉄軌道駅における段差解消への対応状況等」2015，および「鉄軌道駅における内方線付き点状ブロック等の整備状況について」2017.
＊3　歩行時に視覚障害児（者）が使用する白い杖で，障害物等を確認し安全を確保すること，白杖の先端で情報収集すること，他者への注意の促しといった役割がある。

2　肢体不自由の理解と支援

（1）肢体不自由とは

1）肢体不自由の定義

「肢体不自由」は，肢体（四肢〔上肢と下肢〕および体幹）が不自由（意のままにならない）な状態を意味する。「力が入らなくて，動かしたいのに動かせない」「力が入りすぎて，思うように動かせない」「動かしたくないのに，動いてしまう」「安定した姿勢がとれずに，ふらついてしまう」「関節や骨の障害により，動かすことに制限がある」など，子どもの実態は多様である。

医学的には，次のように定義される。

> 発生原因のいかんを問わず，四肢体幹に永続的な障害があるもの。先天性の四肢体幹の形成の障害や，生後の事故等による四肢等の欠損等，形態的な障害によるものと，脳性まひや二分脊椎，進行性筋ジストロフィーのような中枢神経系や筋肉の機能障害によるものがある[2]。

また，教育学・心理学的には，次のように定義される。

> 肢体不自由とは，身体の動きに関する器官が，病気やけがで損なわれ，歩行や筆記などの日常生活動作が困難な状態をいう[3]。

特別支援学校への就学の基準となる学校教育法施行令第22条の3には，「①肢体不自由の状態が補装具によっても歩行，筆記等日常生活における基本的な動作が不可能又は困難な程度のもの。②肢体不自由の状態が①の程度に達しないもののうち，常時医学的観察指導を必要とするもの」と規定されている。

一方，「身体障害」は，身体障害者福祉法に以下のように定義される。

> **第4条**　この法律において，「身体障害者」とは，別表に掲げる身体上の障害がある18歳以上の者であつて，都道府県知事から身体障害者手帳の交付を受けたものをいう。

別表には，「視覚障害」「聴覚障害又は平衡機能の障害」「音声機能，言語機能又はそしゃく機能の障害」「肢体不自由」「心臓，じん臓又は呼吸器の機能の障害その他政令で定める障害」のそれぞれについて，その程度が規定されている。「身体障害」は「肢体不自由」の他，上記の障害を含む総称である。

身体障害者手帳における障害の等級は，巻末資料（p.183）に示す。

2）脳損傷性の疾患

肢体不自由のある子どもの疾患のうち，脳損傷性の主な疾患としては脳性まひがあげられる。

2）国立特別支援教育総合研究所ホームページ「障害のある子どもの教育の広場4．肢体不自由教育（1）肢体不自由とは」2011.

3）文部科学省ホームページ「特別支援教育について」2009.

４）高松鶴吉・佐々木
正美監修『保育者・教
師のための障害児医学
ケア相談事典〈１〉』学
研出版，1991.

＊14　褥瘡

寝たきりなどによっ
て，体重で圧迫されて
いる場所の血流が悪く
なったり滞ることで，
皮膚の一部が赤い色味
をおびたり，ただれた
り，傷ができること
（日本褥瘡学会HP）。

＊15　拘縮

関節の運動性が制限
されているが，完全に
は失われていない状態
（完全に失われた状態を
強直と呼ぶ）。関節が長
期間にわたり動かされ
なかったために起こる
のが普通である。拘縮
には大別して関節部自
体の変化によるものと
筋の変化によるものの
２種類がある（内山喜
久雄監修：身体障害事典
（第９版），岩崎学術出版
社，1993）。

＊16　側彎

脊柱が曲がること。
大きく分けて，先天性
側彎，麻痺性側彎，突
発性側彎等，脊柱の構
造上の原因からくる側
彎と，脚長差からくる
骨盤の傾きが脊柱に影
響を及ぼす等，脊柱以
外に原因があり，それ
を代償することからく
る側彎の２種類がある
（小宮三彌他編：障害児
発達支援基礎用語事典，
川島書店，2002）。

脳性まひについては，1968（昭和43）年の厚生省脳性麻痺研究班会議で「受胎から新生児（生後４週間以内）までの間に生じた脳の非進行性病変に基づく，永続的なしかし変化し得る運動及び姿勢の異常である。その症状は満２歳までに発現する。進行性疾患や一過性運動障害，または将来正常化するであろうと思われる運動発達遅滞は除外する」と定義された。脳障害の範囲により，運動機能障害だけではなく，てんかん・知的発達症・コミュニケーション障害等を随伴することに留意する必要がある。

主な症状からいくつかの型に分類される。脳性まひの約８割を占める「痙直型（けいちょく）」は，伸張反射の亢進によって四肢等の伸展と屈曲が著しく困難になってしまう。「アテトーゼ型（不随意運動型）」は，四肢等に自分の意志とは無関係に異常な筋緊張が入ってしまうタイプである。この他にも，必要な力が入りにくい「弛緩型」やバランスをとりにくい「失調型」等がある。

３）非脳損傷性の疾患

① **二分脊椎症**：二分脊椎症（にぶんせきつい）とは，脊髄や脊柱の発生途中の形成異常による，背骨の後方部分の欠損と脊髄の異常で，脊髄のどの部位の障害かによって症状の程度が決まる[4]。障害を受けた部位より下の神経が遮断され，運動・感覚障害や排尿・排便の随意的コントロール機能などの排泄機能障害が生じる。保育場面では，子どもの実態に即して，感覚まひによる失禁や動作の不自由による褥瘡（じょくそう）[14]への配慮が必要となる。

② **進行性筋ジストロフィー**：筋肉細胞の構造が顕微鏡レベルで壊れていき，筋力がしだいに弱くなる進行性の疾患である[4]。代表的なデュシャンヌ型では順調な発達をしていた男児が３〜５歳にかけて転びやすかったり，歩き方がぎこちなかったり立ち上がれなくなったりするなどから気づくことが多い。学童期には次第に歩行困難となる。保育場面では，主治医や保護者との連携を図り，子どものもつ運動能力を維持しながら，筋力低下に伴う関節の拘縮（こうしゅく）[15]や側彎（そくわん）[16]をできる限り予防することが重要になる。また，子どもが抱える進行性ゆえの心理的不安を理解し支える視点が不可欠である。

③ **骨形成不全症**：骨形成不全症の子どもは，骨の構成物資の一つであるコラーゲンをつくる遺伝子の異常により，骨が緻密性に乏しく，厚みも減少し，外から加わる小さな力で骨折する状態にある[4]。保育場面では，主治医や本人・保護者と相談しながら，その子どもの過重負荷の程度を見極め，荷重負荷による骨折や長時間の同一姿勢による側彎の予防に努めなければならない。また，難聴への配慮が必要な場合もある。

4）合併症としての「てんかん」

　肢体不自由のある子どもの中には，合併症として「てんかん」のある子ども
も少なくない。てんかんとは，種々の成因によってもたらされる慢性の脳疾患
であり，大脳ニューロンの過剰な発射に由来する反復性の発作（てんかん発作）
を特徴とし，それに様々な臨床症状および検査所見がともなう[5]。てんかん発
作は，脳の中で電気信号が暴走して，嵐が起こっているような状態であり，
「手がピクッと動く」「口をもぐもぐ動かす」「頭がガクッと前に倒れる」「バタ
ンと倒れる」「ボーッとする」「全身をビクンと動かす」等，その現れ方は子ど
もによって異なる。あらかじめ，現れ方を保護者や主治医に確認をしておくこ
とが肝要となる。また，てんかんを起こさないためには，定期的な脳波検査や
規則正しい生活（睡眠，食事，排泄等）と適切な服薬が重要となる。

　もし，発作を起こした際は，安全の確保，意識の有無の確認・けがの有無の
確認，発作の継続時間の計測，気道の確保，様子の確認（普段と様子が同じか否
か等），他の保育者への連絡等が必要となる。発作の後は，適度な休息の確保，
および覚醒後の本人の心のケアも大切である。

5）世界保健機関／和
田豊治訳『てんかん辞
典』金原出版，1974.

（2）乳幼児期の特徴

1）肢体不自由の障害特性

　肢体不自由ゆえの障害特性は，運動動作，知覚・認知，コミュニケーショ
ン，知能，その他，と多岐にわたり，かつ，子ども一人ひとりによって異なる
（図2-3）。よって，個々の子どもの多様な実態に応じた保育を展開するため
には，これまで肢体が不自由な状態で生きてきた歳月の中で，何をどのように
自分の世界に取り入れて理解してきたのか，その子どもなりの学び方や経験を
理解する視点が重要となる。

①　**上肢や下肢の操作や姿勢の保持の困難**：上肢や下肢の操作に困難を伴う
　　場合，おもちゃで遊ぶ，絵を描く等，上肢操作を伴う活動や，移動を伴う
　　活動，車椅子では行動しにくい場所（砂場や花壇等）での活動に制約が生
　　じる。日々の生活の様々な場面でこのような制約に直面する状況に置かれ
　　ることから，本人の表現したい気持ちや活動に向かう主体性が損なわれる
　　ことのないよう，遊具や道具の工夫，活動場所の環境調整等の配慮が必要
　　となる。姿勢の保持が困難な場合は，活動に取り組みやすい姿勢や，対象
　　物の形を正面から認知しやすい姿勢への配慮も不可欠となる。

　　　また，自分の体を意のままに動かせない状態にあることから，ボディイ
　　メージ*17を十分に描けていない子どもも少なくない。例えば，左の上肢
　　にまひのある子どもに対し，「右手と右手で握手したら，左手と左手も握

*17　ボディイメージ
　自分の身体の輪郭や
傾き具合など，自分自
身の身体に関する主観
的な像のこと。

図2－3　肢体不自由のある子どもの障害特性

手しよう」「絵を描くときは左手で画用紙を押さえようね」など，まひの
ある側の手もできる範囲で使うような場面を意図的に設定することを通し
て，自身の体の一部であることを認識させるような配慮が大切である。

② 　**視覚的な情報処理の困難**：脳損傷性による肢体不自由がある子どもに
は，視力には問題がないのに視覚を十分に活用できないことや，視知覚認
知の発達の異常が原因で形や文字の弁別や認知が難しかったり，認知した
形や文字を正しく書き表すことが困難であったりする子どもがいる。上肢
や下肢の操作，姿勢の保持が困難な場合は，その状態が他者から「見えや
すい」ため「気づかれやすい困難」であるのに対し，この視覚認知の困難
は他者から「見えにくい」ために「気づかれにくい困難」といえる。

　例えば，図－地の弁別[*18]がうまくいかないために，絵本のどこに注目
していいかわからなくなったり，文字飛ばしをしてしまったりする。記号
やイラスト，文字等，同時に提示された多くの情報から必要な情報を読み
とることに困難を示す。部分への注意を払うことができずに，形の似た記
号や文字（例えば，「あ」「め」「ぬ」）を混同することもある。

　また，空間における位置関係を把握することが苦手なために，片付けや
服の着脱，整列が難しいことがある。慣れた場所にもかかわらず迷ってし
まう，顔を描く際に顔の輪郭に対して適切な位置に目や鼻を配置して描く
ことが困難などといった姿もみられる。

　保育場面における手だてとしては，「情報量を整理すること」「色や太

＊18　図－地の弁別
　必要な部分（例：読も
うとする文字）だけを
図として浮かび上がら
せ，他の部分（例：周囲
にあるその他の文字）を
地として背景とするこ
と。

さ，コントラストを工夫して注目してほしい箇所を目立たせること」「子どもが比較的得意とする聴覚情報，言葉を用いて適切に指示を添えること」等がある。また，「本人の身体感覚を十分に使って位置や方向を確かめたり，視点の変化による形の見え方の違いに気づかせること」も重要である。

③　**コミュニケーションの困難**：肢体不自由のある子どもの場合，特に脳性まひのアテトーゼ型の子どもには構音障害[*19]を伴うことが少なくない。言葉や歌で思うように表現できない，伝えることができない状況に置かれる子どもの意図をくみ取り，表現したい，伝えたい思いを育む保育が求められる。

　　脳性まひ等があると，構音に必要な動きに関する指令を筋肉に伝達できず，適切に動かすことが困難になるため，構音障害を伴うことがある。

④　**経験不足**：経験不足は，肢体不自由による二次的な障害と捉えることができる。肢体不自由のない子どもが，日々の生活の中で自然に積み重ねている様々な経験について，肢体不自由のある子どもの場合，活動範囲の狭さや環境面の条件不整備から不足しやすい。これは，経験を通して学習する機会そのものが限られることを意味する。また，保護者は危険を避けるために行動を制限するなどの養育態度をとりがちである。肢体不自由ゆえに不足しがちな経験について，その機会を意図的に設定する工夫が保育者には重要となる。

2）肢体不自由の障害特性と発達

　運動動作，知覚・認知，コミュニケーション等，発達の諸側面は相互に関連し合う。生後2か月頃の子どもは，視力が発達し「見える」ことが周囲への関心を呼び，重たい頭を必死に持ち上げようとする。見えることが動機づけとなってこの行動を積み重ねるうちに，次第に「首が据わる」ようになる。首が据わるようになると，見たいものを「見続ける」ことが可能となり，注視している間に起こる現象を理解する力や，対象物に「関わりたい」という思いにつながる。これらの姿勢の安定や外界への関心・理解が基盤となって，「見たものに手を伸ばす（目と手の協応）行動」や「空間における位置関係の把握」「自らの操作による外界の変化を理解する」力が育まれ，「主体的に人や物へ関わる力」，さらには，「言葉の機能への気づき」へとつながる。

　ところが，肢体不自由のある子どもの場合，姿勢の保持や意のままに自らの体を動かすことに困難が伴う。その結果，本来，人や物に注意を向ける力や関わる力，事象を理解する力を有していても，それらの力を高める条件が整わず，機会が確保されないために，十分な発達に至らないことが想定される。

＊19　構音障害
「一般的には言葉を発するのに必要な器官（舌，口唇，口蓋，声帯など口腔諸器官）に障害が生じることによって起こる話し言葉の異常」をいう。詳細は第3章2を参照。

　保育に際しては，子どもの実態（力を発揮できていること，もてる力を十分に発揮できていないこと，力を備えていないために実現できていないこと等）が，その子どもの中でどのように関連しているのかを考察していくことが重要となる。例えば，ある子どもは，「座位が不安定」なために，「目の前に提示した遊具や教材を追視したり，手で触れようとしたりしない」「自分から友達に関わることがない」のかもしれない。子どもが今，見せている姿の背景にある，その子どもなりの事情を理解することが重要になる。

　首の据わりや座位の安定等の遅れが疑われる場合には，医療機関への相談を保護者に勧める（第8章1を参照）。保育者としては，肢体不自由の状態が，認知やコミュニケーション等の発達における他の諸側面の成長を阻むことのないよう，姿勢の保持を促すことや，本人が直接経験することが困難な場合，保育者が本人に代わってして見せて発達を促す等，配慮しなければならない。

（3）保育場面での保育者からの支援

　障害特性や発達の促進の視点から必要な支援については，これまでにも述べたところである。肢体不自由のある子どもは，意のままに自分の体を動かすことに制約があるため，日常生活の様々な場面で支援を必要とする。

　保育者が支援を行う際には，次のような配慮が大切になる。まず，「本人の意思を確認しながら行うこと」である。本人に言葉をかけ，本人の意思を確認した上で，本人が行いたい動きを支援する姿勢が重要となる。また，「本人の力を発揮してもらいながら」支援の量を調節することも大事である。本人のもてる力について，保護者や医療関係者（医師，理学療法士，作業療法士，言語聴覚士等）から必要な情報を得て，支援の仕方や量を判断することになる。

　なお，肢体不自由のある子どもには，健康面への配慮が不可欠な子どもも少なくない。就寝および起床の時刻，体温や服薬，発作の有無，水分や食事の摂取量，排泄の状況等，家庭や保育場面での情報を保護者と共有し，体調管理に必要な対応についての共通理解が重要となる。日中の覚醒水準は，夜の睡眠を左右し，生活リズムの安定に影響する。どの場面（活動）ではどのような姿勢をとらせるのか，一日の保育を通じた姿勢や活動量の検討が肝要となる。

　さらに，医療技術の進歩により，医療的ケア（痰の吸引や経管栄養）を必要とする子どもは増加傾向にある[20]。厚生労働省は，2017（平成29）年度より医療的ケア児保育支援モデル事業を実施し，保育所などに看護師を配置して受け入れ体制を整えている。今後，モデル事業の成果と課題をふまえ，全国展開が検討されることとなる。

*20　医療的ケアを必要とする子どもについては，第6章に詳述。

（4）集団における障害理解

　障害のない子ども達には，肢体不自由のある子どもの「意のままに自分の体を動かすことができない」状態やその状態におかれる思いを理解してもらいたい。また，肢体不自由のある子どもは，身体的な支援の必要性から，保育場面でも保育者とともに過ごす時間が増える分，子どもだけで過ごす場面が限られてしまう。子ども達の発達に応じて，（保育者がその場にいても）保育者を介さない子ども同士のコミュニケーションの機会を意図的に設け，人間関係を築くことが重要となる。

　最後に，保護者は，肢体不自由ゆえに障害のない子どもの発達と異なる側面を心配しがちである。保育者はその思いを受け止めながら，肢体不自由の障害特性への配慮はもとより，発達の他の諸側面の成長を促す関わり方の工夫（姿勢保持や間接的経験の設定等）について，当該保護者と保育者間で共通理解を深めていくことが大切である。また，統合保育によって障害のない子どもと同じ生活経験をすることや社会性の形成を保護者は望んでいることが多いので，保育者はその点にも配慮する。

> ### コラム　　二分脊椎のある子どもの排尿の支援
>
> 　二分脊椎の子どもの多くは排泄に障害があるため，排泄の自立に向けた支援が必要になる。自力での排尿が難しい子どもは，カテーテル（管）を尿道の中に挿入して人工的に排尿させることになる（導尿）。この導尿自体は医療行為にあたるため，保育者が子どもに代わって行うことはできない。子ども自身が習得できるよう，医師の指示を受けた看護師が，子どもの理解や運動障害の程度に応じて指導する。保育者は，保護者や医療関係者と必要な情報交換を行い，保育場面で行う配慮について個別具体的に確認することが重要となる。

●演習課題
課題1：日常の生活経験や乳幼児期の遊びの中で，触ったり，音を聞いたり，においを嗅いだり，舌で味わったりといった視覚以外の楽しみ方を考えてみよう。

課題2：肢体不自由の障害特性が発達に及ぼす影響と，保育者として関わる際の配慮についてまとめてみよう。

●**参考文献**

青柳まゆみ・鳥山由子『視覚障害教育入門―改訂版―』ジアース教育新社，2015.

星祐子・雷坂浩之・高見節子「視覚に障害のある乳幼児の支援について（調査報告）」
筑波大学特別支援教育研究：実践と研究，4，2009，pp.33-41.

五十嵐信敬『視覚障害幼児の発達と指導』コレール社，1993.

稲沢潤子『目の不自由な子どもたち』大月書店，1998.

猪平眞理「視覚障害乳幼児の盲学校（視覚特別支援学校等）における早期支援の現状
と課題―医療とのかかわりを中心に―」眼科臨床紀要，3（2），2010，pp.182-187.

猪平眞理「視覚障害乳幼児の超早期支援―全国視覚特別支援学校等（盲学校）にお
ける0～2歳児の支援の現状―」発達障害研究，34（4），2012，pp.328-333.

香川邦生・猪平眞理・大内進・牟田口辰己『五訂版　視覚障害教育に携わる方のた
めに』慶應義塾大学出版会，2016.

国立特別支援教育総合研究所『特別支援教育の基礎・基本　新訂版―共生社会の形
成に向けたインクルーシブ教育システムの構築―』ジアース教育新社，2015.

中村素子・大城英名「幼稚園・保育所における視覚面に気がかりがある乳幼児およ
び視覚障害乳幼児の支援に関する現状と課題」秋田大学教育文化学部研究紀要教
育科学部門，70，2015，pp.113-124.

芝田裕一『視覚障害児・者の理解と支援［新版］』北大路書房，2015.

筑波大学附属盲学校幼小学部『通常の学級等に在籍している視覚に障害のある子ど
ものためのサポーターブック』2017.

安藤隆男・藤田継道編著『よくわかる肢体不自由教育』ミネルヴァ書房，2015.

古川勝也・一木薫編著『自立活動の理念と実践』ジアース教育新社，2016.

日本肢体不自由教育研究会監修『肢体不自由教育の基本とその展開』慶應義塾大学
出版会，2007.

日本肢体不自由教育研究会監修『コミュニケーションの支援と授業づくり』慶應義
塾大学出版会，2007.

日本肢体不自由教育研究会監修『これからの健康管理と医療的ケア』慶應義塾大学
出版会，2007.

日本肢体不自由教育研究会監修『専門性向上につなげる授業の評価・改善』慶應義
塾大学出版会，2007.

徳永豊『重度・重複障害児の対人相互交渉における共同注意』慶應義塾大学出版会，
2009.

筑波大学附属桐が丘特別支援学校『肢体不自由のある子どもの教科指導Q&A』ジア
ース教育新社，2008.

筑波大学附属桐が丘特別支援学校『「わかる」授業のための手だて』ジアース教育新
社，2011.

全国心身障害児福祉財団編『新重複障害教育実践ハンドブック』全国心身障害児福
祉財団，2015.

第3章 聴覚障害・言語障害の理解と支援

本章では，聴覚障害と言語障害（構音障害・吃音）について学習する。

聴覚障害は，「聞こえない」ことに加え，言語習得が遅れることから，早期発見，早期補聴，早期聴能言語訓練が重要となる。保育にあたっての必要な医学的知識に加え，保育場面での基本的な留意点について学ぶ。

言語障害には，言葉の発達が遅れる言語発達遅滞，発音に障害のある構音障害，話し言葉のリズムに障害のある吃音などがある。ここで示す構音障害と吃音の原因や発達過程での様相をふまえて，保育場面での必要な対応について学ぶ。

1 聴覚障害の理解と支援

（1）聴覚障害とは

1）聴覚障害の原因と分類

外界の音は，耳介で集音され，外耳道を経て鼓膜を振動させる。鼓膜の振動は3個の耳小骨（つち骨・きぬた骨・あぶみ骨）を経て，内耳（蝸牛）に伝えられ，蝸牛の中で神経の信号に変換され，脳の聴覚野に伝わる（図3−1）。

聴覚障害とは，何らかの原因によりこの聴覚経路に異常が起こり，聞こえに障害が起こることをいう。外耳・中耳等の伝音系で障害された場合を「伝音性難聴」といい，治療により改善することが多い。内耳・聴神経・脳等の感音系で障害された場合を「感音性難聴」といい，治療による改善が期待できないことが多い。伝音系と感音系の両方での障害を「混合性難聴」という。伝音性障害だけで感音系に問題がなければ，高度な難聴が生じることはない。

伝音性難聴としては，先天性外耳道閉鎖症などの奇形による外耳道の閉鎖，外耳道に耳垢や異物が詰まることで聞こえが悪くなる耳垢栓塞，鼓膜・耳小骨

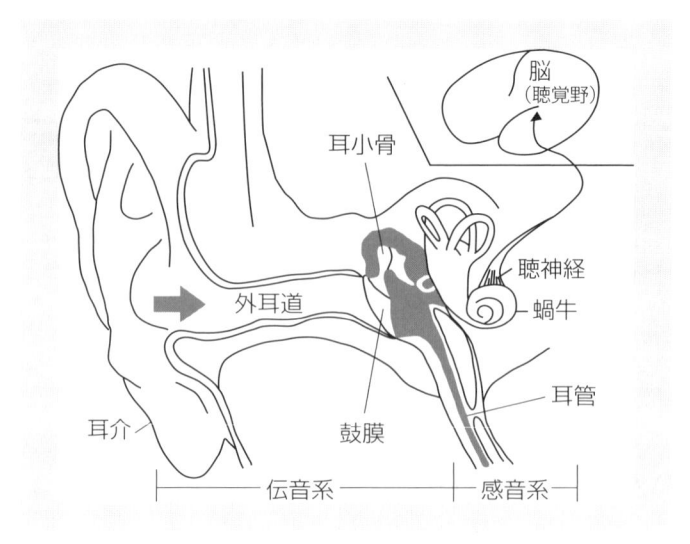

図3－1　聴覚経路

の奇形や耳硬化症、鼻に通じている耳管の通気が悪くなり（耳管狭窄）、鼓膜の後ろの空間（中耳）が陰圧になったり、滲出液が溜まることで鼓膜の動きが悪くなる（滲出性中耳炎）などにより聞こえの悪さが発生する。

　感音性難聴は、内耳の有毛細胞の障害によるものが多いが、聴神経や大脳聴覚野等の上位神経系の障害によるものもある。

① **発生時期と聞こえの程度**：聴覚障害は、障害の発生時期により先天性難聴と後天性難聴に分類される。先天性難聴は、妊娠中の風疹や栄養障害、ストレプトマイシンやサリドマイドなどの薬物や化学物質にさらされた場合や、周生期での低出生体重児、高ビリルビン血症、無酸素症（仮死等）などによる聴覚経路の障害により起こる。後天性難聴は、感染症（麻疹、耳下腺炎、インフルエンザ等）による内耳障害、突発性難聴、騒音被曝、頭部外傷、薬物中毒（ストレプトマイシン、カナマイシン等）などの感音系の障害や、耳管狭窄や中耳炎による伝音系の障害により起こる。

　聞こえの程度はオージオメータという聴力測定装置で周波数（単位Hz：ヘルツ）別に、聞こえる最小の音の強さ（単位dBHL：聴力レベルのデシベル）を測定（聴力検査*1）され、オージオグラム（図3－2）に記録される。

　聴力は25 dBHL未満が正常で、聴覚障害の程度は500 Hz・1000 Hz・2000 Hzの加重平均値（平均聴力）により「軽度難聴（30 dBHL以上、50 dBHL未満）」「中等度難聴（50 dBHL以上70 dBHL未満）」「高度難聴（70 dBHL以上100 dBHL未満）」「ろう（重度）（100 dBHL以上）」に分けられる。普通の会話の大きさは50 dBHL程度であるため、軽度難聴でも普通の会話は微かにしか聞こえず、中等度難聴ではほとんど聞こえない。大声の大きさは

＊1　聴力検査

　検査は、まずヘッドホンレシーバからの音による「気導検査」と、骨導子（骨導レシーバ）の振動により頭蓋骨から内耳に直接音を伝える「骨導検査」が行われる。「骨導検査」は、外耳・中耳を経ず内耳に直接音を伝えることから、外耳・中耳の伝音系に障害があれば、「気導検査」の値と「骨導検査」の値に差が生じる。このことから、「伝音性難聴」と「感音性難聴」の鑑別が可能となる。

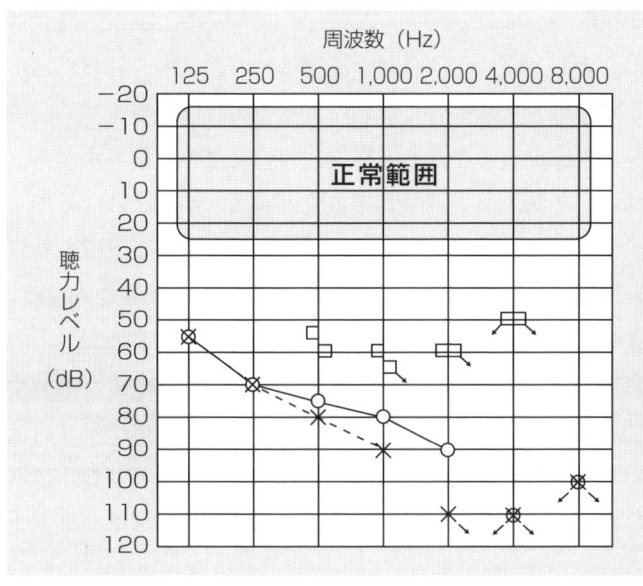

周波数（Hz）

（表示記号）
右耳気導	〇
左耳気導	×
右耳骨導	Ⴑ
左耳骨導	ⴑ

スケールアウト
（右）╱ （左）╲

（記入方法）
オージオメータにより，気導検査（ヘッドホンレシーバ使用）と骨導検査（骨導レシーバ使用）を行う。被検査者のボタン応答等により，周波数ごとに聞こえる最小値をオージオグラム上に左右別に記号で記入する。オージオメータの最大出力音圧を超えた場合は，スケールアウトの記号を記入する。

図3－2　オージオグラムの例

70 dBHL程度で，軽度難聴では集中すればある程度聞こえるが，中等度難聴では微かに聞こえる状態，高度難聴ではほとんど聞こえない。40～50 dBHL程度から補聴器が必要といわれているが，聴力が70 dBHL以上の場合は，身体障害者福祉法により，聴力障害の程度によって，6級から2級の身体障害者手帳が交付され[*2]，無償で補聴器等を入手できる。

② **語音の聞き取り**：聴覚障害の中で比較的多くみられる高音域が高度に障害されているタイプの場合，補聴器を装用して音声を増幅しても，子音の聞き取りが困難になる。例えば「魚（サカナ）」という言葉を聞いても，音の大きい母音部分は聞き取れても，子音部分が聞き取りにくいため，

> sakana（魚）→ _a_ana（意味不明または高菜：takana，刀：katanaなど）

などと聞き誤る可能性が高い。また，母音の区別は高音域の倍音（フォルマント）の違いによって行われるため，母音の区別も難しくなる場合もある。さらに，聴神経や脳（聴覚野）の障害では，音が聞こえても言葉として認識できない場合もある。これらのことから，聴覚障害のある子どもには補聴器等を装用した上で，聴能言語訓練[*3]が不可欠となる。特に，言語獲得ができていない時点で障害を受けている中等度以上の場合は，言語音が聞こえないための言語獲得の遅れが発生することはいうまでもないが，加えて周囲の人の発音も自分の発音も正確に聞き取れず模倣学習が困難なことから，発声や発音の障害も生じる。このため，特別に発声発語の訓練も不可欠となる。

*2　障害の等級については巻末資料（p.182）を参照。

*3　聴能言語訓練
　訓練は，言語聴覚士や聴覚障害専門の教員によって，行われる。内容は，補聴器等を用いての聞き取り訓練に加えて，言語獲得のための教育や正しい発音に近づけるための発声発語訓練が行われている。

２）早期発見と診断

　聴覚器官は胎生期の８か月頃には完成され，胎児は外界の音への聴覚反応を示す。出生後２～３か月児は，大きな音に驚いたような瞬目反射やモロー反射をみせることが多いが，大脳皮質の発達とともに反射の発現率は低下する。

　聴覚に問題がなければ，年齢とともに，音や言葉への反応が明確になってくる。遠城寺式・乳幼児分析的発達検査法（九大小児科改訂版）の言語理解の項目では，「人の声で静まる」（２～３か月），「母の声と他の人の声をきき分ける」（４～５か月），「親の話し方で感情をき分ける（禁止など）」（６～７か月），「『いけません』と言うとちょっと手を引っこめる」（８～９か月），「『バイバイ』や『さよなら』の言葉に反応する」（10～11か月）と，月齢による聴覚系の言語理解の発達が示されている。これらは中等度以上の聴覚障害のある子どもにはみられないことが多いため，言語理解の発達から聴覚の障害をある程度推測できる。

　聞こえの悪い状態が長期間続くことで，言語の学習が遅れるため，可能な限り早期に発見し，早期に補聴器等の装用（補聴）や聴能言語訓練を開始する必要がある。高度難聴の場合は，特別な検査をしなくても，周囲が子どもの音や言葉への反応の乏しさから０～１歳で聴覚の異常に気づくこともあるが，気づかずに言語が急速に遅れる可能性が高い。特に，他の障害が合併している場合，反応がわかりにくかったり，低音域（125 Hz～500 Hz）に聴力が残っていると，大きな音に反応することもあるため，難聴に気づかれにくい。

　聴覚障害を早期に発見するため，通常は，おおむね生後３日以内にAABR（Automated Auditory Brainstem Response：自動聴性脳幹反応）検査が実施されている。さらに３～６か月児健康診査や１歳６か月児健康診査，３歳児健康診査における聴覚や言語のチェックにより，聴覚障害を発見する体制がとられている。健診で聴覚障害が疑われた場合，専門の医療機関で精密な検査を行う。

　専門の病院等医療機関で聴覚障害が発見されると，聴力に合わせて補聴器等の装用調整を行うとともに，専門の医療機関や難聴療育機関，あるいは，ろう学校幼稚部等において聴能言語訓練を行うこととなる。

３）補聴器と人工内耳

　幼児に使われる補聴器の種類には，ポケット型，耳かけ型，耳穴型等があるが，比較的目立たず高出力も可能な耳かけ型が多く使われている。購入には，身体障害者手帳が取得されていれば，補装具として無償で支給される。

　補聴器は非常に大きな音が出力されることから，出力制限の調整が適切でなければ，その強大音により聴力がさらに悪化する場合がある。しかし，聞こえないほど出力を絞ってしまっては，補聴器を着ける意味がない。このため，普

通の話し声が聞こえる程度まで大きく増幅し，かつ聴力悪化が起きない程度の出力とするため，正確な聴力を測定し，細かな補聴器の調整が不可欠となる。その調整過程では，生活場面での子どもの反応も調整の指標となるため，保育者は保育場面での音や言葉への反応を観察し，補聴器調整を行う専門機関に保護者を通じて情報提供することが望ましい。

　補聴器を装用して行う聴能言語訓練は専門機関で行われるが，保育者は，その内容や保育場面での注意事項等を保護者から聴取しておくことが望ましい。

　最近では，高度な聴覚障害のある子どもに人工内耳の手術が行われる場合がある。人工内耳は，蝸牛に電極を挿入し，外部から音を電気に変換して電極から電流を流すことで直接聴神経に信号を伝える器具である。

　人工内耳は，原則として補聴器の効果がないと考えられるケースが適用対象であるが，低年齢児への適用が進んでいる。しかし，人工内耳によって提供できる音情報は限られており，すでに音の音像イメージをもっている中途失聴者には大きな効果が期待できるが，音を聞いた経験のない先天性聴覚障害の幼児には，早期からの聴能言語訓練が不可欠である。ただし，人工内耳は補聴器よりも，高音域を信号として聴取可能であるため，その効果が期待されている。

（2）乳幼児期の特徴

　保育の場面においては，音や人の声への反応や言語理解の発達をよく観察することが重要である。言語発達に遅れがあっても，大きな音には反応している場合には，聴覚障害を疑わないまま貴重な時間を過ごしてしまいかねない。特に，高音域に大きな聴力の悪化がある場合でも，低音域の聴力が残っている場合には，呼び声や音には振り向いていても，言葉が正確に聞き取れずに言語発達が遅れていくことが多いため，言葉の遅れに不安をもつ保護者に対しては，早期に専門機関の受診を勧めることが望ましい。

　聴覚障害があっても知的発達に問題のない子どもの場合では，成長に伴って言葉や音ではなく視覚的な状況把握により，ワンテンポ遅れながらも一見正しい反応を示し，他の子どもと同じ行動ができることがある。このために，言葉以外には発達の遅れがないことから聴覚障害が見逃され，必要な補聴器の装用や聴能言語訓練を受けないまま貴重な言語獲得の機会を得られず時間を過ごしてしまうこともある。保育場面ではその子どもの行動が聴覚的手がかり（聞いて判断）によるものか，視覚的手がかり（見て判断）によるものかを見極める必要がある。その結果，聴覚障害が疑われる場合は，可能な限り早期に専門医療機関等での精密検査を保護者に勧めることが重要となる。近隣の専門医療機関についての情報は，市町村保健センターの保健師に相談するとよい。

コラム　人工内耳

　人工内耳は，内耳にある蝸牛の中の有毛細胞に，重度の障害がある場合に有効な治療法であり，補聴器の効果が乏しい場合に適用される。外界からの振動は，鼓膜・耳小骨を経て内耳の蝸牛に至り，その中の有毛細胞によって神経の電気的信号に変換されるが，その有毛細胞が障害を受けている場合に，手術により蝸牛の中に複数の電極の付いた線を挿入し，その電極から電流を流すことで，聴神経に直接電気的刺激を与える。蝸牛では，手前が高音域，奥の方が低音域と関係があり，外界の音に合わせてスピーチプロセッサでコンピュータ処理をされた電流をその場所の電極から流すことにより，周波数の違った音として認知される。ただし，電極は20数極程度であるため，たくさんある有毛細胞のような細かな音の弁別は期待できない。

　埋め込まれた電極で使用する電流は，皮膚の外に磁石で固定された送信コイルからの電磁誘導により作られるため，埋め込まれた受信装置の電池の取りかえ等は不要である。

　中途失聴者の場合は，脳の中にたくさんの有毛細胞で聞いた音像が蓄積されているため，部分的な少ない電極の情報でも，弁別に必要な高音域の情報が入っていれば，ほぼ正しく認識され，その効果は高い。最初に電流を流すことを「音入れ」というが，最初は奇妙に感じてもすぐに過去に聞いた音を思い出し，「聞こえるようになった！」と喜ばれることが多い。ただし，各電極ごとに適切な電流量に設定するマッピング作業が必要であるため，専門の医師や言語聴覚士による検査と調整が不可欠である。

　高度先天性難聴の年長者の場合は，音を聞いた経験が乏しいので，電気信号が入っても音として認知されず，使いこなすには時間と聞き取り訓練を要する。しかし，言語獲得期にある低年齢幼児の場合は，電極からの信号を言語音声として学習していくため，人工内耳の適切なマッピングが行われた状態で日常的な生活を送るだけでも，言語学習に効果がある場合が多い。

　埋め込まれた受信装置や電極の交換は困難であるが，スピーチプロセッサによる音声処理や信号伝達のプログラムは，日々改善されているので，さらなる効果が期待される。

　保育者にも可能な聴力のチェックとしては，低音域よりも言語発達に大きく関係する高音域の聴力が問題となるため，後ろからそっと近づいて「シー」（無声音：声帯の振動のない状態の息だけの音）を出したり名前をささやき声（無声音）で呼んで振り向くか，ティッシュまたはレジ袋を擦るカサカサ音などの高音域成分の音に反応しているかを見ていくことで，ある程度の高音域の聴力がチェックできる。名称の理解ができる年齢になれば，ささやき声で絵本などの絵を正しく指させるかを確認することも有効である。

コラム　　ABR

　低年齢乳幼児の聴力を自覚的な聴力検査によって正確に測定することは困難であることから，他覚的に聴力を測定するために，ABR（Auditory Brainstem Response：聴性脳幹反応）検査がよく用いられる。乳幼児を眠らせた状態で，脳波検査のように頭に電極を張り付けて，Click音のような1周期だけの短い音を聞かせ，聴神経から脳幹までの電気反応を測定する。脳幹の反応は10msec（1/100秒）以内にいくつかの山状の波形となって出現する。この1回の反応は微小なため，1,000回程度繰り返し加算を行い，反応を見やすくする。一般には，下丘を源とする5番目のⅤ波が出現しやすく閾値測定もある程度可能である。ただし，刺激音にClick音を使用した場合は，周波数特異性が乏しいため，大まかな高音域の聴力は推定できるものの，周波数別の閾値測定はできない。周波数特異性のあるTone Pip音を使用すれば，ある程度の周波数別閾値測定はできるが，Click音より波形の出現性は低くなる。さらに，ABR検査は神経の同期性にも影響されることから，ABR検査で反応が認められなくても，聞こえていないとは言い切れない場合もあり，その後の精密な聴力検査や音に対する行動観察が不可欠である。

　現在は，多くの分娩機関で出生時にAABR（Automated Auditory Brainstem Response：自動聴性脳幹反応）検査が実施され，さらに乳幼児健診において聴覚のチェックが行われている。

（3）保育場面での保育者からの支援

　専門医療機関等で聴覚障害があると確認された場合には，専門の医療機関や難聴療育機関，あるいは，ろう学校幼稚部等で聴能言語訓練が行われるが，並行して幼稚園・保育所等にも通う子どもが多いため，保育者が知っておくべきことは多い。基本的には，保護者から幼稚園・保育所等での対応についての留意事項をよく聞き取っておくことが必要であるが，保護者が答えられないような場合は，保護者を通して専門機関に説明を求めたり，保護者の了解を得て，直接，専門機関に尋ねるのもよい。また，子どもが専門機関の聴能言語訓練を受けに通う際に，保育者が同行して担当者に疑問点等を尋ねるのもよい。ただし，保護者と専門機関の事前の了解が必要であることはいうまでもない。

　保育場面では，補聴器の扱いについての知識も必要である。例えば，騒音の多い場面では，補聴器は言葉の聞き分けに役に立たないことが多く，補聴器装用時に大声で話しても聞き取りの弁別がよくなるとは限らない。静かな場所での普通の音声に反応がない場合は，電池切れやボリューム設定が小さすぎたり，スイッチが入っていない，難聴が悪化したなどのトラブルが考えられる。

＊4　イヤーモールド

幼児に補聴器装用する際は，音漏れを防ぐために一人ひとりの耳に合わせた耳型（イヤーモールド）を作成するが，ピーピーと鳴るハウリングが起こる場合は，耳型がしっかりと耳にはまっていない場合や，耳の成長などによって耳型があわなくなっている場合が考えられるため，はめ直しや再作成が必要となる。

＊5　キュードスピーチ（cued speech）

口形を視覚的に読み取る「読話」では母音口形を比較的区別できるが，「パ・バ・マ」や「タ・ダ・ナ」等の口形が似ている音の区別が困難なことから，子音部分のみを指の動作で示し，後続母音の区別は口形で読み取らせる「キュードスピーチ」が一部の専門療育機関等において用いられてきた。手話や指文字ほど一般的ではないため，コミュニケーションとしての活用には限界があるが，正確な日本語音韻を視覚的に区別するのに簡便で効果的であることから，日本語音韻の獲得や発語の練習に用いられる。

保育者は，登園時に補聴器の確認をしておくことが必要である。また，「ピー」というハウリング音が漏れる場合は，耳にはめるイヤーモールド＊4がしっかりはまっていない場合があるので，はめ直す必要がある。

補聴器を介しての聞き取りは距離が重要で，保育者は近くで話しかけるとよい。しかし，集団への話しかけでは，最前列よりも2〜3列目の中央から少し左右にずれた近い位置に聴覚障害のある子どもを座らせることが適当である。最前列の中央は，保育者の口形は見やすいが，他の子どもの動きが本人から見えないため，避けるほうがよい。

保育場面は聴覚障害のある子どもにとって貴重な言葉の学習の機会である。保育者は，本人に口の動きが見える位置で，はっきりした口の形で話しかけるとよい。話し手に集中していないときには，あらかじめ注目するように促す。話す速度は，ややゆっくりめがよいが，1音ずつ区切るような話し方は，正しい日本語の構音（口形）でなくなる場合もあるので注意が必要である。

聴覚障害のある子どもは，聴覚での言葉の理解には限界があるので，絵やジェスチャー，手話，指文字，キュードスピーチ＊5，文字などを同時に提示することも理解に役立つ。手話や指文字は，保護者にも聴覚障害がある家庭では生活の中で子どもも早い段階で習得するが，すべての子どもが教えられているわけではない。専門療育機関では，聴能言語訓練として早期にキュードスピーチや文字を導入しているところが多いが，手話等は特に教えていないところもある。保育所等は療育機関ではないため，専門療育機関と同じ対応ができるとは限らない。保護者や専門家と話し合う中で，保育者として，その聴覚障害のある子どもに対して何ができるかを考えていく。なお，聴覚障害のある保護者と話をする場合には，筆談を用いることが望ましい。簡単な会話に手話等を用いるのは関係構築に有効であるが，複雑な内容については，筆談の方が正確に伝えることができる場合が多い。ただし，先天性の高度難聴の保護者の中には，筆談でも平易な表現でないと伝わらない場合もあることには留意したい。

（4）集団における障害理解

周囲の子どもたちは，比較的早く聴覚障害のある子どもを受け入れるが，補聴器を着けていることで，からかったり補聴器を触ったりすることもある。そのため，その子どもにとってとても大切な物であることを伝えなければならない。また，聴覚障害のある子どもは音や言葉への反応が乏しく，呼ばれても気づかないことがある。そうした際に，肩を叩いたり，前に回ったり，視覚的にわかるように伝えるとよいことも，周囲の子ども達はすぐに学んでいく。また，聴覚障害のある子どもの発音は不明瞭であることから，何を言っているか

わかりにくい。これも，周囲の子どもの方が「○○ちゃん，××って言ってるんだよ」と教えてくれることもある。ただ，子どもは，保護者の言動に影響を受けやすい。周囲の子ども達の保護者にも，障害に対する理解が重要である。

2　言語障害の理解と支援

（1）言語障害とは

　言語障害は，言語の習得と言語の使用に困難のある障害を指す。障害部位としては，耳から入る言葉を脳の感覚性言語中枢を通して認知・理解するまでの過程での障害と，表出意図を脳の運動性言語中枢を通して発語器官を動かすまでの過程での障害とに分かれる。子どもの場合，年齢的に標準的な言語の習得ができていかない状態を言語発達遅滞というが，その原因（部位）や対応方法は様々である。これについては各章各節に述べられているので，本節では，言語の使用についての問題として，「構音障害」と「吃音」について述べる。

（2）乳幼児期の理解と特徴

1）構音障害

　発音の異常である構音障害は，口唇・鼻腔・舌・硬口蓋・軟口蓋・喉頭（声帯）等の発語器官に欠損やまひ等の異常がある器質的構音障害と，形態上の異常はなくても発語器官の機能に問題がある機能的構音障害に分けられる。

①　器質的構音障害：発語器官に欠損やまひ等があると，正確な構音は困難となる。例えば，胎生3〜13週頃に何らかの要因が作用して口唇や口蓋の融合に障害が起こると，唇裂・口蓋裂が起こる。発音時に気流が鼻腔に漏れ，鼻咽腔閉鎖ができないため，鼻音（/m//n//ɲ//ŋ/等）以外の構音に，聞き取りにくい鼻音化が起きる。また，口腔内圧を高めることができないので破裂音や摩擦音が出せず，声門破裂音や咽頭摩擦音などの誤った構音で代用するようになる。口蓋裂児は，発語の問題だけでなく，呼吸・授乳・咀嚼・嚥下などにも影響が出る場合が多く，出生時から専門医療機関の指導が不可欠となる。唇裂・口蓋裂の修復は，手術が中心で，2歳前までに行われることが多い。手術が遅れ鼻咽腔閉鎖が確保できないと，異常構音を獲得してしまう。しかし，手術は顎の発達を考慮し，複数回に分けて行われる場合や，手術までの期間を一人ひとりに合わせて作成されたスピーチエイド（Speech Aid）を一時的に装用し鼻咽腔閉鎖を補う場合もある。口蓋裂に伴う構音異常は特殊で医学的治療との連携が必要で，主に

専門機関の言語聴覚士により構音訓練が行われる。

　器質的構音障害である発語器官の形態の異常は，口蓋裂の他，舌の異常や軟口蓋の短縮など様々な部位でも起こる。比較的よくみられる異常として，舌の裏側にある舌小帯（ぜつしょうたい）の短縮症については，これまでは構音発達が遅れている場合の原因と言われて手術を勧められることもあったが，舌は柔軟であることから，重大な構音障害は起こらない。ただし，短縮が重度の場合は，舌尖を使う「/r/」行等に影響する場合がある。また，舌を出したときの舌尖の形状がw型になり目立つ場合は，手術を行う。

　軟口蓋の奥の口蓋垂が2つに割れている（融合していない）ものを，口蓋垂裂（がいすいれつ）というが，一見，口蓋垂以外には軟口蓋に異常がないように見えても，粘膜下に口蓋裂が存在する場合もあるので，構音が鼻音化する場合は，専門機関での診断が必要になる。

② **機能的構音障害と構音の発達**：発語器官に問題がないにもかかわらず，一過性のまひや発語運動機能の未発達，聴覚的弁別力の未熟さ，環境的要因などにより，標準的な言語音を産生できない場合を指す。

　日本語の音韻は，構音点[*6]により両唇音・歯音（りょうしん・し）・歯茎音・硬口蓋音・軟口蓋音・声門音（しけい）に分けられ，構音方法[*7]により破裂音・通鼻音・摩擦音・破擦音・弾音に分けられる。さらに，声帯の振動の有無によって有声音と無声音に分けられる。例えばパ行の子音「/p/」は両唇破裂の無声音，ダ行の子音「/d/」は歯茎破裂の有声音，カ行の子音「/k/」は軟口蓋破裂の無声音と分類される。

　標準的な子音の発達として，乳児は1歳前に「喃語（なんご）」として様々な音を出すが，1歳頃には言葉として意識的な構音がみられるようになる。最初は「/p//b//m/」等の口唇音が比較的多く産生され，続いて「/t//d//tʃ/」などの歯茎音が出てくる。軟口蓋音「/k//g//ŋ/」は2歳代で，歯茎音「/ʃ/」や歯音「/s//ts/」などは5歳から6歳頃に完成する。

　この年齢的な発達段階に少し遅れている程度であれば，保育者は，コミュニケーション意欲や発語意欲を育てるような関わりを大切にした対応をしていく。言い直しをさせたり誤り自体を意識させすぎるような関わりは避けたい。例えば，2歳前に，「お母さん（オカーサン：/okaːsaŋ/）」と言っているつもりで，オタータン（/otaːtaŋ/）やオターチャン（/otaːtʃaŋ/）と発音しているような場合は，これらの誤りが構音発達途上によくみられる誤りであることから，周囲が聞いても不自然さはなく，特に構音訓練は必要ない場合が多い。保育者は，言い直しをさせず意欲面を育てることに配慮したい。特に，言葉が急激に発達する3歳頃に，頻繁に言い直し等を

＊6　**構音点**
　呼気がその音を作るために，最も狭められたり，閉鎖されたりする場所を指す。

＊7　**構音方法**
　特有の音を作るために，口唇や舌，口腔や鼻腔の活用の仕方を指す。日本語の音韻は，構音点と構音方法，有声・無声の組み合わせによって作られている。

させると，人前で話すことを嫌がるようになったり，吃音〔きつおん〕の症状が出ることもあるので注意が必要である。4歳代になると，歯音「/ʃ//s//ts/」や弾音「/r/」以外は，ほとんどの構音が可能なるので，「お母さん（オカーサン：/okaːsaŋ/）」を，依然としてオタータン（/otaːtaŋ/）やオターチャン（/otaːtʃaŋ/）と発音している場合は，明らかな構音発達の遅れと認められることから，構音訓練の必要がある場合も出てくる。この頃に，「先生（センセイ：/sensei/）」をシェンシェイ（ʃenʃei/）と発音していたり，ラクダ（/rakuda/）をダクダ（/dakuda/）と発音していても，この年齢では，まだ構音訓練は必要ない場合が多い。

　このような発達途上によくみられる誤りの場合は，保育者が安易に不適切な構音指導を行うと，本人が誤った構音を習得し，歪〔ゆが〕んだ構音方法が癖として定着してしまったり，発音に関する苦手意識を形成してしまうこともあるので，注意が必要である。

　大きな構音発達の遅れや，発達途上にあまりみられない特殊な構音の誤り*8の場合は，成人になっても誤った構音が続く場合もある。このような場合は，背景に何らかの発語器官の障害がある可能性もあるので，早期に発見し，専門機関において発語器官の診察および必要な治療を行い，構音訓練に結びつけることが必要である。

　通常，専門機関による構音訓練は，終了までに半年から1年程度かかる場合が多い。一方，就学後の授業等では，音読や発表等の場面で構音の誤りが指摘されやすいと考えられる。このため，構音訓練期間を考慮して，就学の1年前程度の時点で訓練開始の適否を判断する必要がある。器質的構音障害が認められなくても，年長になった時点で明らかな構音の誤りが認められる場合は，構音訓練の開始を検討することが望ましい。

2）吃　　音

① **吃音の症状と原因**：吃音とは，一般に「どもる」といわれる症状を示す話し方の障害である。その症状は，語頭音などを繰り返す「反復」（例：オオオカーサン，ボボボクネ），単語の一部を長く伸ばす「引き伸ばし」（例：オーーカーサン，ボーークネ），つまって出てこない「ブロック」（続いて破裂するような「バースト」が出ることもある）などがみられ，場合によっては体を震わせたり顔を歪める随伴〔ずいはん〕症状が伴うこともある。重篤な場合には日常生活にも制限や困難さが生じる。このため，現在では精神障害者福祉手帳も取得可能となっている。

　原因には様々な説があるが，言語器官を含めた脳に異常があるという器質的異常説と心理的要因を重視した機能的異常説に分けられる。器質的異

*8　息が舌側方から漏れる「側音化構音」（イ列音に多い），/t/を/k/に誤る「口蓋化傾向」，声門によって/k/を産生しようとする「声門破裂音」，舌と咽頭後壁の間で/s//ʃ/の摩擦音を産生しようとする「咽頭摩擦音」，/k/を鼻腔でクンという音で代用しようとする「鼻腔構音」などは，成長期ではあまりみられない特殊な構音の誤りで，医学的な診断・治療，訓練が必要となる場合もある。

常説では，脳の半球優位性や神経成熟の異常，聴覚フィードバックの異常，自律神経系の不安定さなど，様々な研究がなされている。一方，機能的異常説では，親子関係における過保護や緊張の問題や，言語発達過程での非流暢性を周囲が吃音と決めつけることによる診断起因説など，心理面での研究も多い。現実の場面では，両者の複合的原因も考えられる。

② **吃音の経過と治療**：吃音は，幼児・学童期と思春期以後では様相が異なっている。吃音が持続する場合には，年長になるにつれて非流暢性が大きくなることが多い。

　吃音の第1のピークは3～4歳で，言語が急激に発達する時期にあたる。言語の習得期に非流暢性[*9]が現れることは自然なことであるが，周囲がその非流暢性に対し過度に注目し，「ゆっくり言いなさい」などと本人に意識させるような状態を作ると，自然な発達を妨げることもある。この時期の吃音は，保護者や周囲の者が吃音を過度に気にしないことや，どもってもゆったりと待つという対応を行うなど，十分な環境調整をするだけで吃音が消失する場合も多い。

　第2のピークは就学期で，一貫性をもってたびたび非流暢性がみられることがある。本人も周囲も，吃音を意識し，強いフラストレーションを感じることとなる。さらに，思春期になると話すことへの恐れが生じ，話す場面を避けようとする回避行動もみられるようになり，話す際に手足や体を揺らすなどの随伴症状も増える。成人になると，身体的にも情緒的にも安定し，吃症状を最小限に抑える話し方の工夫を習得することが多いため，一見症状的には軽くなったように思われる場合もあるが，生活範囲を意図的に狭めていることも多い。逆に，吃音を克服しようと，意図的に流暢に話すことが必要とされる職業に就き，強いストレスと戦っている人もいる。

　吃音の治療は，幼児期や学童期には自分の吃音に対する意識化を進めることにつながるため，不適切な場合が多い。吃音を専門とする言語聴覚士や臨床心理士は，意識化が進んだ年長者には，会話場面等での直接的な話し方や音読の工夫，心理的な具体的対応手段を指導することが多いが，幼児や学童には，自己評価を高め，話す場面への緊張や抵抗感を減らすために，周囲も含めた環境調整について指導を行うことが多い。

（3）保育場面での保育者からの支援

　言語の習得期には，構音の未熟さや非流暢性は多くみられるが，保育場面では，コミュニケーション意欲を高めるようなアプローチが重要である。また，

*9　幼児の言語習得期には，会話場面で言葉の繰り返し，言葉が出にくい，構音の誤りや前後の音によっての言い間違い（例：オタマジャクシ→オジャマタクシ）などをはじめ，様々な吃音類似症状が現れて滑らかな会話ができないことがある。これを幼児期の非流暢性というが，幼児の脳が莫大な言語情報を学習していく過程で，発達途上である発語器官等の運動系がついていけなくなり，流暢な発語ができないものと考えられる。ほとんどの場合，発語運動が上手になるにつれ，非流暢性は低減するが，一部の幼児では吃音となって残る場合もある。

保育場面でできる活動や専門的な留意事項等について，保護者あるいは保護者を通しての専門機関から聴取しておくことが望ましい。

　コミュニケーション意欲を高めるためには，保育者がきちんと丁寧に耳を傾けて「聴く」ことが重要である。「先生が自分の話に興味をもって聴いてくれている」という実感が，子どものコミュニケーション意欲を高める。また，子どもが一生懸命話そうとしているのを，ゆったりと待つ姿勢も大切である。忙しさの中で，正確さや流暢性を求めると，つい話を横取りしたり言い直させたりしがちになるが，子どもは失敗感や不全感を味わうことになる。

　何を言っているのかわからないようなときには，とりあえず話そうとする気持ちをしっかり受け止めることが必要である。本人が，正確に伝わっていないことに気づいて，自ら言い直したり伝える工夫をしはじめる場合もある。子どものストレスに配慮しつつ，保育の様々な場面全体の中で，「伝えたい」というコミュニケーション意欲を高めるような関わりをすることがよい。

　また，保育活動の中で，聴覚的弁別力を高めるための言葉や音を使った聞き取り遊びや，食事場面等でのCSS（chewing：噛むこと，sucking：吸うこと，swallowing：飲み込むこと），舌を動かして口の周りをなめる動作，シャボン玉遊びなどの発語器官の運動や，大きな声を出したり小さな声を出したり，音の高低に注意して歌い音声のコントロールを行うことなど，発声発語器官に関連した活動を工夫するとよい。これらは，楽しくリラックスした状態で行われることが重要である。

（4）集団における障害理解

　構音や流暢性の異常は，他児からのからかいの対象になりやすい。また，言葉の発達の早い子どもが「○○って言ってごらん」と指導的な態度をとることもある。本人は気にしない場合もあるが，発語を過剰に意識してしまう場合もあるので，保育者の態度は，本人にとっても周囲の子ども達にとっても重要である。言語活動の場では，速さや正確さ，流暢性などよりも，リラックスして楽しめるような工夫が求められる。

　本人や周囲の子どもへの保育場面での対応に加えて，その保護者の理解を広げることも重要である。保護者が，専門機関での指導を受けていない場合は，言い直しを強要するなど自己流に不適切な関わりをしていることもある。また，吃音等の話し方が「うつる」という保護者の誤った考えが，周囲の子ども達の行動に影響する場合もある。こうした保護者への指導も保育者の重要な役割である。

コラム　構音訓練

　就学前頃に機能的構音障害が認められる場合には，必要に応じて専門の言語聴覚士等により，次のような構音訓練が行われる。

①発語器官の運動機能の訓練

　噛むこと（chewing），吸うこと（sucking），飲み込むこと（swallowing）のCSS機能は，発語の基礎となる重要な運動機能であることから，日常生活の食事等の場面での指導や，口唇・舌・軟口蓋等の基本的な動きについて訓練を行う。

②聴覚的弁別の訓練

　正しい構音と誤った構音の違いについての弁別が苦手な場合には，違いの聞き取り訓練をゲームのようなやり方で行う。弁別ができるようになると，自分で構音の修正をするようになり，特別な構音訓練をしなくても正しい構音に近づく場合もある。

③正しい構音方法の訓練

　正しい構音に必要な口唇や舌の動かし方，声の出し方等を，スモールステップで練習していく。導く音によって，様々な指導方法がある。例えば，「おかあさん/oka:saŋ/」を「オ<u>タ</u>ータン/ota:taŋ/」と誤る場合には，まず①②を行った後，「/k/」音を出せるようにうがいの練習で奥舌と軟口蓋での閉鎖を作る訓練を行ったり，舌の前を舌圧子で押しこみながら「タ」と構音させることで，奥舌の挙上による「カ」を生成する訓練を行う。「オカータン」と言えるようになれば，ストローを舌の中央部に乗せて息をストローから出し，「/s:/」という音を出す口形を習得させる訓練や，お菓子などを使って舌の側方を挙上する訓練，「/ʃ:/」という音から，舌の中央部を下げる訓練を行い「/s:/」に近づけるなどの訓練を行い，正しい「おかあさん/oka:saŋ/」が構音できるようにする。

　子どもに苦手意識をもたせないよう，これらを遊びのようなリラックスした状態で行う。

●演習課題

課題1：「聞こえないこと」により，日常生活でどのような困難が生じるかを考えてみよう。

課題2：吃音があると，日常生活でどのような困難が生じるかを考えてみよう。

課題3：聴覚言語障害（聴覚障害・構音障害・吃音等）のある子どもに対する具体的な保育場面におけるコミュニケーション意欲を高める活動を考えてみよう。

第4章 知的発達症の理解と支援

知的発達症は，障害を理解する上での基本となる障害である。障害の早期発見，早期対応のもとに，出生後からすぐ発見されるダウン症などもあるが，多くは1歳6か月児健診や3歳児健診で発達の遅れを指摘され，事後指導を受け要観察として保育所に入所して統合保育の対象となる。

本章の前半では，知的発達症の定義と幼児期の発達の特徴について学び，後半では，知的発達症のある子どもに対して保育者は保育場面において具体的にどのような支援をすればよいのかについて学ぶ。また，幼児の集団において知的発達症のある子どもについてクラス内の子ども達へどのように理解を促すかについても学ぶ。

1 知的発達症とは

(1) 知的発達症とは

1) 知的発達症の呼び方

知的発達症は従来，精神薄弱，精神遅滞（Mental Retardation）と呼ばれていたが，1999（平成11）年の知的障害者福祉法制定以来，法律上は知的障害と呼ばれるようになった。教育や福祉の分野では「知的障害」，医学の分野では「精神遅滞」の名称で呼ばれていた。「知的障害」は2013年改訂のDSM-5*1以来，その呼び方は「知的能力障害（知的発達症/知的発達障害）」（Intellectual Disability〔Intellectual Developmental Disorder〕）になった。

以上の現状から，本書では知的発達症と呼ぶこととする。日本で一般に用いられている知的発達症の定義は，世界保健機関（WHO）のICD-10*2，アメリカ精神医学会のDSM-5などの国際的基準がもとになっている。DSM-5においては，従来の知能指数（intelligence quotient：IQ）による診断が見直され，適応

＊1 DSM-5
アメリカ精神医学会の『精神疾患の診断・統計マニュアル第5版』の略。初版は1952年，それ以降5回の大きな改訂を重ねてきており，最新版がDSM-5である。

＊2 ICD-10
世界保健機関（WHO）の『国際疾病分類第10版』の略。ICDが最初に日本に導入されたのは1900年で，それ以来約10年ごとに改定が行われてきており，最新版はICD-10である。

について加味して，総合的に判断した点が特徴である。

2）診 断 基 準

DSM-5において知的発達症は，発達期に発症し，知的機能と適応機能両面の欠陥を含む障害としている[1]。知的機能は概念的，社会的，および実用的な領域における知的能力全般であり，適応機能は，生活する上での年齢相応の行動や情動の統制，対人関係の維持，判断力全般である（巻末資料，p.178参照）。

3）出現率と合併症

DSM-5によれば，出現率は同年齢の集団の約1％である。知的発達症では，精神的，神経発達的，医学的，および身体疾患の合併，および精神疾患，脳性まひ，てんかんなどの合併もある。

（2）原因別分類

1）知的発達症の発生原因

知的発達症の発生原因は，次の3つが主である。

① **生理型**：知能指数の分布に基づく知的発達症であり，精神発達の遅れが主であり，身体的な障害を伴う場合は少ない。障害程度は軽度の場合が多く，知的機能の言語，数概念，推論等などが全般に遅れる。

② **病理型**：脳に何らかの病理的基盤をもち，それにより知的発達症となった場合である。重度の場合が多く，知的機能の各分野が不均衡に遅れることが多い。代表例は染色体異常，先天性代謝異常によるものである。

③ **心理・社会型**：乳幼児期の精神発達は周囲の大人が遊んだり，話しかけたりする対人的働きかけによって伸びる部分が大きい。虐待を受けたり，極端に対人的な接触の少ない養育遮断の環境で成長すると精神発達が遅れることがある。

2）リスク要因

以上の3つの型の相互区分は不明確な場合が多い。知的発達症の大半の原因はいまだ不明である。出生前の原因として，染色体疾患などの遺伝子症候群，先天性代謝異常，脳形成異常，母体疾患（胎盤疾患を含む），環境の影響（例：アルコール，他の薬物，毒物，催奇性物質等）があげられる。周産期[*3]や出生後の要因として外傷性脳損傷，感染などがあげられる。家庭環境，社会環境が十分でない虐待等のために起こる場合もあり，要因が複合していることも多い。

3）発 生 時 期

知的発達症の発生時期は先天性と後天性とに分けられる。発生時期別にみた知的発達症の原因を示す（表4−1）。表4−1では妊娠中と出産前後，乳幼児期に時期を区分している。障害のある子どもの心理を考える場合，先天性障害

1）アメリカ精神医学会編/日本精神神経学会監修/高橋三郎・大野　裕監訳『DSM-5精神疾患の診断・統計マニュアル』医学書院，2014，pp.33-39.

＊3　周産期
　妊娠22週から出生後7日未満。

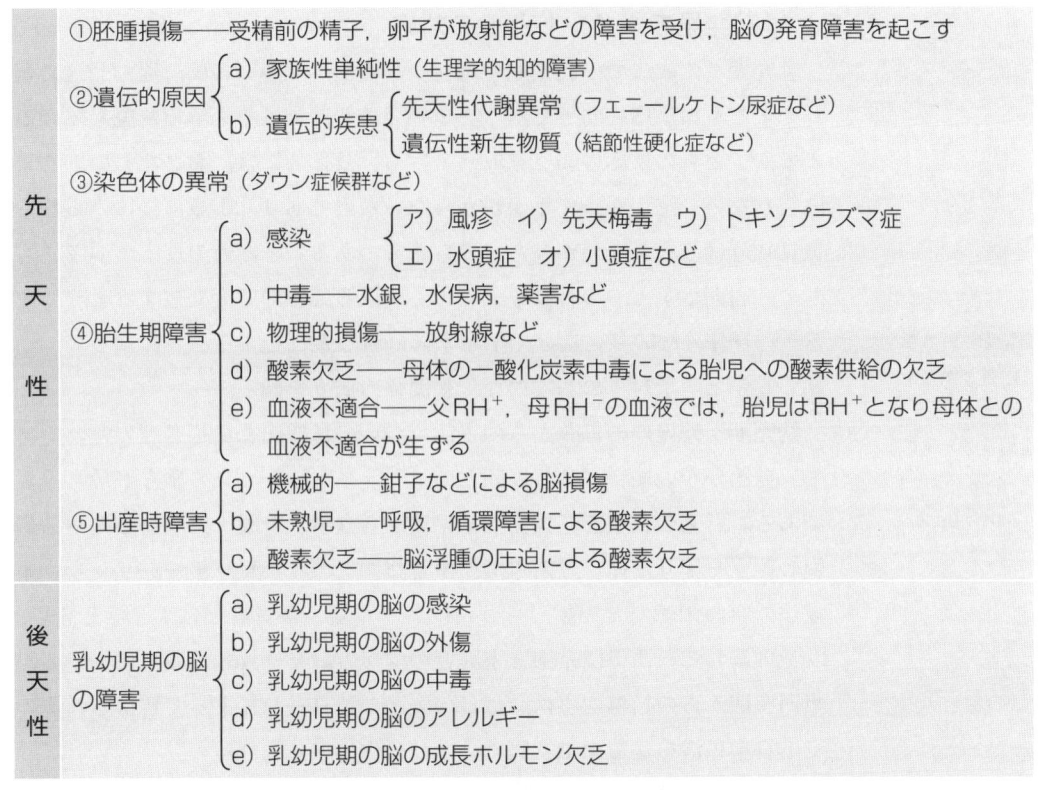

表4－1　知的発達症の発生原因

先天性	①胚腫損傷──受精前の精子，卵子が放射能などの障害を受け，脳の発育障害を起こす		
	②遺伝的原因	a) 家族性単純性（生理学的知的障害）	
		b) 遺伝的疾患	先天性代謝異常（フェニールケトン尿症など）
			遺伝性新生物質（結節性硬化症など）
	③染色体の異常（ダウン症候群など）		
	④胎生期障害	a) 感染	ア）風疹　イ）先天梅毒　ウ）トキソプラズマ症　エ）水頭症　オ）小頭症など
		b) 中毒──水銀，水俣病，薬害など	
		c) 物理的損傷──放射線など	
		d) 酸素欠乏──母体の一酸化炭素中毒による胎児への酸素供給の欠乏	
		e) 血液不適合──父RH⁺，母RH⁻の血液では，胎児はRH⁺となり母体との血液不適合が生ずる	
	⑤出産時障害	a) 機械的──鉗子などによる脳損傷	
		b) 未熟児──呼吸，循環障害による酸素欠乏	
		c) 酸素欠乏──脳浮腫の圧迫による酸素欠乏	
後天性	乳幼児期の脳の障害	a) 乳幼児期の脳の感染	
		b) 乳幼児期の脳の外傷	
		c) 乳幼児期の脳の中毒	
		d) 乳幼児期の脳のアレルギー	
		e) 乳幼児期の脳の成長ホルモン欠乏	

出典）市川隆一郎・堤賢・藤野信行編『障害者心理学』建帛社，2000，p.105.

の時期については，1〜2歳までの早期の障害も先天性の障害としてみなす立場をとる場合が多い。これは，健常児としての体験をもたない，本人が覚えていないという意味からである。

（3）早 期 発 見

1）早期発見，早期療育の意義

　乳幼児期は発達の可塑性の高い時期なので，知的発達症のある子どもに対してはその精神発達を促すために，早期からの統合保育における発達支援が望ましい。障害が判明した場合，地域の専門機関での発達支援とともに保育所等の入所を勧められることが多い。統合保育の場は同年齢の子どもの集団であるため，よく遊ぶことで発達が促されること，基本的生活習慣が確立できること，集団の中で社会性の形成が促されることなどが長所としてあげられる。

　早期療育の意義は発達初期であるほど，発達の可塑性が高くその効果を期待できること，発達の遅れからくる二次的な適応障害や常同行動，自傷行動などの問題行動を防止できることである。また，幼稚園・保育所等に通うことで同

じ立場の母親同士の交流のきっかけになり，母親支援の点でも有意義である。

2）早期発見のポイントとその対応

① 乳児期：1歳までの乳児期の母親からの主訴で多いのは，運動発達の遅れや子どもの反応の弱さである。運動発達の遅れは第2章で解説しているので，子どもの反応の弱さを取り上げる。具体的には，おとなしい，あまり笑わない，泣かなくて手がかからないなどであり，1歳前後にみられる人見知りはみられないか，あっても希薄である。子どもの反応の弱さに対して，周囲は子どもの行動を上手にくみ取る応答的態度で接するようにする[2]。身体接触の多い遊びや子どもの好きな遊びをすることによって，情緒の安定と，1対1の基本的な信頼関係の成立を図る。

② 幼児期：幼児期の母親からの主訴で多いのは言語と身辺処理の遅れである。発語がない場合が多く周囲とのコミュニケーションの確立が最も重要である。将来の自立を見据えて幼児期から食事，着脱，排泄などの生活習慣の確立を図りたい。専門機関や療育機関でのリハビリテーションや作業療法，言語訓練などで指導された内容を母親と保育者とはよく話し合い，共通理解して専門機関と園と家庭との支援方針を一致しておく（図4-1）。専門機関からの指導内容は，毎日の実践の積み重ねによって習得されるので，日常生活を送る園や家庭での遊びの中に取り入れる。

3）染色体異常による知的発達症

よく知られているのがダウン症候群である。ダウン症候群は通常23対46個ある染色体の数または形に異常が生じることが原因で生じる[3]。その内訳として，21トリソミー，転座型，モザイク型がある。わが国では約1,000人に1人の割合で出生する。合併症として起こりやすいのは，心臓の奇形や耳・手足の小奇形，ならびに聴力障害等である。

2）武藤久枝「第8章 第1節　特別な保育上の問題のある子ども」橋本敏他編『子どもの理解とカウンセリング』みらい，2001，pp.209-225.

3）池田由紀江監修『ダウン症ハンドブック』日本文化科学社，2005.

例1：ズボンのはき方	例2：靴下のはき方

Ⓐ裾を向こう側に置く

Ⓑ裾を子どもに近い手前側に置く

ⒶかⒷか，家庭と園で一致させる。ズボンに足を通して履いたら，どこで声かけをして介助するか，方針を統一する。特に腰のあたりで引っ張り上げるのは難しいので，大人が手を貸す範囲も家庭と園で一致させる。

ⓐつま先を別の方向にする

ⓑつま先を同じ方向にする

ⓐかⓑか，家庭と園で一致させる。つま先からかかとの手前までは引っ張り上げる。かかとから上に引っ張り上げるのは難しいので，大人が手を貸す。その際の声かけのタイミングと介助の範囲も家庭と園で一致させる。

図4-1　家庭と園における方針の一致（例）

　この他の染色体異常として，ネコ鳴き症候群，性染色体異常のターナー症候群やクラインフィルター症候群などがある。先天性代謝異常症によるものでは，フェニールケトン尿症，ホモシスチン尿症，ガラクトース血症，また，胎児期から乳幼児期に甲状腺機能低下が出現するクレチン病などがある。先天性代謝異常症は出生後の新生児マススクリーニング検査[*4]で早期発見された場合，治療用ミルクや治療用食事で対応すれば知的発達症の出現は防止できる。

＊4　新生児マススクリーニング検査
　生後数日の新生児から血液を採取して先天性代謝異常症がないか調べる検査。

2　乳幼児期の特徴

（1）発達の特徴

　知的な遅れがある子どもの発達は，全般的に遅れる。乳幼児精神発達診断法（津守式）[4)5)]では子どもの発達を運動発達，認知発達，社会性の発達，言語発達，身辺処理（生活習慣）に分けているが，これに従い特徴をみていくと，下位領域に偏りがあることは少なく，発達全般が遅れる特徴がある。運動発達に遅れがない場合，通常，1歳6か月頃までに歩き始める（始歩）が，知的発達症がある場合には始歩等の粗大運動や手指を使った細かい巧緻性の必要な微細運動が遅れる。

4）津守真・稲毛教子『増補 乳幼児精神発達診断法 0才〜3才まで』大日本図書，1995.

5）津守真・磯部景子『乳幼児精神発達診断法 3才〜7才まで』大日本図書，1965.

1）認知発達

①　特　徴：知的発達症があると認知発達が遅れる。重度の知的な遅れがある場合，その精神年齢（MA）はピアジェ（Piajet, J., 1896〜1980）の認知発達理論[*5]では主に感覚運動段階に相当する（表4−2）。精神発達が2歳頃までは水遊び，砂遊び，音遊びなどの感覚運動遊びが中心になるため，その理解の仕方は，物に触れる・たたく・投げる・口に入れるなどの主に感覚器官や動作を通したものであり，それによって知識や概念が内面化され，感覚・運動的表象が成立する。象徴的思考の始まりの場合では，表象が成立しイメージや初期段階の概念が成立し始める。

②　認知発達と集団における遊びの意義とその対応：遊びは自分の興味・関心を発達させることや自己表現できる点に意義があるが，特に，障害のある子どもでは，自発的な関心を遊びによって広げることが発達を伸ばすきっかけになる。したがって，保育者は本人が自発的に遊べるような支援や環境設定をしていく。障害があると，単独での一人遊びになりがちであるが，遊びを通して人との関係を育むことが重要である。保育者や他児との関係がつくれるやり取りのある遊びができるように工夫する。幼稚園・保育所等に入園当初は，一人遊びしかできないことが多いが，このような場

＊5　ピアジェの認知発達の段階
　ピアジェは子どもの認知発達を感覚運動期（0〜2歳），前操作期（2〜7歳），具体的操作期（7〜11歳），形式的操作期（11〜15歳）に分けた。

表4－2　ピアジェの発達段階

感覚運動的段階	Ⅰ．反射シェマの行使	0〜1か月	生得的な反射的活動を通して外界に働きかけ，外界を取り入れる。
	Ⅱ．第1次循環反応	1〜3（6）か月	同じ動作を繰り返す（手を閉じたり開いたりするなど）。
	Ⅲ．第2次循環反応	3（6）〜8（9）か月	動作の繰り返しに物を取り入れる（ガラガラを繰り返し振るなど）。目と手の協応の成立。
	Ⅳ．2次的シェマの協応	8（9）か月〜1歳	目的と手段の分化（2つの動作を協力させて目的を達成する）。物の永続性の理解。
	Ⅴ．第3次循環反応	1歳〜1歳半	繰り返す行動を実験的に行い，バリエーションを増やしていく（様々な手段を試して目的を達成する）。
	Ⅵ．シェマの内面化による新しい手段の発見	1歳半〜2歳	実験を頭の中で行い，結果を予想するようになる（最初から一番よい手段で目的を達成する）。延滞模倣。
前操作的段階	象徴的思考	1歳半（2）〜4歳	イメージ（表象）の形成により「今・ここ」にないものについて考えることができる。
	直観的思考	4〜7（8）歳	物事の見た目に影響されて論理的に考えることが難しい。
具体的操作段階		7（8）〜11歳	論理的に考えることができる。考える内容は具体的，現実的なものに限られる。「保存」の概念の獲得。
形式的操作段階		11歳〜	論理的に考えることができる。考える内容は抽象的なもの（架空・仮定の話）にまで広がる。

出典）本郷一夫編著『シードブック保育の心理学Ⅰ・Ⅱ〔第2版〕』建帛社，2015，p.74.

合でも他児の遊びの様子を見て観察したり再現するなどをして，その後の集団に入る基礎づくりをしている時期であると考えて，経過を見ながら次第に保育者が仲立ちをして小集団に入れるようにしていく。

　重度の障害のために保育者との遊びが難しい場合でも，水遊び，砂遊び，手遊びなどの感覚運動遊びを設定すると保育者との関係をつくりやすい。この時期では保育者や母親と本人との1対1を基本とした人との関わりを成立させるやり取りのある遊びがじっくりできることを目標とする。

　精神年齢が2歳以降になると，ごっこ遊び，見立て遊び，ままごと遊びなどの象徴遊びができるようになる。

2）言語発達

　知的発達症のある子どもの言語発達では，単語をいくつ話せるかなどの「言語表出」と，発語がなくても相手からの話の内容を理解している「言語理解」とに分けて理解することが重要である[6]。言語表出はなくても日常のよく慣れたことなら周囲の状況等をよく理解している言語理解がよい場合がある。

6）武藤久枝「第5章　知的障害者の心理」池田勝昭・目黒達哉編『障害者の心理・『こころ』』学術図書出版，2007，pp.66-79.

① **言語理解**：言語理解とは，相手が話す内容を理解することである。言語
理解が十分であれば，自分からの発語である言語表出がなくても日常生活
では差し支えがないことが多い。知的発達症がある子どもの言語理解を把
握する場合，母親に対して「お母さんの話していることはわかりますか？」
などと尋ねることが多いが，それだけではなく「新聞を取ってきて」など
の簡単な指示を実行できるかどうかも重ねて聞くことが重要である。慣れ
ない場面や知らない人の言い方だと話の内容を理解できないことが多いた
め，家庭での様子も併せて聞きながら判断する。質問内容を正確に理解で
きなくても状況で何となく判断している場合もあるのでその点にも留意す
る。

② **言語表出**：表出言語の段階は初語が出現する以前の前言語期と一語発話
期，そして二語発話期以降に分かれる。重度の知的発達症では，就学前後
になっても初語が出現しない場合が多い。母親や療育者などの対応として
は，楽しく遊んで自然に話せるように心がけること，言語表出のない「ア
ー」などの発声段階であっても発声には必ず応じること，子どもの話す同
じ言葉を返しながら説明を付け足すことなどである。また，子どもよりも
少し高い言語段階で話すことや，子どもの発声に対する周囲の応答的態度
が言語発達を促す。言語発達が遅れている子どもは動作を併用して意思表
示することが多いので，動作もよく観察するように努める。

（2）問 題 行 動

　知的発達症がある子どもによくみられる問題行動では，拒食，異食（紙や砂
など），反芻（いったん飲み込んだものをまた口に戻して咀嚼する）などがある。
また，自分の身体部分を噛む，なめるなどがある。飛び跳ねる，体を揺する，
動き回るなどの同じ行動を繰り返す常同行動もみられる。深刻な事態に至りや
すいのが自傷・他害である。自傷では自分の身体をたたいたり，目を突いて失
明させたり，壁に頭を打ち付けたり，毛髪を抜くなどがある。

　これらの問題行動は自閉スペクトラム症や脳性まひなどの運動障害でもみら
れる。遊びのきっかけをつくり出したり，周囲が様々に働きかけてやり取りで
きるようにするなどの指導が望ましい。問題行動は適切な指導を受けながら本
人が安心できる状態になると軽減することが多い。問題行動を止めさせるより
も，本人からの何らかの要求や問題を知らせるサインとして受け止め，それを
見極めるように努める。また，他の関心事に目を転じさせることも大切であ
る。

> **コラム　定型発達の場合の言語発達段階**
>
> 　障害のない子どもの言語発達は，主に初語出現以前の前言語期，一語発話期（一語文），二語発話期（二語文），多語発話期に分けられる。前言語期は，①「ウーウー」「クークー」など鳩の鳴き声のような「クーイング」，②「ダダダダ」「ママママ」などの「反復喃語」，③「アジャピー」など外国語のように聞こえる「ジャーゴン」の順に進む。最初の有意味語である初語（マンマ，ワンワン等）は通常8か月から1歳5か月の間に出現する。単語1つを発する一語発話の段階から平均7か月後，つまり，18か月から24か月の間に「ワンワン　キタ」「ブーブー　ナイナイ」などの二語発話が出現する。それ以降は多語発話期と呼ばれ，文法の獲得が盛んになる。

> **コラム　知能指数と適応行動**
>
> 　DSM-5では知能指数（IQ）の区分が廃止されたが，従来，知的障害の程度はIQによって重度，中度，軽度の3つに分けていた。知能検査の種類によって若干数値は異なるが，IQ35以下を重度，36〜51を中度，52以上を軽度としている。重度では，発語がほとんどなく身辺処理も介助が必要であり，日常的に保護が必要である。中度では発語による意思の伝達は可能であり，日常生活の身辺処理の一部が自立する。軽度では身辺処理はほぼ自立して日常生活はできるものの，対人関係や社会参加などの自立が課題となる。
>
> 　保育場面では重度，軽度などの障害の程度やIQの数値だけでの判断ではなく，集団や環境への適応を考慮して発達段階に適した指導方法での対応が重要である。例えば，IQ60で軽度の知的発達症のある子ども（A男児・5歳）では，保育所等で離席が多くて食事や排泄，着脱に支援が必要であれば，保育所等での集団保育は難しく，母子での通園施設が適切である。同じくIQ60で知的発達症のある子ども（B男児・5歳）では，保育者による1対1の指示による行動を行ったり，生活習慣が確立しているため一般の保育所等で可能である。

3　保育場面での保育者からの支援

（1）日常生活動作（ADL）の習得

*6　ADL
activities of daily livingの略語で，日常生活動作をさす。食事，歩行，排泄，入浴，着替えなどの生活動作。

　身体発達の遅れを伴う知的発達症の子どもに対しては，保育者による身辺自立の支援は欠かせない。衣服の着脱，靴を履く，トイレの自立等のADL[*6]は，日々の保育現場において様々な工夫が必要となる。

1）衣服の着脱

衣服を着るときにボタンを留める，ファスナーを上げ下げするような動作は，指先の微細運動，目と手の協応運動がうまくできないと難しい。一人で衣服の着脱が難しい場合には，服のボタンやファスナーをマジックテープ等に変える。

衣服の前と後ろがわかりづらい子どもの場合は，下着，靴下，シャツやズボンなどのすべての衣服の前面に特定のアップリケや印等を付けることも1つの工夫である（図4−2）。服を着替えるときに「印を前にするよ！」と

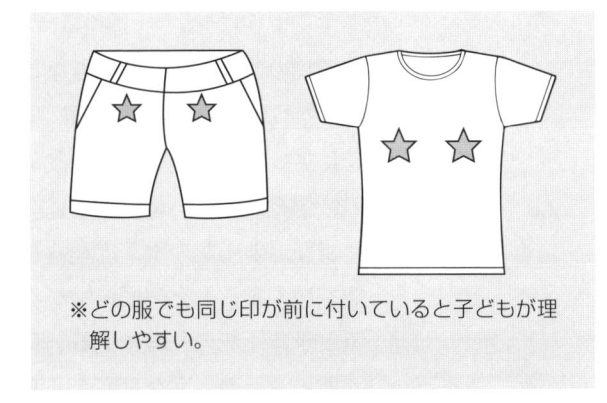

※どの服でも同じ印が前に付いていると子どもが理解しやすい。

図4−2　衣服の前面に同じ印を付ける例

伝えることにより，子どもが服の前面を理解できるようになる。アップリケや印等は，子どもの好きな色や形，キャラクターを用いると，子ども自身も楽しみながら一人で着脱できるようになっていく。また，服を毎回同じ順番に置いてあげることで，困乱せずに服を着ることができるようになる。

2）食　　　事

知的発達症のある子どもは，物を噛んだり飲み込んだりすることが困難なときがある。そのような場合，食物を喉（のど）に詰まらせないように注意するため，調理をする際には，子どもの咀嚼しやすい大きさ，硬さ等に配慮する。また，食べるものをフォークで刺しやすい形にする，スプーンですくいやすい形状の食器を用いるなど，食べやすくするための工夫も必要となる。

スプーンやフォークを握ることが難しい場合は，持ちやすくするための専用のグリップを用いる方法もある。コップを持つことが困難な子どもに対しては，飲むときに保育者がコップに手を添えたり，飲み物を少量ずつ注いだりするとよい。

また，食事支援では，食事をこぼさないように食べることや，好き嫌いをせずに完食することを最初の目標にするのではなく，まずは子どもが楽しく食事をとれるようにすることを最初の支援の目標とする。そのような環境の中で少しずつ自立へと促していく。

3）排　　　泄

知的発達症のある子どもでは，排泄（はいせつ）の自立が遅れることが多いため，年長になってもおむつが外せない子どももいる。

排泄の自立を促すときは，登園時，遊びの前，食後と決まった時間にトイレに誘導するようにする。誘導時には，保育者は「トイレ」と声かけを毎回行

う。言語理解が難しい場合は，決まったジェスチャーを使いながらトイレに誘導するようにして，「排泄は，トイレでするもの」という理解を促していく。

環境の変化が生じたときなどは，一度自立していた排泄が困難となりおむつをしなければならない状態に戻ってしまうようなこともある。そのようなときには焦っておむつを外すことに執着せず，環境の不安から生じるストレスなどの軽減を図っていくほうがよい。

また，トイレの水が流れる音などに驚いたりした不快な経験から，トイレの個室に入ることを極度に嫌がる子どももいる。子どもが大泣きして嫌がっているときに，無理矢理に下着を脱がせて便座に座らせるようなことは避けるべきである。そのような対応が長期に続けられた場合，就学後もトイレに入れなくなるケースも少なくない。トイレの個室に入ることを嫌がる場合は，本人の好きなキャラクターに連れ添ってもらう，キャラクターの絵をトイレの個室に張るなどしてトイレの中を楽しい場所にして誘うような工夫をしていく。

4）その他の日常生活動作

その他の日常生活動作も，一人ひとりに合った工夫を行いながら，自分自身で身の回りのことができるように保育環境を整えていく。子どもが，「自分でできた！」という達成感を味わえるようにしながら，障害のない子どもであれば当たり前にできることであったとしても，進歩がみられたときは必ず子どもをほめるようにする。そのような日々の保育環境の中で子どもの自発性を促し，身辺自立へと導いていく。

（2）コミュニケーション支援

1）言 語 理 解

ゆっくりと，はっきりと，子どもに理解しやすい言葉で伝えることは基本的なことである。しかし，それだけでは子どものコミュニケーション能力を伸ばすことは難しい。

発話がなく言語理解が困難な知的発達症のある子どもでも，日常的な声かけ「ごはん」「トイレ」などは理解できることが多い。しかし，「○○公園に行くよ」「隣の子と手をつなぐよ」など日常的でない言葉がけは理解できない場合がある。また，話しかける保育者が変わるだけでも指示が伝わらないこともある。指示を伝えた時点では理解していたとしても，数分後にその言葉が子どもの中で記憶として保持できていない場合もある。そのような場合，「おやつを食べたら公園に行くよ」と伝えたときにはうれしそうにしていた子どもが，数分後に外出の支度をさせようとすると，急に不安そうな表情になり出かけることを拒む。

そのような理由から，指示を伝えるときは，言葉で伝えると同時に写真・イラスト等との併用が有効である。保育者は言葉がけをしながら，出かける場所の写真を見せて出かける準備をする，散歩に行くときには毎回靴を見せて促す，歯ブラシを見せて歯磨きをする場所に連れていく等，やるべき行動のイラストや写真，実物を併用して伝えるほうが記憶に残りやすく，言語理解も進みやすくなるのである。

2）自発的な自己表現

子どものコミュニケーションの表出を理解するには，言葉だけではなく，表情や態度，指さし，動作などにも注目しなければならない。また，子どものコミュニケーション能力がどのような状態なのかを，保護者や療育者などから情報を得た上で，集団場面である保育現場でアセスメントを行うことも必要となる。コミュニケーション支援の重点をどこに置くかわかりづらい場合は，「要求」「拒否」のスキルの習得に的を絞って支援の方向性を明確にするとよい。

① **要求のスキル**：要求のスキル*7が習得できていない子どもでは，人と関わることが少なくなってしまうことや，受け身的にその場にいるだけになってしまうことが多い。例えば，言語表出のない子どもが，絵本を保育者に手渡す，絵本を指さす，絵本の棚を見て保育者の顔を見る，これらはすべて，「本を読んでほしい」という要求のスキルである。そのような要求に保育者が気づかないまま対応し続けると，子どもは自発的に思いを伝えることをあきらめてしまう。そのため，保育者は子どもから言葉以外の要求が動作によって表現されたときは，見逃さないようにしなければならない。言葉以外の動作による要求であったとしても，子どもから意思を表現したときには，できるだけその要求に答えるようにして，要求ができたことをほめるようにする。要求が全くできない子どもでは，2つのおやつのうちどちらを食べたいか，3つの遊びのうちどれに参加したいか等，少ない選択肢から選ばせることから始める。子どもに選ばせながら保育者が要求に答えていき，要求の幅を広げていくようにする。

② **拒否のスキル**：子どもが拒否のスキル*8を習得できていない場合，指示されるままに活動してストレスをため込むことがある。中には嫌なことをさせられている状態でもニコニコしているように見え，表情から読み取りづらい場合もある。また，拒否を癇癪（かんしゃく）や問題行動で表現する子どももいる。

拒否を教えるときには，まず子どもが楽しめる活動を十分に増やした上で，苦手と思われる活動に誘導する。次に，子どもがどう表現するかを観察し，その上で苦手と思われた活動を中止する。そうしたアセスメントを

*7　要求のスキル
　自分のほしいもの・してほしいことを相手に伝える能力。

*8　拒否のスキル
　拒否は，自分が嫌なこと・いらないものなどを断る能力。

行い，子どもが示した拒否の行動を，動作やサインに変えて，"嫌である"という拒否の表現方法を教える。ある程度記号やイラストが読み取れる子どもの場合は，○×カードや表情カードなどを用いる方法もよい。

③　自己表現を促す：子どもが自発的に自分の思いを表現したときには，保育者はその場ですぐに「○○したい（のね）」と言葉を返すようにする。例えば，保育者がトイレのサインを子どもに教えている途中で，子どもがそのサインを模倣したときには，保育者は「トイレね」と素早く言葉で返し，即座にトイレに誘導する。そのような繰り返しの中で，サインやジェスチャーでの自己表現が促されていく。また，保育者がサインと言葉がけを同時に行うことで，発語がない子どもでも言葉での表現ができるようになることもある。

知的発達症のある子どもは，日頃，自分の思いが周囲に伝わらないことが非常に多い。そのため「思いが伝わった！」という喜びを感じると，もっと自分の思いを周囲に伝えたいという気持ちが強くなる。そのような子どもの思いを引き出せるよう支援していくようにする。

（3）円滑な対人関係づくり

遊びのルールを理解せず勝手な行動をとってしまう等，知的発達症のある子どもでは，日常生活場面でのルールの理解が遅れる。

そのようなとき，保育者は他児と仲よく遊ばせようと考えるために"してはいけないことのみ"を伝えてしまいがちになる。しかし，してはいけないことだけ教えても，子どもにはどのように行動してよいのかまでは伝わらない。そのため，子どもは同じ問題行動を繰り返してしまうことになる。指示を与える際には，「ダメ」「いけない」という言葉は極力減らし，「○○するといいよ」という言葉に置き換えていく（図4-3）。

また，すでに始まっている遊びを中断させて，子どもにルールを伝えても，気持ちが高ぶっているため，保育者の説明を聞いて理解することが難しい。予想しうる問題行動があるときには，遊びに入る前の落ち着いている時間に，どのような行動をとれば皆と一緒に楽しめるのかを伝える。

集団遊びは，2～3人程度の少人数から始めるようにする。遊びに誘導するときは保育者も一緒に入り，子どもの手をさりげなく引いたりしながら行動をともにして，子どもが保育者を見本にしてルールを覚えていけるようにする。そのようにしながら徐々にクラス全体の中に入っていき，遊べるようにする。

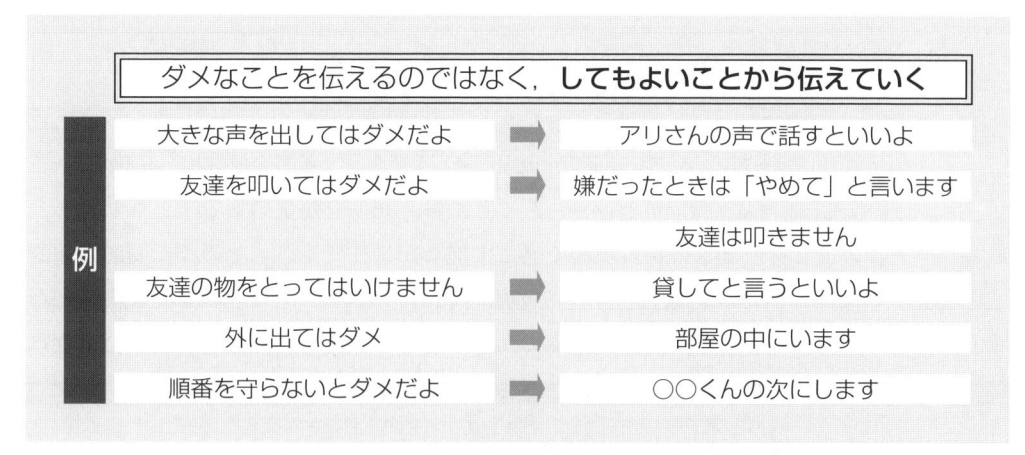

図4-3 どのように行動すればよいかを伝える

（4）スモールステップの支援

知的発達症のある子どもの支援は様々な工夫が必要となるが，いくつもの支援を同時に行おうとすると子どもは混乱してしまう。そのため，園全体で今本人にとってどのような支援から始めるかを検討し目標を絞る。目標を絞る際には，そのときの子どもの発達のアセスメントを行って，達成できそうな課題や，子どもにとって興味がありそうなことから優先順位を決める。そして，徐々にスキルアップしていくように次の目標を立てていく。保育者は，焦らずに子どもが一歩一歩前進していけるよう，根気強く，ゆったりとした気持をもってスモールステップを意識した支援をしていくことが求められる。

（5）療育機関との連携

知的発達症のある子どもを毎日の集団場面で支援をしているときには，保育者は子どもの成長を見失ってしまうことがある。そして，そのようなときは，自分達の支援がこれでよいのか，他の子ども達も見なくてはいけない中でこのような支援を続けていてよいのかなどと，悩むこともあるだろう。そのようなときは，保育者や園だけで抱え込まず，専門の療育機関との連携*9を図り，支援の方向性を再検討していく。一人で考えるより，園全体で，それでも困難なケースの場合は地域全体で本人にあった支援を検討していくようにする。一人で抱え込み悩むよりも数人で子どもを観察したほうが，その子どもに合った工夫や支援の優先順位が見つかりやすくなる。

*9 第10章2参照。

4 集団における障害理解

　2016（平成28）年に障害者差別解消法（正式名称：障害を理由とする差別の解消の推進に関する法律）が施行されたことから，知的発達症のある子どもと障害のない子どもがともに保育現場で過ごす機会が増えてくる。その際，周囲に知的発達症のある子どもの説明をどのように行っていくべきかが現場で課題となる。また保育者は，知的発達症のある子どもの保護者の支援を行う際の留意点も十分に把握しておくことがこれまで以上に求められる。

（1）障害のない子どもの理解と説明

　保育現場で，知的発達症のある子どもが皆で遊んでいる玩具を何も言わずに持って行くようなことが繰り返された場合，「なぜあの子だけ叱られないの？」「みんなと同じ行動ができないのはなぜ？」とクラスの子ども達から質問されるであろう。また，保護者からも「自分の子どもが遊んでいた玩具を，何も言わずに持っていく子どもとはどのような子なのか？　担任はどのような指導をしているのか？」という質問にも保育者は説明を求められる。

　周囲に説明をする際にはまず，知的発達症のある子どもやその保護者の同意を事前に得なくてはならない。

　そして，質問に答える際には，「あの子は知的発達症があるから仕方ない，我慢してほしい」と伝えるだけでは周囲の理解は得られない。なぜならば知的発達症のある子どもとは，"勝手に人のものをとってしまう子ども"，"皆と同じように生活できない子ども"といった誤った情報を周囲に与えてしまうことになるからである。さらにはその子どもをクラスに居づらくさせてしまうことにもなりかねない。

　周囲に正しく理解してもらうためには，「何も言わずに玩具を持っていってしまうのは，"貸して"という言葉を相手に伝えることが，今はまだ苦手なの」「○ちゃんも頑張っているから，これからの生活の中でちゃんとできるようになっていくのよ」というように，①本人なりに頑張っているのにできないことがあること，②障害のない子ども達よりもゆっくりであるが，いずれできるようになっていくこと，③本人も努力しているということを伝えるようにする。

　保育者は，知的発達症が軽度であれ重度であれ，「その子どもに合った支援を行っていけば，必ず成長していくのだ」という認識をしっかりともつ必要がある。そして，説明の仕方は保育現場全体で共有し，どの立場の者が質問を受けても統一した説明ができるよう心がけなくてはならない。

　もしも，まだそのような準備ができていないときに子どもから質問が出た場合には「先生にもわからない」「今度，ちゃんとお話するね」と率直に伝える。そして，「でも，頑張って本人はやろうとしているから，皆で手伝おう，待っていようね」と伝えつつ，説明をするための準備期間を設けるようにする。

（2）保護者への支援

　診断を早期に受けていたとしても，知的発達症のある子どもの保護者の中には，子どもの障害を心の奥底で受け入れることができない場合もある。そして，保育現場で他児との発達の違いを目の当たりにし，この先どのように子育てをしていけばよいのかという不安が強まることもある。そのような場合，保護者は自分の子どもに対して「言葉を早く引き出そう」「排泄の自立を早くしなくては」など“他児と同じようにしなくては”といった焦りが生じるようになる。

　保育者は，そのような保護者の心のつらさや焦りなどを十分に理解して，共感的態度を示していかなくてはならない。その上で，保育現場でのアセスメントを元に，本人にあった工夫の仕方を保護者にアドバイスしていくようにする。

コラム　　知的発達症のある子どもに対する保育現場での合理的配慮

　「言葉の理解が難しく指示が入りにくい」，「外遊びから戻ってきたときに水道で手を洗うことができるが，水が止まるまで蛇口を閉められずいつも水を出しっぱなし」，「室内で遊んだ後に片付けができない」，「紙芝居の前に立ちはだかり周囲の子の視界を遮ってしまう」。このような知的発達症のある子どもがいた場合にどのような合理的配慮ができるだろうか。

- ・指示は，クラス全体に伝えた後に，再度本人に対して簡単な言葉で伝える。または，イラストや写真で伝える。
- ・水道の蛇口は，どこまで回せばよいかハンドルと蛇口に線を引く。
- ・片付けの時間は，先生や周りの子どもに玩具を手渡す役にする。
- ・絵本や紙芝居を読むときは，床に色テープを張って，その線より前には出ないよう伝え，専用の椅子を用意し，落ち着いて見られるようにする。

　子どもの特徴にあった配慮は他にもたくさんの方法がある。合理的配慮を行うことで子どもの発達は促進する。「どうせ，わからない」などと考え，何も工夫をせず，その都度言葉で叱責するだけでは，合理的配慮を欠くこととなる。保育現場では，子どもの成長を促せるよう様々な工夫や配慮を考えていく。

コラム　　知的発達症があるために生じやすい二次的な症状

　知的発達症がある子どもでは，自分の思いや感情の表現が苦手であることから，時に誤った支援を受けてしまうことがある。

　あるクラスで運動会のお遊戯の練習が始まった。しかし，知的発達症のあるA女児は一人で大泣きしている。保育者は他のみんなが楽しんでいるのだから，ただ機嫌が悪いだけだろうと思い込み，A女児の手や足を動かして10分間踊らせた。毎回大泣きしながらも3日間そのような状態が続いた。すると，A女児は家でテレビの音が聞こえただけで，耳をふさいで家から飛び出すようになり，夜もうなされ，毎日失禁するようになった。A女児には聴覚過敏があった。A女児にとっては，音がガンガン頭に響いていて辛い時間であった上に，手足を押さえつけられているように感じていたのだった。A女児の症状は，園を休んでいたのにもかかわらず1か月以上続いた。A女児はPTSD（心的外傷後ストレス障害）であった。

　知的発達症があるために，二次的に生じやすい症状（二次障害）は，不安障害（PTSDも含む），無欲状態，自傷行為，問題行動の悪化など様々である。そのような状態におちいってしまうと，心の中を言語化することが難しいため，回復するまでにかなりの時間が必要となる。泣いている，イライラしている，そわそわしている等の状態が見られたときは軽視せずに，本人の心情理解をしながら保育していくように心がけなければならない。

演習課題

課題1：新生児マススクリーニングについて，その方法や検査でわかる病気とその後の対応について調べてみよう。

課題2：玩具を何も言わずに奪い取ってしまった知的発達症のある子どもを想定し，他児にどのように説明すべきか話し合ってみよう。

参考文献

池田勝昭・目黒達哉編著『障害児の心理・『こころ』』学術図書出版，2007.
有賀道生『知的障害者の自傷行為について』そだちの科学，No.22，2014.

第5章 発達障害の理解と支援

　昨今では，発達障害や自閉症という言葉は，テレビや新聞での報道等で見聞きした人も多いだろう。しかし正しい理解をしている人はどれくらいいるであろうか。そうした発達障害は適切な理解と支援があれば，その子ども達の予後は良好であることが多くの実践研究で報告されている。特に幼児期における対応は大変重要である。

　本章では，発達障害の中でも代表的な自閉スペクトラム症，注意欠如・多動症，学習障害を取り上げ，保育現場における適切な対応を学ぶ。

1 自閉スペクトラム症の理解と支援

（1）自閉スペクトラム症とは

　自閉スペクトラム症（ASD：Autism Spectrum Disorder）とは，社会的コミュニケーション，行動や興味の領域において，定型発達の人達とは異なった特性をもち，臨機応変な対人関係が苦手で，人とのコミュニケーションに困難さを抱えている「発達の偏り」の１つのタイプをいう。自閉症に関連した概念では，広汎性発達障害，アスペルガー障害，非定型自閉症，高機能自閉症などの名称を見聞きしているかもしれないが，2013年５月に出版されたDSM-5では概念が整理され「自閉スペクトラム症[*1]」に改称された（診断基準は巻末資料，p.178参照）。DSM-5とは，アメリカ精神医学会の『精神疾患の診断と統計のためのマニュアル第５版』であり，世界保健機関（WHO）のICD-10（国際疾病分類第10版）とともに国際的に用いられている代表的な診断基準である。自閉症に関連した今までの概念と新しい概念との関係が図５−１に整理されている。

　自閉スペクトラム症の「スペクトラム」とは連続体のことである。例えば虹の色はどこまでが赤でどこまでが橙かといった境界線を引くことができないの

*1　DSM-5には「自閉スペクトラム症/自閉症スペクトラム障害」と並記されているが，本書においては「自閉スペクトラム症」と表記する。

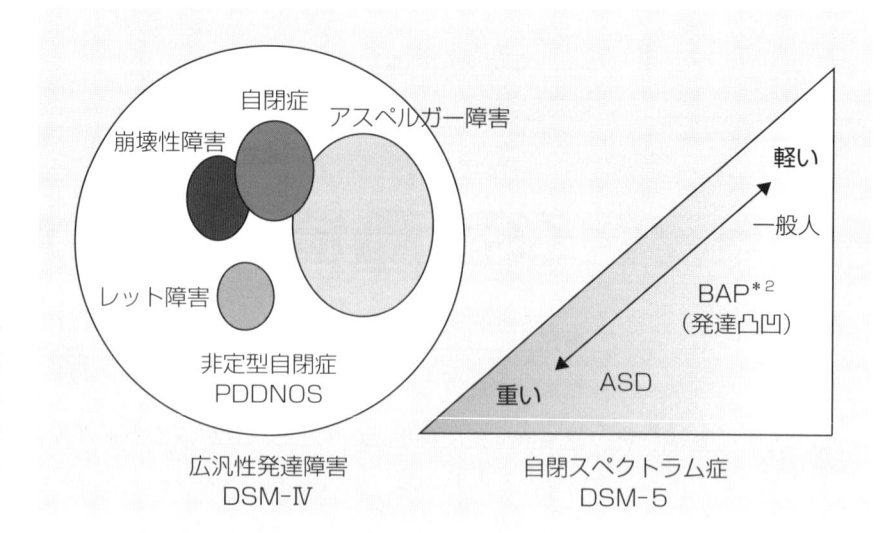

＊2　BAP

Broad Autism Phenotypeの略。「広い自閉症表現型」自閉症スペクトラムの症状が軽度で，問題がサブクリティカルな人々をさす。

図5－1　広汎性発達障害と自閉スペクトラム症

出典）杉山登志郎：自閉症スペクトラムの臨床，発達障害研究，第36巻，第1号，2014，p17を改変．

と同じように，自閉スペクトラム症も重症から軽症まで程度や現れ方に差があっても特徴は同じで，連続的につながっているという捉え方である。自閉スペクトラム症があると発達に遅れがみられる場合もあるが，ある分野への興味・関心が非常に強く，それに関しての秀でた才能を発揮し活躍している場合もある。

＊3　英国自閉症協会(1997) の報告では，有病率0.97％とされている。

出現率は世界人口の約1％といわれる＊3。約4：1の割合で男性に多く，人種，家庭の経済状況，保護者の学歴に関係なく出現するとされている。原因は脳の機能障害であり，保護者の養育態度や養育上の問題によって生じる障害ではない。したがって治癒するというものではないが，早期発見と早期介入，適切な保育・教育によって症状が軽減し，良好な発達をもたらすことが多くの研究で報告されている。

（2）乳幼児期の特徴

自閉スペクトラム症の基本的な行動特徴には，「①社会的コミュニケーションの困難さ」「②行動，興味，または活動の限定された反復的な様式」がある。

1）社会的コミュニケーションの困難さ

1つ目の特徴である「社会的コミュニケーションの困難さ」とは，言語および非言語的なコミュニケーションのどちらもうまくとることが苦手な状態をいう。会話で相手の気持ちを察したり共有することが少ない，また場の雰囲気を読み取ることが難しく状況に合わせた行動がとれない，などである。

　保育現場で観察される自閉スペクトラム症の子どもの姿としては，次のようなものがあげられる。他児と一緒に遊ぶより一人でいることを好む，ごっこ遊びの役になれなかったり，ルールのある遊びではルールが理解できず集団から外れてしまう。会話においては保育者や友達と共通の話題でやり取りを楽しむというより，自分の興味があることや要求を一方的に話す傾向がある。表情や身振りや声のトーンなど非言語的コミュニケーションを読み取ることが苦手であり，言葉を文字通りに受け止めてしまう。例えば，「いいけど…」と顔をしかめて言われた場合でも了解されたとストレートに受けとり，相手がしぶしぶ了解してくれたという気持ちを読み取れない。あるいは人への関心は薄いがテレビへの関心が高いため，コマーシャルのフレーズやアニメ番組の台詞（せりふ）を繰り返し言い続ける遅延性エコラリア（反響言語）[*4]がみられることもある。また絵本や紙芝居の登場人物の気持ちや情景を想像することも苦手であるため，ストーリーを理解できず，席を立ってしまうことも多い。

　こうした特徴は，親と子の情動の共有，相互的な交流の乏しさとして，生後直後からみられる。一般に乳児は生まれたときから社会的な能力を備え，人との関わりを求める能動的な存在であるといわれている。生後間もない乳児でさえ，人の顔や複雑な図を好んで見て（Fantz, 1961），生後9か月頃には，大人が見ているものを乳児も一緒に見るという共同注意[*5]が現れてくる。これは他の人と気持ちを共有することを可能にし，言葉の獲得の大切な土台になる行動である。しかし，自閉スペクトラム症の子どもには，このような行動がなかなかみられない。愛着の形成についても他の子どもより遅れ，質的に異なることが多くの研究で指摘されている。母親の後追いや人見知りもなく，「乳児期はおとなしくて手がかからなかった」と語る母親も多い。

2）行動，興味，または活動の限定された反復的な様式

幼児期にみられる特徴としては次のような行動があげられる。

① 　情動的，反復的な身体の運動：手をひらひらさせる，その場で跳ねるなど単純な常同運動[*6]。おもちゃを一列に並べる，ミニカーのタイヤ回しなど，本来と違った扱い方をして楽しむ。

② 　同一性への固執，習慣へのこだわり：いつも同じおもちゃで遊び，それがないと大騒ぎになる。なんでも一番にならないと気が済まない[*7]。行事等で保育環境や日課が変わったときには，不安を感じてパニック状態になる。しかし前もって変更することを本人にわかるよう十分に伝えておけば，対応できるようになる。変化よりも同一性を好む傾向が強いため，毎日同じ道順をたどったり，同じ遊びを繰り返している。

③ 　興味の偏りと没頭：例えば水や紐（ひも）など一般的ではない対象へ強い興味を

*4　エコラリア

　何かを話しかけられた場合，即時にそれを繰り返す「即時性エコラリア」と，以前に聞いたコマーシャルやアニメの台詞，絵本のフレーズなどを，時間をおいて繰り返す「遅延性エコラリア」がある。

*5　共同注意

　joint attention。他者が視線や指さしを向けた対象物に注意を向け，その対象に対する他者の気持ちを共有すること。

*6　常同運動

　不安やストレスが高まったときに，自分で自分を落ち着かせるために行っている場合もあるので，安心できるような対応をすれば抑えられるようになる。

*7　一番というのは理解しやすい。これまでに一番になったことをほめられた経験から，一番になることにこだわる子どもも多い。

示し，いくら声をかけてもそれに没頭している。

④　**感覚に対する過敏性・鈍麻性**：寒さを感じず真冬でも半袖の服で平気でいるなど，寒暖に無頓着であったり，骨折していても平気で走り回るなど痛みに鈍かったりする。一方，特定の音や光，触覚に対して過敏に反応する場合もある。聴覚が過敏で，保育室の中で他の友達の声を嫌がり耳をふさいだり，運動会でピストルの音に耐えられず，その場から走り去る子どももいる。視覚過敏があり，太陽の光を避け室内を好む子もいる。触覚が過敏で，友達が少し体に触れただけで痛みを感じ，叩き返してしまったり，味覚過敏から，異なった味触感の食べ物を受け付けず偏食がひどくなったりもする。感覚の問題には周囲の者は気づかないことが多いため見過ごされがちであるが，本人は大変苦痛を感じている。パニックになったり困ったりしているのに原因がわからない場合は，感覚の問題が背後に隠れている可能性も視野に入れて対応を工夫することも大切である。

（3）早期発見

　障害の疑いの早期発見の場としては，市町村が主体となって行う乳幼児健康診査（以下，健診）があげられる。特に自閉スペクトラム症のスクリーニングは1歳6か月および3歳児健康診査（健診）で行われる。乳幼児期の気になる姿が個人差の範囲の遅れなのか，養育環境によるものなのか，その子どもの個性として捉えられるのかなどの見極めは難しい。しかし，「かんしゃくが続いている」「落ち着きがなくけがが多い」「こだわりが強い」などの育てにくさ，「人見知りがなかった」「視線が合わない」「指さしへの反応がみられない」などの人への関心の薄さ，「言葉の遅れがある」「エコラリア（オウム返し）があ

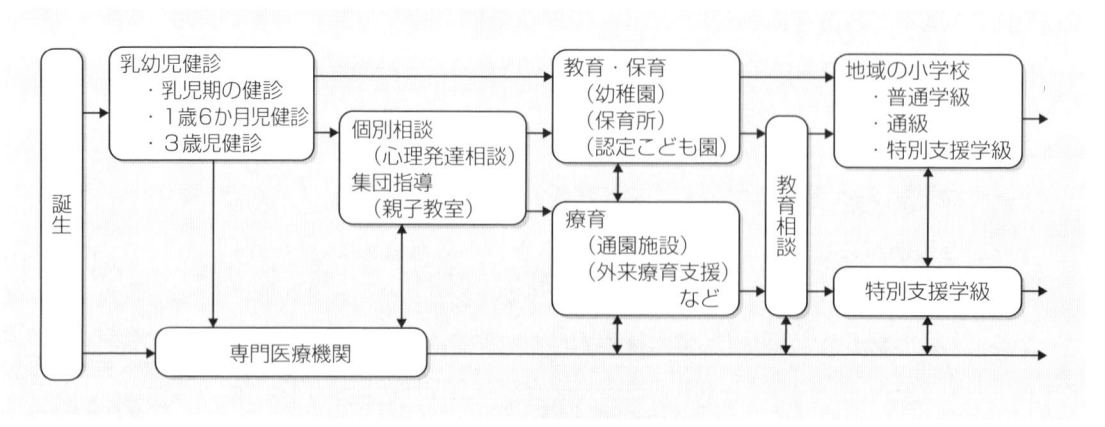

図5-2　早期発見と支援の場

出典）田丸尚美『乳幼児健診と心理相談』大月書店，2010を改変.

る」など言葉の問題がみられれば自閉スペクトラム症の徴候として捉えられる。健診の相談では，発達という視点に加え，母親からの育てにくさや不安などの訴えも十分に受け止められ，支援が必要と思われる親子に対しては小集団のグループ療育の場が紹介される。健診ではスクリーニングされず，保育所・幼稚園等の集団で過ごす場でその特徴が明確になってくる例も多く，園から関係機関への受診を勧められることもある。図5−2に早期発見と小学校までの支援の流れを示した。自閉スペクトラム症の子どもは早期の発見と適切な支援が行われれば予後は良好であることが多くの実践研究で報告されている。

（4）保育場面での保育者からの支援

1）環境設定

①　視覚的にわかりやすい環境：視覚的に捉えることが得意という自閉スペクトラム症の特徴を生かし，活動内容や約束ごとを絵や写真，文字で示すと理解しやすい。手順（写真5−1）や片付け場所（写真5−2），手洗い（写真5−3・4），持ち物などを視覚的に示せば，いつでも確認でき安心でき

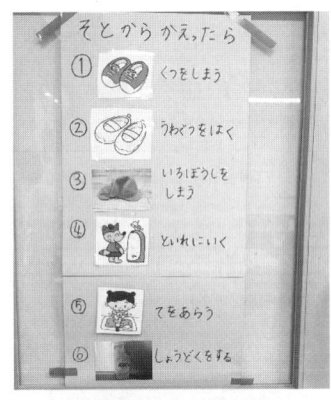

写真5−1　手順

写真5−2　片付けの場所

写真5−3　手洗い①

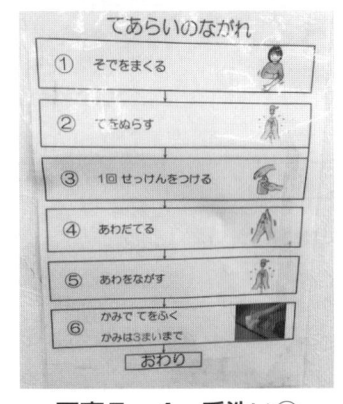

写真5−4　手洗い②

る。また，見通しが立つように前もって予告することも有効である。

② 落ち着ける場を設ける：集団生活ではストレスを感じることもあるので，情緒が不安定になったときに一人で落ち着ける場を確保することも支援の一つである。職員室や階段の下などを好む子どもも多いが，少しのスペースでよいので，クラスの中に落ち着ける場を設けるのが望ましい。

2）トラブルへの対応

自分の思い通りにならないと他児を叩いたり物を投げるなどのトラブルへの対応に悩む保育者も多い。このようなトラブルへの対応としては，以下のようなことを一つ一つ丁寧に進めていくことが大切である。

① 速やかに対応する：悪気はなくても相手の子どもがけがをしてしまった場合は，迅速に保育者や園の管理者が対応に当たることが必要である。子どもへの対応はもちろん，保護者に対しては状況を説明し，保育者が中立的な立場でそれぞれの保護者の思いをしっかり受け止め，理解を得られるよう対応していくことが大切である。

② 保育者が仲立ちをする：叩いたり物を投げたりすることはよい行動ではないが，どのような行動にも必ず原因がある。保育者には因果関係を明確に把握し，トラブルの背景にあるものを見極める力量が求められる。叩いたという結果だけを見て対応するのではなく，保育者が仲立ちになって，その子の思いやどうしたかったのか代弁してわかりやすく伝える。そして，もし環境に原因があったとしたら環境調整も必要である。例えば，隣にいる子がすぐにちょっかいを出してくるが，やめてほしいということをうまく伝えられず手を出してしまっている場合などは席替えをする。また遊びの中でのトラブルでは，ごっこ遊びでの役割やルールなど「目の前にないこと」を想像することが苦手であるため，混乱して情緒が不安定になり，衝動的に手を出してしまうこともある。そのような場合は，保育者がそばについて，安心し落ち着いて行動できるよう支援することが大切である。また自閉スペクトラム症の子どもは，パズルや文字遊びなど具体的なものを操作したり記憶したりする遊びは得意であるため，そうした遊びを通じて活躍できる場を設けていくことも自信につながっていく。

③ 「こだわり」にこだわらない：自閉スペクトラム症の行動特徴の一つに「行動，興味，または活動の限定された反復的な様式」があり，それを「こだわり」と捉え，やめさせることが保育の目標になってしまうと危険である。子どもにとっては，大人が「こだわり」と見ているものが，安心毛布[8]のように安定感の源，気持ちの支えになっていることも多い。無理にやめさせるのではなく，背景にある不安の正体を見極め，少しずつ別

*8　安心毛布

ウィニコット，D.W が提唱した移行対象の一つ。乳用児が特定の愛着を寄せ，安心感・安定感を得る対象物であり，毛布の他にタオル，ぬいぐるみなどが対象となることもある。

の遊びを取り入れ移行していけるように支援を工夫することが大切である。

④　感覚の過敏性・鈍麻を理解する：これまでの研究で，自閉スペクトラム症の子どもの約80％以上に感覚刺激に対する反応異常がみられることが報告されている[1][2]。しかし，感覚は外からは見えず，また本人も生まれたときからもっている感覚であるため，自分の感じ方が他者と違うことに気づかず苦痛を感じていることも多い。困った行動の原因がわからないときは，その背後に感覚の異常が隠れているかもしれないという視点も必要である。友達の声の大きさや身体接触に苦痛を感じて手を出してしまう子もいる。自閉スペクトラム症の子どもには，耐えられない音や触覚などがあることを保育者が理解しておくことも大切である。

3）認知の特徴を理解した対応

①　一度に処理できるのは1つ：1つのことに焦点が向く傾向が強いため，何かをしながら別のことを同時に行うことが難しい。音楽に合わせてなかなか踊れないという子どももいる。保育者が踊っているのを見て，リズムを捉えて身体を動かすということを同時に行うことは苦手である。1つの情報に集中しすぎて，他のことを処理しきれず飽和状態になってしまう。いきなりすべてに挑戦させず，まずは簡単な動作だけやってみる。その動作が身に付いたら音楽に合わせて，最初はゆっくりしたテンポから徐々に速いテンポにしていくなど，スモールステップ（コラム参照）で焦らず課題を積み上げていけば徐々にできるようになっていくものである。

②　あいまいな表現は避けて具体的な表現で伝える：例えば「仲よくしよう」といわれても，具体的な行動がわからない子もいる。「仲よく」という抽象概念を形成するには，あらゆる行為の中の共通点を抜き出す抽象力が必要であるが，自閉スペクトラム症の子どもには表象機能＊9に障害があり概念ができにくいといわれている。課題や指示を伝える際は，抽象的な言葉ではなく的確で具体的な言葉で伝える必要がある。例えば「仲よくしてね」ではなく「おもちゃは一回使ったら貸そうね」や，「時間がないよ」ではなく「長い針が5になるまでに食べようね」，または「部屋をきれいにしてね」ではなく「机の上を拭いて下さい」など，具体的に伝える。

（5）集団における障害理解

1）障害のない子どもの理解と説明

自閉スペクトラム症は外見だけではわかりにくく，社会生活の中で誤解されることも多い。自閉スペクトラム症の子どもへの関わりについて，クラスの子ども達は保育者の言動を見て学んでいく。保育者が自閉スペクトラム症の子ど

1）Gomes E, Pedroso FS and Wagner MB (2008) Auditory hypersensitivity in the autistic spectrum disorder. Pró— fono：Revista de Atualização Científica 20：pp.279-284.

2）Marco EJ, Hinkley LB, Hill SS, et al (2011) Sensory processing in autism：a review of neurophysiologic findings. Pediatric Research, 69：pp.48-54.

＊9　表象機能
　人間が環境から入ってくる情報に対して，その情報の意味を理解し，過去の経験と照合し加工し，どのように自分がふるまおうかと計画するというような一連の機能のことを指す（太田，1992）。

もの得意とする点を取り上げ認めていけば，クラスの子ども達も例えば「○○君は虫博士だ」というように一目置いてくれるようになり，本人の自信にもつながる。障害があってもその子なりに好きなことや得意なことは必ずあるので，保育者はそれを発見し子ども達に伝え，伸ばしていってもらいたい。

2）保護者への支援

保護者がわが子の障害を受容するには，大変な時間を要する。いったん受容したとしても，子どもの成長に伴い「障害が治るのではないか」と期待をもつこともある。外見上わかりにくい障害である自閉スペクトラム症においてはなおさらである。しかし，自閉スペクトラム症の診断を受けた子どもの母親の多くは，乳児期から育てにくさを感じていたり，発達面での心配を抱えてきたりしている。誰にも相談できずにその心配を抱えながら子育てをし，「頑張れば普通の子と同じようにできるようになる」という思いから，子どもの力量以上のことを求めすぎて虐待に近い振る舞いにまで至ることもある。また周囲の人達からは「躾ができていないから」「愛情が足りないから」などと非難されることもあり，障害受容は保護者だけでは難しく，支援者や場所が必要である。一人で悩みを抱え込まないよう，各市町村では保健センターが中心となってサポートシステムが構築されている（第10章に詳述）。これらの機関と連携をして，生涯を見据えた切れ目のない支援を続けていくことが望ましい。

コラム　　スモールステップ

　身につけたい課題について，達成するまでの過程を細かく段階に分け，階段を一段ずつ上がっていくように積み上げていくことを「スモールステップ」という。例えば自閉スペクトラム症の場合，入園当初は慣れない環境で部屋から出ていってしまう子どもに対しては，最初は安心できる保育者と一緒に部屋の外や窓際で観察させる。次に参加できる部分だけ一緒に行動してみる。徐々に参加できる行動を増やしていけば，必ず同じ場所でみんなと一緒にすべての活動を行えるようになる。食事・排泄・衣服の着脱など基本的生活習慣の習得についても同様である。今，どこまでやれているかを把握し，できているところから少しずつ上の課題を積み上げていけばよい。例えば，服のボタンについては，マジックテープで留められる服で練習する→大きなスナップボタン→小さなスナップボタン→大きいボタンが前に付いている服の真ん中のボタンを外す→はめる→下のボタン→上のボタン→少し小さいボタンで練習する→すべてのボタンを一人ではめられるようになるというように進めていく。また，課題の練習だけでなく，ペグ差しなどの遊びを通じて，楽しみながら目と手の協応の力を高めていく工夫も大切である。焦らず，繰り返し着実に積み上げていけば必ず達成できる。

コラム　　　TEACCHの構造化

　TEACCHとは，「Treatment and Education of Autistic and related Communication-handicapped Children」の略語で，「自閉症および近縁のコミュニケーション障害のある子どものための治療と教育」という意味である。アメリカ・ノースカロライナ大学のショプラー教授が研究開発した自閉症療育・援助プログラムであり，構造化はその基本原理の1つである。自閉スペクトラム症の人達の多くは視覚認知が強く，視覚的な情報が理解の手がかりとなり，「いつ」「どこで」「なにを」「どのように」といった情報を目に見える形で提示し，わかりやすい状態をつくることを構造化という。具体的には，1つの場所を多目的に使用すると自閉スペクトラム症の人達は混乱することがあるので，場所と作業を1対1で固定し，カーペットで色分けしたり，つい立てで境界線をつくるなどし，それぞれの場所で何をすべきかを容易に理解できるようにすると安定して行動できる。これを「物理的構造化（環境の構造化）」という。また日課や行事予定などを絵・写真・文字で視覚的なスケジュール表で前もって示す（スケジュールの構造化）と不安や混乱が軽減する。

空間の構造化①

空間の構造化②

2　注意欠如・多動症の理解と支援

（1）注意欠如・多動症とは

　幼稚園・保育所等の中で，落ち着きがなく勝手に動き回り，集団生活の妨げとなったり，友達とのトラブルが頻発したりする子どもの中に注意欠如・多動症（Attention-Deficit/Hyperactivity Disorder：AD/HD）と診断される一群がある。

　注意欠如・多動症とは，診断マニュアルであるDSM-5の診断基準に分類されている，発達障害の一つのタイプである（診断基準は巻末資料，p.179参照）。

DSM-5によれば，注意欠如・多動症は子どもでは約5％，成人では約2.5％の出現率である。男女比では小児期では約2：1，成人期では約1.6：1であり，男性のほうが多いとされている。また，女性では不注意の特徴を示す傾向がある。

保育場面において，具体的には次のような行動を示す。

保育者が絵本を読み，子ども達は座って楽しそうに先生のお話を聞いている。その中にじっとしていることができず，他の子どもに話しかけたり，集団から離れて外に飛び出して行ってしまったりして，保育者が目を離すことができない。身の回りの整理整頓ができず，持ち物をなくしたり，忘れたりすることが目立って多い。興味を引くものを目にすると，周りの状況に関係なく突進してしまい，転んでけがをしたり，友達とぶつかってけんかになったりする。

それでは，なぜこのような症状が現れるのであろうか。

これまでの研究からは，ワーキングメモリー*10やドーパミン等の脳の働きの問題であることが徐々に明らかにされてきた。例えば，注意欠如・多動症は大脳皮質の前頭葉部分の血流量が少ないため，この部分が十分に働いていないのではないかと考えられている。前頭葉はワーキングメモリーの働きに関係している。そのため，何かをするときの手順を覚えられずに，作業が途中で止まってぼんやりしたり，必要なものを記憶しておくことができずに，忘れ物をしたりしてしまう，不注意行動の原因となっていると考えられる。

また，脳の中での情報の伝達に重要な働きをしている神経伝達物質のうち，ドーパミン*11の受け渡しがうまくいかないことが，多動性・衝動性の行動となっていると考えられている[3]。

保育者は，注意欠如・多動症の子どもの集団内での不適応行動の原因を，保護者の不適切なしつけや本人の自覚の問題と考えるのではなく，脳の働きに問題を抱えながらも懸命に生きていると考えて対応することが望まれる。

（2）乳幼児期の特徴

1）乳児・幼児前期

注意欠如・多動症の乳児期の特徴として「夜泣きが多かった」「気難しい子どもだと思った」などの報告が保護者によりなされることが多い。

2歳を過ぎ，小走りでの移動ができるようになると，「よく転んでけがをした」「児童公園などで友達の中に入っても順番が待てない」「急に飛び出して行ってしまうので目が離せない」等の行動がみられるようになる。しかし，この段階では，保護者の目も届き，大きな問題とならずに「男の子は育てるのが大変だ」などと思う程度で過ぎていくことも多い。

----

*10　ワーキングメモリー

　ワーキングメモリー（作動記憶）とは短い時間，頭の中に情報を蓄えておき，処理をする能力のことである。以前は，短期記憶といわれ，短期間の記憶の貯蔵庫と考えられていたが，現在では，学習だけではなく，会話をはじめ日常生活を送る上で重要な能力と考えられている。

*11　ドーパミン

　大脳皮質内の神経と神経の間の情報伝達に関与する化学物質の一種である。

3）榊原洋一監修『これでわかるADHD』成美堂出版，2011.

表5-1　注意欠如・多動症の子どもの行動

症状	幼稚園・保育所等でみられる具体的な行動
不注意	① 保育者の話を注意深く聞いていないため，簡単な間違いを何度もする。 ② 通園バッグを下ろし，タオルをかけ，コップを所定の所に置く等の一連の行動を適切に行えない。 ③ 整理整頓ができず，自分のロッカーや机の周りが散らかっている。 ④ 大切なものをなくしたり，忘れて持ってこなかったりする。
多動・衝動	① 椅子に座っての活動が苦手で，頭や手足が常に動いている。 ② 園庭や部屋の中を走り回っており，落ち着いて遊ぶことができない。 ③ 順番が待てず，列に割り込んでしまう。 ④ 興味のあるものを見つけると，周囲を見ずに突進していく。 ⑤ 保育者が大切な話をしていても，途中で割り込んで話し始める。

2）幼児後期

　3歳を過ぎ，幼稚園・保育所等での集団生活が始まると，問題が顕在化する。園でみられる行動の例を表5-1にあげる。

3）小学校入学以降

　小学校に入学すると，周囲の子ども達は落ち着いて机の前に座るようになるのに対して，注意欠如・多動症の子どもの行動は変わらないために，その落ち着きのなさは一層浮き彫りになる場合がある。高学年になると，多動は減少する場合が多い。自分の行動特徴について徐々に自覚できるようになり，自己コントロールが次第にできるようになる。しかし，集団活動の中で目立つ不注意や衝動的な行動は，叱責の対象になるため，周囲に対する不信感と自分に対する自信を失い，不登校などの二次的症状が生ずることも稀ではない。

（3）早期発見

　1歳6か月児健康診査において，母親から言葉の発達についての心配が訴えられたり，健診場面でじっとしておらず，着席での課題を実施することができなかったりすることで，発達の歪みがチェックされ，フォローが開始される場合がある。一部の子どもは2歳過ぎに，児童発達支援センター*12等へ母子で通所する。3歳を過ぎ，園での集団での生活が始まると，園外への飛び出し，絵本の読み聞かせ場面での立ち歩きなど，多動性・衝動性の行動特徴が周囲の目にも明らかとなる。そこで，発達診断の可能な専門の医療機関を受診し，診断名を告知されるのが一つのルートである。遅くとも，小学校への就学について検討する段階までには，医療機関で診断を受け，適切な対応をすることが望ましい。残念なことに，小学校入学後，学業不振，不登校，暴力など集団内で

*12　児童発達支援センター

　障害児を日々保護者のもとから通わせて，日常生活における基本的動作の指導，独立自活に必要な知識技能の付与，集団生活への適応のための訓練等を行うことを目的とした，児童福祉法第43条に規定される施設である。通常の福祉サービスを行う「福祉型」と，福祉サービスに加えて治療を行う「医療型」に分けられている。

の不適応行動が激しくなり，通常の家庭や学校での対応が困難となってからの医療機関への受診も少なからずみられる。

（4）保育場面での保育者からの支援

1）環境設定

注意欠如・多動症の子ども達は，周囲の刺激を適切に把握し，自分の行動をコントロールして適切な対応をする力が弱くなりがちであるため，保育場面では何よりも環境面での配慮が重要である。

① **必要最低限の玩具・装飾**：できる限り気の散らない環境設定を工夫する。通常，保育室の壁面は園児にとって楽しい雰囲気を醸し出すため装飾に工夫が凝らされているが，注意欠如・多動症の子どもにとっては，これらが注意の集中を妨げる要因となりやすい。また，興味のある玩具が目に触れる所に数多く置かれていると，気持ちが次々に移り集中して活動できなくなる。そのため，保育者は，活動に不要な玩具は目に触れない場所に置いたり，玩具の種類や数を制限したりする等の配慮が必要となる。

② **余分な刺激の入りにくい座席**：着席して保育者の話を聴くときや，昼食時の座る位置については，他の子どもの動きや姿が目に入りにくく，加えて保育者の近くが望ましい。また，園庭で遊ぶ他のクラスの子どもの姿が目に入らないよう，廊下側にするのがよい。

③ **物理的な制限**：危険な行為を避けるためには，物理的な制限を設定するのも一つの方法である。例えば，急に部屋を飛び出して行ってしまう子どもの場合には，ドアを閉めた状態にしておく。危険なもの，落とすと割れてしまうもの，後始末の困るものなどは，子どもが触れない場所に片付けるなどである。このような工夫により，子どもに対して「だめ」「やめなさい」などの叱責を極力減らすことが可能となる。

④ **目印や絵の活用**：絵や記号はわかりやすい。いすに座ったとき，姿勢が悪く，手足が絶えず動く子どもに対しては，いすを置く場所，足を置く位置に目印を付けておくとよい。登園時に行う一連の行動として「通園バッグを開け，タオル，コップ，おたより帳，着替えなどを所定の位置に置く」等の作業があるが，これらを円滑に進めるためには，子どもの動線を簡素化し，手順を数字や絵で示す等の配慮が有効である。

2）適切な言葉がけ

保育者が子ども達に次の活動について説明する際，注意欠如・多動症の子どもには，説明が理解できておらず，不適切な行動になってしまうことが多い[*13]。そのため，必要な話をするには次のような配慮が必要になる。

*13　保育者の説明が注意欠如・多動症の子どもに理解できないのは，次の理由による。
①聞こうという構えができないこと
②注意がそれること
③注意集中が続かないこと
④話される内容がイメージ化できないこと
⑤内容をすぐに忘れてしまうこと（ワーキングメモリーの問題）

- 保育者は，クラス全体に対して今から話をするという注意喚起を行い，加えて注意欠如・多動症の子どもの近くで名前を呼び，注意を喚起する。
- 注意がそれないように，説明と無関係な刺激が入らない場所で伝える。
- 持続時間の短さを考慮し，簡潔にポイントを絞って話す。
- 話の内容がイメージできるよう，カードや絵などの視覚刺激を使用する。
- 一度に記憶できる量が限られているため，伝達する内容を限定する。

3）トラブルへの対応

注意欠如・多動症の子どもが集団生活で引き起こすトラブルの多くは，障害の特性から生じている。具体的な事例を通して対応について考える。

> **事例5-1　並んで待つことができず，友達を突き倒したA男児**
>
> 　水道の前に一列に並び，順に手を洗っておやつを食べる場面である。保育者の「おやつだから手を洗います」の声かけで，子ども達は自分の遊びを中断し，水道の前に一列に並んだ。注意欠如・多動症のA男児は積み木遊びを続けたため，保育者は，近くに行き，再度，ジェスチャーを交えて説明をした。A男児は積み木を放り出し，並んでいる他の子どもを押しのけ蛇口に突進してしまった。並んでいた子ども達から「ずるい」と非難の声が上がった，A男児は非難をしたB男児を突き倒し，B男児は泣き出してしまった。

① 　子どもの理解：上記の事例では，保育者による全体への指示は，遊びに夢中であったA男児の耳には入らず，遊び続けていた。そこで，保育者はA男児の近くに行き，わかりやすく説明した。手を洗わなければならないことを理解したA男児は，あわてて水道に向かった。周りの子ども達への注意が向かないため，水道に突進してしまった。周りから非難をされ「手を洗いに来たのに文句を言われた」と思ったA男児は自分の気持ちが抑えられず，B男児を突き倒してしまったのである。

　このように，本人の気持ちに沿って一連の流れを振り返ると「自分が悪いのに，友達を突き倒してはダメでしょう」と頭ごなしに叱責する保育者の対応は不適切であることが理解できる。

② 　対　応：それではどうすればよいであろう。まず，トラブルを収めるための対応について考えてみる。保育者は突き飛ばされて倒れてしまったB男児の気持ちのケアを第一にしなければならない。次に，保育者は突き飛ばしたA男児と向き合い，手を洗おうとしたのに文句を言われて腹が立った気持ちを受け止める。保育者に気持ちを受け止めてもらえるとA男児も冷静になることができる。そこで，なぜ周りの子ども達が非難をしたのかをA男児に考えてもらう。このような手順により，列に並んで順番を待たなければいけなかったことを理解してもらう。

　次に，トラブルを生じさせないための対応について考えてみよう。

　A男児には全体への指示は理解されにくいので，保育者はA男児のそばで指示を出す。今回のトラブルで，A男児は並んでいる子どもが目に入らず，一目散に水道に突進する可能性が高いことがわかったので，保育者は「○○君の後に並ぼう」と伝える。必要性があれば，保育者もA男児と手をつないで水道まで移動すれば，大きなトラブルには発展しない。

　このように，事前にトラブルを予想し，回避に必要な指示をタイミングよく出すことを繰り返すと，A男児は適切な行動が徐々に可能になる。

（5）集団における障害理解

　注意欠如・多動症の子どもは集団生活の中で様々なトラブルを生じさせることがあるため，保育場面では個別の配慮が必要となる。しかし，注意欠如・多動症の子どもを特別扱いすることは，他の子どもや保護者から不満が出ることになり，保育者は頭を痛めることになる。

　大人の場合，「○○君の障害にはこのような特性があるから，こうした行動や対応もやむを得ない」と「障害の理解」から「子どもの受け入れ」へと認識が進んでいく。しかし，子ども達は自分自身の気持ちを理解し，受け止めてくれる人を好きになり，その人の振る舞いを，自然に模倣するのである。

　このように考えると，保育者は，一人ひとりの子どもの気持ちに寄り添うことを通して，信頼関係を築くことが重要である。注意欠如・多動症の子どもに対しても温かいまなざしで接し，問題行動への叱責ではなく，頑張っている姿への注目を続けることで，周囲の子ども達も，保育者の姿を取り入れ，仲間として受け入れていくことができるようになるのである。

　前項で検討したように，まず，突き飛ばされた子どもの気持ちのケアをする。そして，注意欠如・多動症の子どもの気持ちを言語化することにより，個々の子どもたちもそれを理解するのである。このような行為を日々積み重ねる中で，仲間として注意欠如・多動症の子どもを受け入れていくのである。

3　学習障害の理解と支援

（1）学習障害とは

　学習障害は，医学的にはDSM-5において限局性学習症（Specific Learning Disorder：SLD）として診断基準が定められている（巻末資料，p.181参照）。ここでは，文部科学省の定義を取り上げる。

「学習障害とは，基本的には全般的な知的発達に遅れはないが，聞く，話す，読む，書く，計算する又は推論する能力のうち特定のものの習得と使用に著しい困難を示す状態を指すものである。学習障害は，その原因として，中枢神経系に何らかの機能障害があると推定されるが，視覚障害，聴覚障害，知的障害，情緒障害などの障害や，環境的な要因が直接の原因となるものではない」

すなわち，学習障害は，知的発達症や視覚・聴覚・情緒等の障害がなく，環境的な要因も認められないにもかかわらず，読んだり書いたりする6つの基本的な学習能力のどこかに困難さをもつ子どもであり，原因は脳の機能障害であろうと考えられる。

（2）乳幼児期の特徴

幼児期は，遊びを通して子どもの全般的な発達を促すことが教育の中心となるため，学習障害が顕在化するのは就学後である。幼児期に表5-2の特徴が認められる子どもの中には，就学後に学習障害と診断される場合がある。

幼児期は文字への興味が増し，ある程度の文字を読むことができる時期であるため，「読字の障害」について詳しく検討してみよう。

読字の障害には，文字の読み間違い，逐次読み[*14]，とばし読み[*15]などが見られ，耳から入った言葉の理解は良好であるのが特徴である。その背景には，音韻認識の困難さ，文字を音声に変換することの困難さなどが認められる。また，学習障害のある子どもが文字を読むときの視線は，適切に文字を追うことができないとの研究報告がある[4]。

音韻認識の困難さとは，具体的には「ライオン」が「ラ・イ・オ・ン・」の4つの音韻から構成されていることを認識することが困難な障害である。そのため「猛獣狩りにいこうよ」遊びのように，音韻数に合わせてグループに分かれるような集団遊びが苦手になってしまうのである。

*14 逐次読み
　1文字ずつ切って読むこと。

*15 とばし読み
　途中の文字を抜かして読むこと。

4）熊沢彩・後藤隆章・雲井未歓・小池敏英「ひらがな文の読み障害を伴うLD児における漢字単語の読みの特徴―漢字単語の属性効果に基づく検討」特殊教育学研究，49，2011，pp.117-126.

表5-2　学習障害の可能性が疑われる幼児期の行動特徴

- 童謡を覚えることやしりとり遊びに興味を示さない。
- 「てぬぐい」を「てぐぬり」などと簡単な単語を間違えて覚えてしまう。
- お絵かきが苦手で，人や物の形が描けなかったり，円や四角が適切に描けなかったりする。
- ひらがなや数字を読んだり書いたりすることが苦手である。
- はさみを使って紙などを線に沿って切ることが苦手である。
- 箸を使ったりボタンを留めたりするのに時間がかかる。
- 縄跳びや片足跳びが苦手である。

（3）保育場面での保育者からの支援

　保育者は，子どもに苦手な活動や興味を示さない活動があることを把握する必要がある。保育者からの支援では，子どもが苦手意識をもたないように心がける。嫌がる子どもに無理やり挑戦させるのは巧みな指導とはいえない。

　保育者は，子どもの苦手な部分をさりげなく手伝い，頑張った部分を評価する。子どもの得意な活動を日常の保育に取り入れることにより，自信をつけるように配慮する。

　食事・着脱等に不器用さが認められる場合には，個別に時間をかけ，励ましながら，根気よく練習をすることで，少しずつ上達させることが必要である。

　就学後，学習障害が明らかになった子どもについては，能力の特性に応じた支援が行われるようになってきた。その基本的な手順が表5－3である。

　学習障害の子どもは能力の偏りが大きく，それを詳細に評価し，長所を活用した支援を行っていく。幼児期においても，学習障害の疑われる子どもへの支援には，このような手順で支援の方法を工夫するとよい。

表5－3　学習障害のある子どもへの学習支援の手順

1. 子どもの教科におけるつまずきの現状を詳細に評価する。
2. 子どもの認知特性を心理検査等により評価し，つまずきの原因と有効活用のできる能力を把握する。
3. 子どもの認知特性の長所を活用し，苦手をカバーする指導方法を工夫・実践する。

（4）自閉スペクトラム症，注意欠如・多動症，学習障害の関係

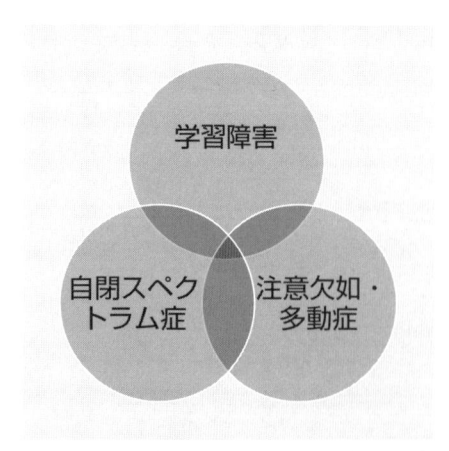

図5－3　自閉スペクトラム症，注意欠如・多動症，学習障害の関係

　発達障害のある子どもには，認知発達や社会性等に偏りがある。DSM-5等における発達障害の医学的診断は，様々な時期や場面で示される子どもの行動特徴を入念に分析することを中心にして確立された分類である。そのため，一人の子どもが複数の診断基準を満たすことがある（図5－3）。従来の診断基準であるDSM-Ⅳにおいては，広汎性発達障害（現・自閉スペクトラム症）の診断基準を満たす場合に自閉スペクトラム症とし，注意欠如・多動症の診断を併記しないという約束を設けていた。しかし，DSM-5では，自閉スペクトラム症と注意欠如・多動症との併記が可能となった。

コラム　DBDマーチ

　注意欠如・多動症の二次的障害として，通称DBDマーチと呼ばれる併存障害がある。

　子どもが健康に育つためには，周囲からの温かいまなざしを受けることにより，自己肯定感を育てることが必要である。ところが，注意欠如・多動症の子どもは集団生活の中で不適切な行動を頻発させるため，その指摘を中心とした対応が増加してしまう。社会性の障害（相手の気持ちが理解しにくい）を有する自閉スペクトラム症の子どもと異なり，周囲の冷たいまなざしが心に刺さる。「また先生に叱られる。僕はダメな子だ」と悩むのが注意欠如・多動症の子どもの心性である。不適切な行為を咎められる経験を重ねる中で，自分を愛おしむ気持ちを失い，投げやりになり，社会に対して反抗的な態度に出るようになる。

　周囲に対して，怒りやすく，挑発的な行動を執念深く繰り返す，反抗挑発症（Oppositional Defiant Disorder）を併発し，さらに人や動物に対する攻撃性や物の破壊，規則違反などを繰り返す素行症（Conduct Disorder）へとエスカレートする場合がみられる。こうした一連の流れが「DBD（Disruptive Behavior Disorder）マーチ」と呼ばれている。

　注意欠如・多動症の特徴を理解し，きめ細かな対応をすることにより，DBDマーチを予防することが重要である。

コラム　薬物療法

　医療機関では，注意欠如・多動症の薬物療法として，現在，コンサータ（塩酸メチルフェニデート）とストラテラ（アトモキセチン塩酸塩）が使用されている。使用可能年齢は原則6歳から18歳未満とされている。投薬の効果は，一時的に症状を軽減することである。衝動性・攻撃的態度を軽減し，落ち着きが増し，集中して課題に取り組める時間が増加する。

　しかし，これらの薬物は，注意欠如・多動症の不注意，多動・衝動性などの症状を根本的に改善させるものではない。薬物の効果は，症状を一時的に軽減させることである。これにより，落ち着いていろいろなことを学ぶことができる時間が増加する。この時間を利用して，教科学習だけではなく，対人関係のスキルなど社会で必要な技術を学ぶ機会を提供し，自分に対して自信をもつ経験をさせることが重要である。

　また，薬の効果は子どもによって大きく異なる。そのため，投薬の前後における園での行動の変化が，処方の適否を判断する上での重要情報となる。医療機関に対して，保護者の了解を得た上での情報の提供が必要である。

　なお，コンサータは服用後12時間程度効果が持続されるといわれている。食欲低下，不眠，頭痛などの副作用が出る場合は，副作用の少ないストラテラが処方される。

●演習課題

課題1：幼稚園・保育所等の実習先で出会った障害のある子ども，特に自閉ス
ペクトラム症の子ども達に対する保育者の具体的な働きかけを振り返
り，どのような点が支援につながっていたのか話し合ってみよう。

課題2：「C男児は場面の切り替えが困難な多動を伴う注意欠如・多動症の4
歳児である。朝の集まりでは，着席時間を長くするために，好きなパ
ズルをすることを保育者は認めていた。パズルを組み立てている途中
で，クラスではコップを取りに行って，うがいをする時間になってし
まった。保育者がC男児にパズルをやめて，皆と同じようにうがいを
するように促すと，C男児は怒り出し，パズルを床に投げ捨て，パズ
ルの一片が隣に座っていた子どもに当たってしまった」

　このような状況をどのように理解し，保育者はどのような対応をす
るのがよいであろうか。

●参考文献

太田昌孝・永井洋子『自閉症治療の到達点』日本文化科学社，1992.

青木省三・宮岡等・福田正人監修『こころの科学174』日本評論社，2014.

伊藤健次編『新・障害のある子どもの保育』みらい，2007.

尾野明美『保育者のための障害児保育―理解と実践』萌文書林，2016.

小道モコ『あたし研究』クリエイツかもがわ，2009.

佐々木正美『気になる連続性の子どもたち』子育て協会，2000.

田丸尚美『乳幼児健診と心理相談』大月書店，2010.

本田秀夫『自閉症スペクトラム』SB新書，2013.

日本精神神経学会『DSM-5 精神疾患の分類と診断の手引』医学書院，2014

杉山登志郎「自閉スペクトラムの臨床」発達障害研究，第36巻，第1号，2014

第6章 重症心身障害の理解と支援・医療的ケア

医学の進歩と医療機器の開発により，重症心身障害のある子どもや医療的ケアを必要とする子どもが家庭で生活することが可能となった。本章では，生命を維持することに加え，様々な生活体験を通して成長や発達を促進するための留意点について学ぶ。

1 重症心身障害の理解と支援

（1）重症心身障害とは

重度の肢体不自由と重度の知的発達症とが重複した状態を，重症心身障害と呼ぶ。これは，医学的診断名ではなく，児童福祉法における行政上の措置を行うための定義（呼び方）である。大島の分類（図6−1）を用いて重症心身障害を判定する方法が一般的である。行政の運用として，身体障害者手帳（肢体不自由）1〜2級と療育手帳Aの両方を所持していると重症心身障害とされることもあるが，この運用については明文化されていない。

				(IQ)	
21	22	23	24	25	80 / 70
20	13	14	15	16	50
19	12	7	8	9	35
18	11	6	3	4	20
17	10	5	2	1	0
走れる	歩ける	歩行障害	すわれる	寝たきり	

①1, 2, 3, 4 の範囲に入るものを重症心身障害
②5, 6, 7, 8, 9, は重症心身障害の定義には当てはまりにくいが，
・絶えず医療管理下に置くべきもの
・障害の状態が進行的と思われるもの
・合併症があるもの
が多く，周辺児と呼ばれる。

図6−1　大島の分類

出典）大島一良「重症心身障害の基本的問題」公衆衛生，35，1971，pp.648-655.

（2）重症心身障害の原因

　重症心身障害の発生原因は様々である。出生前の原因（胎内感染症・脳奇形・染色体異常等），出生時・新生児期の原因（分娩異常・低酸素・低出生体重・重症仮死産等），新生児期以後の原因（脳炎などの中枢神経感染症・てんかんなど）によるものがある。また，幼児期の溺水事故や交通事故の後遺症などに起因するものもある。

　障害の程度が重度に至る経過は，発生の原因によって異なる。脳性まひによる場合では脳に何らかの原因で損傷を受けたために異常を示し，その症状は一時的でなく永続的であるが進行性ではない。ムコ多糖症*¹による場合では，乳児期に診断され，2〜4歳までは定型発達を示すが，徐々に知的な発達の遅れや運動機能の低下など病状が進行する。障害やその程度が進行性の場合と進行性ではない場合とでは保護者の障害受容や周囲の理解などに違いがあることも少なくない。支援を行う上で，障害の原因や経過を把握することは重要である。

（3）重症心身障害の特徴

　重症心身障害のある子どもは，てんかん発作，筋緊張異常，栄養障害などの様々な病態が複雑にからみ合っており，これらは経年的に変化してくる。基本的に発症するのは小児期であり身体の機能は発達する。その一方で，呼吸障害の悪化，摂食・嚥下機能の低下，運動機能の低下，変形拘縮の進行などの機能低下がみられる。

1）呼 吸 障 害

　呼吸障害を起こすと，喘鳴（ぜんめい）（ヒューヒュー，ゼーゼーといった呼吸時の雑音）・呼吸が早く浅くなるなどの症状が認められる。ひどければ口唇・爪のチアノーゼ*²が表れて低酸素状態となり，放置すれば死につながる。脳性まひの子ども（特に乳児期）は，発熱，眠れない，食事がとれない，泣くなどの様々な原因で急激に筋肉の緊張の調節がうまくいかなくなり，異常に全身に力が入って呼吸ができなくなり低酸素状態となることがある。また，様々な要因から，呼吸障害が起きることがある。呼吸障害は呼吸状態を観察することでわかるが，観察だけでその程度を判断することは難しいため，呼吸状態に異常が認められた場合は，すぐに医師や看護師に相談する必要がある。呼吸をしやすくするために日常生活で可能な対策として，①オトガイ部や下顎角（かがくかく）を持ち上げて下顎（したあご）をしっかり前に出してのどを広げ気道確保する，②クッションなどを利用して呼吸のしやすい姿勢を工夫する（一般的には，仰向けの姿勢よりも，うつぶせや横向

*1　ムコ多糖症
　先天性代謝疾患。「ムコ多糖」を分解する酵素が欠損している。

*2　チアノーゼ
　酸素と結びついていない赤血球中のヘモグロビンが増加したときに，口唇，舌などが紫色になること。

きの姿勢の方が呼吸はしやすい），③水分補給，空気の加湿などにより痰を出やすくするなどの方法がある。

　呼吸障害が悪化した場合の治療の最終手段としては，気管切開が行われる。

2）摂食・嚥下障害

　誤嚥すると食物がのどに詰まって気道閉塞を起こし窒息することや，のどや気管の中に食物が入ることが刺激となってのどや気管支が急激に縮んで呼吸困難となり，肺炎が引き起こされることがある。摂食中のむせや咳き込みは誤嚥を疑うが，脳障害が強い場合には，誤嚥していてもむせない場合もあるので，むせないからといって安心はできない。食事中に顔色が悪くなり，ゼロゼロ・ゼコゼコといった喘鳴がみられる場合にも誤嚥を疑う。誤嚥を予防するために日常生活で可能な対策は，食事の際には体幹と首の角度や向きに留意し，その子どもにとって嚥下しやすい姿勢の工夫を行うことや，食べ物の形態を工夫することである。一般的にサラッとした液体ほど誤嚥されやすく，とろみの付いている液体は誤嚥されにくいという特徴がある。また，好きな物は誤嚥されにくく，嫌いな物や味の悪い物は口にためて誤嚥につながる傾向があるため，本人の食べ物の好き嫌いを把握しておくなどの方法がある。

　口からの食物や水分の摂取は，栄養摂取の目的以外に，食べる楽しみや食事の支援をする人とのコミュニケーションなど，生きる上で大きな意味がある。摂食・嚥下障害があっても，できるだけ口から食べることが大切である。

　口からの栄養摂取が困難な場合には，経管栄養法が用いられる。

（4）重症心身障害のある子どもの健康状態の観察

　重症心身障害のある子どもが家庭で生活するには，日常の健康状態が安定していなければならない。体調がよいと判断するには，子どもの日常の健康状態を把握しておくことが重要である。何かおかしいと感じた場合には，すぐに保護者，看護師，医師に相談する。

1）体　　温

・平熱を把握する。
・日内変動があるので，時間を決めて測定する。自律神経障害があると2℃以上変動することもある。
・興奮が続いた場合やけいれん発作後は体温が上昇することが多い。
・脱水状態や発汗が多くても発熱する。

2）脈　　拍

・普段の脈拍を把握する。
・長期臥床の弊害により循環調節機能が弱くなっているので，急に上体を

　起こしたり，長時間座位の姿勢を続けると低血圧を起こして脈が触れにくくなったりすることがある。

3）意識・活動

・通常の意識状態やコミュニケーションの方法を把握する。

・睡眠と覚醒のリズムを把握して意識状態をみる。

・不自然な手足の動きや筋緊張は苦痛の表現である場合があり，骨折や褥瘡^{じょく}など皮膚に傷がないかの確認を行う。

4）食欲（咀嚼・嚥下）

・普段の食事量や食事の嗜好を把握する。

・体重の増減を定期的に観察する。

・口の開き具合や飲み込みの様子などを観察する。

・飲み込まずに口に溜めていないかを食後に確認する。

5）排　　泄

・尿の回数・量・色，排便の回数・量・硬さなどを毎日把握する。

（5）重症心身障害のある子どもの日常生活の支援

　早期産，染色体異常，内臓疾患などにより子宮内運動の経験不足が予測されるような乳幼児は低緊張の子どもが多く，四肢や体幹だけでなく顎を動かす筋肉なども弱い。脳性まひでは，体幹の筋緊張は弱いが手足の緊張が強く，力を抜くことが苦手で，常に筋肉は疲労しているため筋肉量も増えず自分で動きたくても動くことができない。

1）体位の工夫

　褥瘡を予防するため2〜3時間ごとに体位変換が必要である。リラックスできる体位の工夫は呼吸にもよい影響を及ぼす。呼吸器を使用している子どもは，身体の下に敷いている枕の位置を変えたり，横向きになる角度を少しずらすことなどでも姿勢を変えることになる。

2）体温調整

　体温は外部環境（気温・湿度・気流）の影響を受けやすい。室外での活動の際は衣服による調整に加えて，夏は保冷材，冬はカイロなどを活用して体温の調整を行う。活動の時間帯や活動時間の長さに配慮する。

3）排　　泄

　筋緊張の異常や排便中枢の障害などから便秘になりやすい。食事の工夫や水分摂取により，便が硬くならないようにする。腹部マッサージなども腸の蠕動^{ぜんどう}運動を促進するため有効である。摘便[*3]が必要な場合もある。便秘による痔など肛門周囲にトラブルを起こさないよう，肛門周囲の清潔を保つようにする。

＊3　摘便
　肛門に指を挿入して便をかき出すこと。

4）口腔内の清潔

歯磨き（ブラッシング）は齲歯（むしば）の予防，経口感染の予防のほか，摂食・嚥下運動など，口や舌の機能を向上するために重要な生活支援である。

5）安全・安心な環境

子どもが過ごす室内は埃がたたないように掃除を行うと同時に，車いすや靴などから汚れや埃を持ち込まないなど衛生的な環境を整える。保育者は自分の健康管理と清潔に心がけ，感染源とならないようにする。日中であっても子どもの安静時間には保育者の足音やドアの開閉音などの物音をなくして落ち着いて過ごせるようにする。支援を行う際には，子どもの発達に応じた言葉がけを行うなど，子どもが安全で安心して過ごせる環境づくりをする。

2　医療的ケア

（1）医療的ケアを必要とする子ども

医療技術の進歩などにより，障害や疾病を有し医療的ケアを必要とする子どもが，NICU[*4]などの医療施設から退院後に直接自宅・地域に帰ることが可能となった（図6−2）。そのような自宅で生活する医療機器や医療的ケアを必要とする子どもが増加していることから，これらの子どもを支援する体制の整備が進められている。2016（平成28）年からは，医療的ケアを必要とする子どもを「医療的ケア児」[*5]として自治体により支援することが制度化された。医療的ケア児の保育所への受け入れなど，医療的ケアを必要とする在宅療養している子どもへの支援体制の整備が望まれている。

*4　NICU

新生児集中治療室（Neonatal Intensive Care Unit）の略。

*5　医療的ケア児

NICU等に長期間入院した後，引き続き人工呼吸器や胃ろう等を使用し，たんの吸引や経管栄養などの医療的ケアが必要な障害児であり，その支援については児童福祉法に明記されている。

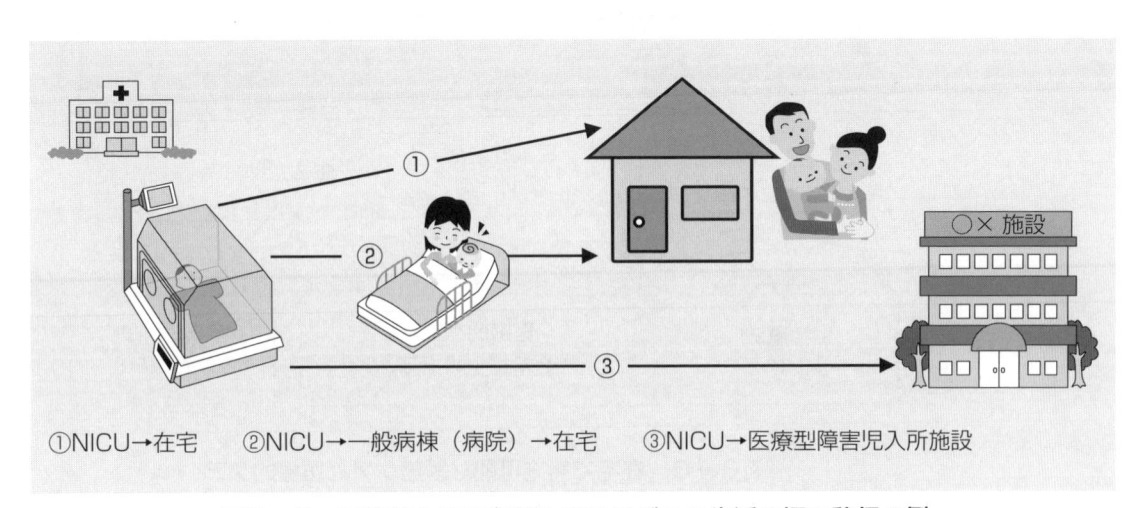

①NICU→在宅　　②NICU→一般病棟（病院）→在宅　　③NICU→医療型障害児入所施設

図6−2　医療的ケアを必要とする子どもの生活の場の移行の例

85

（2）医療的ケアと医療ケア（医療行為）

　経管栄養・吸引などの日常生活に必要な医療的な生活援助行為を，治療行為としての「医療ケア（医療行為）」とは区別して「医療的ケア」と呼んでいる（図6-3）。一般的に医療的ケアは，法的には医療ケア（医療行為）と解される。そして，医師や看護師などの医療職以外で医療的ケアを行うことができるのは，医師のフォローアップ受けている保護者（親権者）とされている。介護保険法の改正に伴い，2012（平成24）年4月1日より看護師などの免許を有しない者も，医療行為のうち，たんの吸引等の5つの特定行為（①口腔内の喀痰吸引，②鼻腔内の喀痰吸引，③気管カニューレ内の喀痰吸引，④胃ろうまたは腸ろうによる経管栄養，⑤経鼻経管栄養）に限り，研修を修了し都道府県知事に認定された場合には，「認定特定行為業務従事者」として，一定の条件の下で制度上実施できることとなった。

　経管栄養・吸引などの医療的ケア以外に，悪性腫瘍で鎮痛や化学療法を必要とする子ども，慢性腎不全で透析を必要とする子どもなど，自宅で生活する子どもの医療ケア（医療行為）のニーズは多様化している。

（3）保育・教育の場における医療的ケアの実施体制

　特別支援学校では，1979（昭和54）年に障害のある児童・生徒の全員就学が実施された際，重度の障害や病気のために通学が困難な場合は，教員が家庭・病院・施設を訪問する形で教育を実施していた。

　1994（平成6）年には，東京都において，医療的ケアの安全な実施のために指導医を特別支援学校に配置し，一定の条件下で教員などが医療的ケアを実施可能になるという教育的意義，そして家族の負担軽減という福祉的意義があ

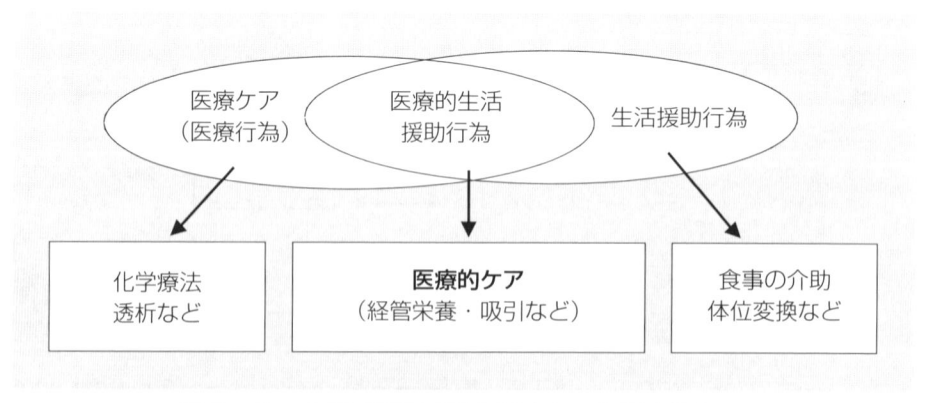

図6-3　在宅で実施可能な医療ケアと医療的ケア

出典）北住映二「医療的ケアとは」日本小児神経学会社会活動委員会『医療的ケア研修テキスト』クリエイツかもがわ，2012，p.10を一部改変.

り，この動きは全国に広がっていった。

　2004（平成16）年，厚生労働省が通知*6により文部科学省へ協力を依頼したことで，特別支援学校では教員などによる「たんの咽頭前の吸引」「経管栄養」「自己導尿の補助」の3行為が一定の条件下で認められた。そして2012（平成24）年には，前述のように，5つの特定行為や研修体制が定められたのである。

　保育現場でも医療的ケアのニーズは高まっており，保育所等において医療的ケア児の受入れを可能となるよう体制を整備し，医療的ケア児の地域生活支援の向上を図る「医療的ケア児保育支援モデル事業」が2017（平成29）年度より始まっている。これは，都道府県等において看護師等（理学療法士，作業療法士等）を雇い上げて保育所等へ派遣することや，保育士が認定特定行為業務従事者となるための研修受講を支援すること，派遣された看護師等を補助し，医療的ケア児の保育を行う保育士を配置することが事業内容となっている。

　また，「医療的ケア児等コーディネーター養成研修等事業」も始まり，地域の障害児通所支援事業所，保育所，学校等において医療的ケア児等への支援に従事できる者を養成するための研修や，医療的ケア児等の支援を総合調整する「コーディネーター」を養成するなど，保育においても医療的ケアを実施していく環境整備が着々と整えられてきている。

（4）在宅医療に必要な物品

　医療的ケアを必要とする子どもに関しては，NICU入院中から身体障害者手帳の交付や医療費の助成など，様々な制度の申請を進めていくことで，在宅への移行がスムーズになる。

1）補装具や日常生活用具

　NICU入院中の子どもで，四肢の機能が著しく障害を受けて，医療的ケアを必要とする場合，人工呼吸器や吸引器を載せて移動できるバギーや，座位保持椅子など補装具や日常生活用具が必要となることが多い。行政機関から補装具や日常生活用具の給付・貸与を受ける場合には身体障害者手帳が必要で，交付までに1～2か月かかる。

2）在宅で必要な医療物品

　退院後，外来では月に1回在宅指導療養管理料が算定され，医療保険点数内で在宅医療に必要な物品が支給される。医療保険で支給できない物品や同じ医療機器を複数設置したい場合などは自費購入となる。例えば，吸引・吸入器は，1台目は公費助成が受けられるが，携帯用吸引器を必要とする場合や2台目を購入する場合には自費購入となる場合がある。体位変換や座位保持の際などに使用するクッションなども自費購入となる。在宅で使用する物品で自費購

*6　厚生労働省医政局長通知，医政発第1020008号「盲・聾・養護学校におけるたんの吸引等の取扱いについて」平成16年10月20日

入する物は，必要必需品として購入する物から，あれば便利な物まで様々である。

（5）災害時の備え

　災害で停電が生じた場合，人工呼吸器，酸素濃縮器，吸引器，吸入器など電源を必要とする医療機器の使用が困難となる。医療機器の使用ができないと，医療的ケアを必要とする子どもを含めた多くの患者は生命維持の困難に直面することになる。日常から停電時に備えて内部バッテリーまたは外部取りつけバッテリーの駆動時間，機器の消費電力，酸素ボンベの残量の計算方法をチェックしておく。

　停電時の電源確保の方法は，車のシガーライターソケットの直流DC12Vを家庭用電源の交流AC100Vへ変換するインバーター，デスクトップパソコンの電源確保に使われる無停電電源装置（UPS)，自家発電機などがある。

●演習課題
課題1：児童福祉法における行政上の措置を行うための重症心身障害の定義について説明してみよう。

課題2：医療ケアと医療的ケアの違いについて説明してみよう。

●参考文献
岡田喜篤監修『重症心身障害療育マニュアル』医歯薬出版，2015.

柊崎京子・荏原順子編著『介護福祉士養成課程・介護職等のための医療的ケア』建帛社，2015.

前田浩利・岡野恵里香編著『NICUから始める退院調整在宅ケアガイドブック』メディカ出版，2013.

田村正徳監修『在宅医療が必要な子どものための図解ケアテキストQ&A』メディカ出版，2017.

災害備蓄品マニュアル製作委員会ホームページ（https://home.bohsai.info/index.html).

第7章 特別な配慮を要する子どもの理解と支援

クラスの中には，障害のある子どもだけでなく保育を進める上で特別な配慮の必要な子どもも在籍している。例えば，低出生体重児などの障害となる危険性の高いハイリスクな子ども，虐待を受けた子ども，愛着障害のある子ども，気になる子どもなどである。また，登園しぶり，チックなど情緒的な問題のある子どもや日本語を母国語としない子どもなどもいる。いずれも園でのきめ細かな配慮が必要な子どもであることを念頭に，本章ではそれらの特徴や対応について学ぶ。

1 ハイリスクな子どもの理解と支援

（1）ハイリスクな子どもとは

　ハイリスクな子どもとは，何らかの障害を発症する可能性の高い子どもである。乳幼児期は発達の可塑性が高く，障害の早期発見・早期対応による早期支援を行うことによって，障害のリスクを最小限にとどめ，二次障害を防止することが期待できる。

　妊娠中，出生直後からのハイリスクな要因として，多胎や母体の精神疾患などがあげられ，その代表的なものに早期産[*1]，低出生体重[*2]などがある。

　障害なき救命をめざした近年の新生児医療の目覚ましい進展に伴って，少子化にもかかわらず低出生体重児は増加している（図7-1）。低出生体重児の出生率は，1990（平成2）年では日本国内の出生数約122万人のうち約6.3％を占めていたものが，2013（平成25）年では出生数約103万人のうち約9.6％を占めるようになった。低出生体重児より体重の軽い極低出生体重児，超低出生体重児の出生率も1990年（極低出生体重児：0.53％，超低出生体重児：0.19％）から2013年（極低出生体重児：0.77％，超低出生体重児：0.30％）にかけて上昇している。

*1 超早期産児は在胎週数24〜27週，早期産児は在胎週数37週未満である。

*2 低出生体重児は出生体重2,500g未満，極低出生体重児は出生体重1,500g未満，超低出生体重児は出生体重1,000g未満と定義される。低出生体重児は以前は未熟児と呼ばれていた。

89

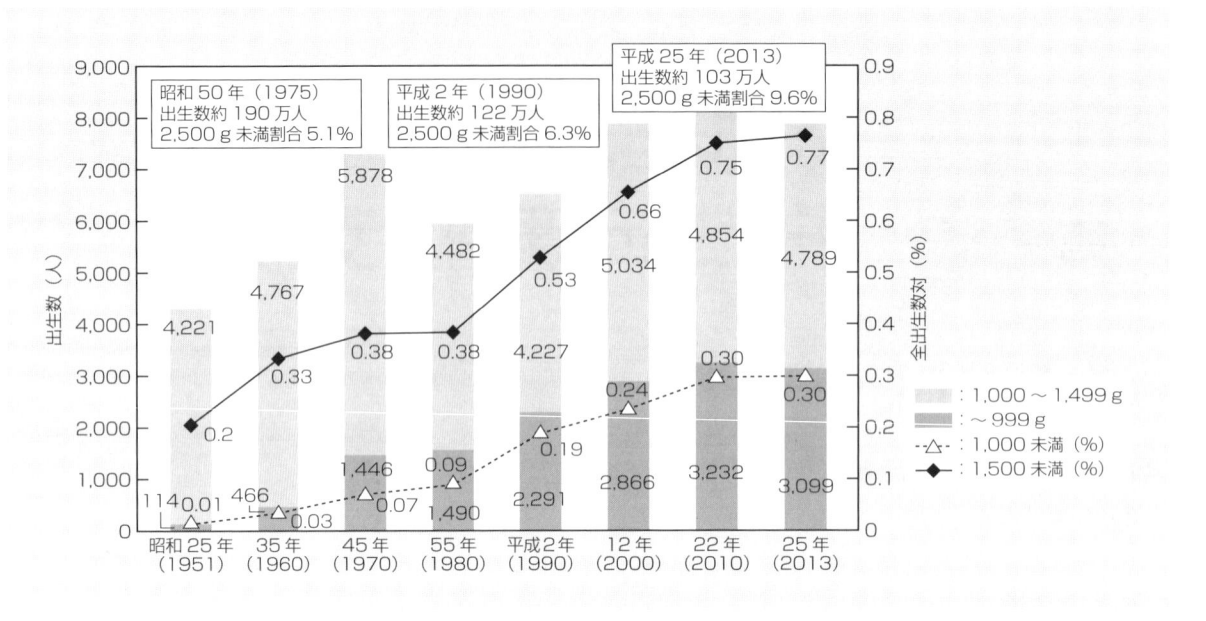

図7－1　低出生体重児の出生数，出生率の変化

出典）田村正徳「わが国が抱える喫緊の社会的課題」医学のあゆみ，vol.260（3），2017，p.202.

（2）乳幼児期の特徴

　　低出生体重児の多くは早期産でもあるが，合併症や疾患がなければその成長・発達はほぼ3歳頃には正期産児に追いつく。超低出生体重児も就学頃には追いつくとされているが，超低出生体重児では未熟児網膜症や子宮体内発育不全等の合併症を伴う場合が多く，その合併症が予後に及ぼす影響が大きいことから出生体重だけで予後を予測することはできない。

　　低出生体重児の認知発達の特徴として，知覚統合の弱さと言語の推論の弱さが指摘されてきた[1]。とりわけ超低出生体重児では視覚―運動回路に問題があり，それと関連の深い手と目の協応の遅れが幼児期の微細運動の遅れや不器用さに影響し，学齢期の学習障害や発達の遅れの一因となると考えられている[2]。乳幼児期にこうした特徴がある場合，療育や教育的な支援が必要である。

　　低出生体重児の発達は，保育場面では暦年齢ではなく出産予定日から起算した修正年齢によって発達を判断することが望ましい。修正年齢の算出では，出産予定日は妊娠40週目であるため，例えば妊娠32週で出生した早期産児が生後12週になると，暦年齢では12週であり，修正年齢は生後4週となる。

（3）幼稚園・保育所等での対応

　　低出生体重児は，出生当初から診断可能であるためにNICU退院後も病院の

1）松尾久枝他「超低出生体重児，極低出生体重児の6歳時の精神発達」小児の精神と神経，46，2006，pp.177-192.

2）武藤(松尾)久枝「第7章　実践現場における知能検査の意味」『児童心理学の進歩2014年版』金子書房，2014，pp.142-166.

定期健診や保健師活動など子どものニーズに応じた医療，療育，訓練等の早期療育を受ける場合が多い。また，NICUを退院した子どもを対象とした定期的な小集団等による育児支援活動も盛んになってきている。これらの早期介入は発達の可塑性の高い発達初期から行われるためにその効果が期待できる。

1）乳児期と幼児期前期の保育者の対応

超低出生体重児では，知的発達の遅れがない場合でも軽いまひや弱視，難聴などの合併症を示すことが多い。その場合，幼稚園・保育所等の生活では，身辺処理や社会性にはほとんど問題がないものの言語発達に遅れがみられ，発語が不明瞭であったり，話す内容にまとまりがなかったりする。また，集団への適応行動として，落ち着きや集中力のなさなどが問題となる場合がある。

2）幼児期後期の保育者の対応

順調に成長した低出生体重児も3歳以降の幼児期後期の集団生活になると，弱視，難聴，喘息などの病弱，言葉の遅れ，落ち着きのなさ，引っ込み思案等があり，それに伴って集団生活の適応が順調でないことがあげられる[3]。幼稚園・保育所等の20〜30名の通常クラス内で課題の取り組みや保育者の指示に対する注意力を持続させることが困難な場合であっても，5〜6名の小集団なら支援が可能となる場合が多い。そのため，保育者は子どもの発達に合わせた環境設定を行うことが重要である。発達の特徴から視覚能力や言語発達を促進するような支援が望ましい。

3）母親や家族に対する支援

低出生体重児は，出生時から長期入院など母子分離を経験することが多く，そのため本人への発達支援と併せて，母子関係の確立や母親への支援なども大切である。乳幼児期は家族にとって一番大変な時期であり，とりわけ1歳未満の育児は大変である。筆者が行った一連の追跡調査において，幼児期の低出生体重児（平均月齢51.9か月）をもつ母の1歳未満のサービスに対するニーズでは，「育児相談・カウンセリング（29.6%）」「定期的なフォロー体制（16.9%）」などに対する希望が高く[4]，また，同じ対象者に育児の心配事を聞いた結果，「食事量が増えない（28.0%）」「身長，体重が増えない（23.6%）」「体が弱い，病気がち（20.9%）」「過保護に育てすぎた（14.3%）」「育てるのに手がかかる（13.7%）」「健康に育つか心配（11.5%）」などが主であった[5]。

健康に成長した場合であっても2歳頃までは発達の遅れや障害に対する不安等の育児全般に関する不安があることから，幼稚園・保育所等に入所している場合，それぞれの子どもの発達に応じた育児相談を行うなどの個別の支援が必要である[6]。

3）武藤（松尾）久枝「低出生体重児研究の現状と課題」発達障害研究19（2），1997，pp. 135-145.

4）松尾久枝他「ハイリスク児をもつ母親の医療・社会資源へのニーズ」小児の精神と神経，33，1993，pp.53-60.

5）松尾久枝他「未熟児をもつ母親の育児の心配事と相談相手」小児の精神と神経，32，1993，pp.49-58.

6）松尾久枝他「極小未熟児のソーシャルサポートシステムの検討」小児の精神と神経，34，1994，pp.57-68.

2　虐待を受けた子どもの理解と支援

（1）児童虐待とは

　児童虐待件数は，年々増加の一途をたどり，全国の児童相談所が2016（平成28）年度に対応した児童虐待の件数は12万件を突破した。児童虐待の定義は「児童虐待の防止等に関する法律」第2条に，「この法律において，「児童虐待」とは，保護者（親権を行う者，未成年後見人その他の者で，児童を現に監護するものをいう。以下同じ。）がその監護する児童（18歳に満たない者をいう。以下同じ。）について行う次に掲げる行為をいう」とある。その行為としては，身体的虐待，性的虐待，ネグレクト，心理的虐待が掲げられている。ネグレクトについては，放置や著しい減食のみならず，保護者以外の同居人による虐待行為を放置した保護者の行為もネグレクトとしている。また，子どもの同居する家庭での保護者の配偶者によるDV*3も，心理的虐待としている。ただし，筆者の経験によれば，児童虐待の防止や問題解決を目的とした場合では，その原因や対応からみた型（例：乳幼児の育児ノイローゼ型，子育て未成熟型，しつけ・折檻型，生活破綻型，精神疾患型など）による分類が適当であると考える。この型によって対応する機関や対応方法，防止施策は異なる。

（2）虐待の早期発見ポイント

　虐待が重篤な状態に至る前に，早期に発見することは，生命に関わる場合もあるため重要である。保育者は，児童虐待を発見しやすい立場にあることから，児童虐待を早期に発見し，その役割を果たさなければならない。

　子どもの身近にいる保育者は，子どもの心身の状態を把握しやすい。子どもの身体に不自然なけがなどの異常がみられたり，不自然な態度がみられたときには，「虐待かも知れない」と疑ってみることが必要である。また，保護者の言動に不自然さが認められる場合も，注意が必要である。不自然さとは，遊んでいてけがをするような部位でない所の傷や繰り返される傷，保護者や本人からの不自然な説明，無表情であったり落ち着きなく周囲をうかがうような子どもの表情，異常に空腹を示し大量に食べる行動，保護者が迎えに現れると急に落ち着きがなくなる様子，初めての人物であっても非常になれなれしい態度を示

＊3　DV

　ドメスティックバイオレンス。配偶者や恋人などからの暴力を指す。女性から男性への場合もある。配偶者からの暴力を防止するとともに，被害者の保護や自立を支援するために，「配偶者からの暴力の防止及び被害者の保護等に関する法律」が定められている。児童の前でのDVは心理的虐待にあたるとされている。

すなど，不自然な傷，不自然な説明，不自然な表情，不自然な対人行動がみられたときは要注意である。登園時や食事時間，お昼寝，おむつ替えや着替えの時間，遊びの時間，お迎え時など，子どもや保護者の様子を観察することが必要である。また，連絡帳などを通じての保護者からの相談は，保護者からのSOSである場合もあるので，子どもの安全を確保しつつ丁寧に対応することが，虐待の抑止につながる。

（3）虐待によって起こる障害

1）身体的虐待の後遺症と乳幼児揺さぶられ症候群（SBS）

身体的虐待があると，痣や傷，火傷，骨折などが生じるが，重篤の場合は死に至らないまでも後遺症が残ることが多い。首を絞められたり，溺れさせられたり，頭を強く打った場合には，脳障害が起き，意識不明で寝たきりの状態が続いたり，後遺症として運動障害や知的発達症を発症する場合もある。

乳幼児に多いのが，強く揺さぶられたことによって起こる「乳幼児揺さぶられ症候群（shaken baby syndrome：SBS）」である。乳幼児は，頭部が比較的大きく，頸部の筋肉が弱いことや脳のクモ膜下腔が大きく脳表面の血管構築も弱いことから，強く揺さぶられることにより，脳に硬膜下血腫が生じる。診断としては，頭部表面に明らかな損傷がないにもかかわらず，眼底出血・硬膜下血腫・脳浮腫の所見があれば，SBSが疑われる。「高い高い」とあやすような行為やベビーカー・車載用ベビーチェアでの移動で振動を受けた程度では発生せず，脇をつかんで前後に強く揺さぶるような行為をした場合に起こりやすい。泣き止まないのに腹を立て，泣き止ませようと強く揺さぶられた場合に起こることが多い。一時的に泣き止んで静かになるため，静かにさせるための方法として繰り返されることもあるが，失神状態になっているにすぎず，危険な行為である。硬膜下血腫が大きく，浮腫が起きて脳が圧迫されると，脳に障害が起き重篤な後遺症や死に至る場合もある。

2）愛着の問題

乳幼児期に虐待を受けるなど，生後数年間に適切な養育がなされず，十分な愛着*4の形成がなされないと，愛着の問題が生じる。DSM-5では，「反応性アタッチメント障害」と「脱抑制型対人交流障害」に分類される。反応性アタッチメント障害では，養育者に対して反応が薄く，安心や助けを求める行動を最小限しか示さない。脱抑制型対人交流障害では，初対面の人に対してもなれなれしい行動を示す。

愛着に問題がある子どもは，欲求不満に対して自制が利かず反抗的・反社会的になること，共感性の乏しさから友達ができないこと，よく知らない人物に

*4　愛着
　親子の心理的絆の基となる愛着関係は，子ども側の吸う・しがみつく・後を追う・泣く・微笑むなどの愛着要求（attachment）と，愛着の対象である養育者（主に母親）の情緒反応性（bondingまたはmaternal attachment）が呼応して形成される（Bowlby, 1969）。

甘える一方で自分を愛そうとする人物に抵抗すること，暴食や偏食，良心の育ちが不十分なこと，低い自己肯定感など，発達上の問題が生じやすい。保育場面で，子どもにこのような行動がみられた場合は，保育者は愛着の問題を疑い，背景に虐待の可能性も考える必要がある。

3）解離性障害

人は，虐待など強い苦痛や葛藤のある場面に接すると，その体験に関する意識の統合が失われ，苦痛を受けているのは本当の自分ではないと意識したり，自分が誰で，何処にいるかなどの認識が意識から切り離されてしまうことがある。これを「解離性障害（Dissociative Disorders）」といい，虐待を受けた子どもにみられる場合がある。解離性障害には，身体症状への転換，解離性健忘，離人症性障害，解離性同一性障害など，いくつかの症状がある。身体症状への転換は，葛藤や苦痛を意識から切り離せない場合に，体の痛みや機能障害に転換される。身体的な異常がないにもかかわらず，歩けなくなったり，聞こえなくなったりする。意図的に嘘を言っているわけではないが，周囲の関心や同情を引くという疾病利得*5がある。解離性健忘は，強い苦痛により，それに関する記憶の想起ができなくなる。離人症性障害は，意識が自分から離れ，遠くから見ているように感じる。自分の体も自分のものでないかのように感じられる。解離性同一性障害は，いわゆる多重人格と呼ばれる状態で，複数の区別された人格が一人の中に独立して存在する状態を指す。通常，元の主人格は，他の人格の言動を知らず，自分の言動に記憶の空白が生じる。

虐待を受けた子どもの中には，時々記憶が途切れる場合があるが，これは解離性障害が疑われる。このような子どもに対しては，虐待から保護し，安全・安心を感じられる生活環境を確保して，精神的な健康回復を図ることが必要であり，子どもが施設等に保護されずに在宅指導されているような場合には，園が安全・安心の場となるように配慮しなければならない。また，このような子どもには，薬物療法や心理療法が必要な場合もあり，専門機関の助言を得ながら対応することが望ましい。しかし，保護者が虐待者であった場合には，専門機関の助言を受けることについての保護者からの了解を得ることが困難な場合も多く，その場合は，児童相談所や市町村児童虐待担当課と連携して対応することが必要である。

4）障害のある子どもと虐待

保護者からの様々な虐待によって子どもに障害が生じる場合もあるが，その他には，障害のある子どもが虐待を受ける場合もある。例えば，保護者が子どもの知的発達症を正しく認められず「子どもの将来のため」と称して子どもに能力以上の課題を出し，できないと体罰等を課すなど，結果として虐待に至る

*5　疾病利得
患者が病気等により得られる心理的・社会的・経済的利益を指す。病気になることによって，周囲からの心配や優しい看護を得られたり，嫌な場面を回避できるなどの利益が得られるために，本人が意識せずに病気の症状を生み出す場合がある。

場合がある。また，発達障害の子どもでは，保護者はその子どもの言動の特徴が理解できないために，「社会生活ができるようになるため」として体罰等を伴った厳しいしつけをする場合がある。子どもは，その厳しさから逃げようと，家出等の回避行動を行う場合があるが，保護者は子どもの家出等の行動をやめさせようとさらに厳しく体罰等で叱るようになる。その結果，子どもは叱られるのを避けようと，さらに家出を繰り返すようになる。その家出の過程で万引きをはじめとする様々な非行を行うこともある。家出も含めてこれらを虐待回避型非行という。保護者は，この非行をやめさせようとさらなる体罰等を加えることもあり，この「しつけ・折檻型虐待」はエスカレートして悪循環となる場合が多い。保育者は，障害のある子どもと虐待が結びつきやすいことに留意し，障害のある子どもを育てる保護者の悩みを受け止める必要がある。

（4）保育者の役割

1）虐待が疑われたら

① 通　告：幼稚園・保育所等において，虐待が疑われたら，保育者はすぐに同僚や上司に相談し，組織として通告するかを決定する必要がある。すぐに対応できるよう事前に相談・通告する体制をつくっておくことが望ましい。情報伝達の遅れから重篤な状態に至る事例もあり，迅速な対応ができる体制が必要である。

　通告先は，2004（平成16）年の児童福祉法の改正により，第一義的には市町村の児童虐待対応担当課（子ども課・児童福祉課など）となったが，緊急に保護が必要と考えられるような場合には，児童相談所にも通告する。通告先は要保護児童対策地域協議会のメンバーで守秘義務が法律に規定されており，保護者の了解を得る必要はない。通告は電話等で連絡し，後で文書通告するという方法でよい。通告内容は，子どもの状態，なぜ虐待を疑ったか，これまでの対応，家族の名前や住所，自分の連絡先など具体的な内容でなければならない。また，保育者は普段から子どもの写真や絵を保管するだけでなく，保育場面での記録等を残しておく必要がある。

　通告は，夜間・休日等の時間外でも受け付けられるが，平日はできる限り午前中にすることが望ましい。通告を受けた児童虐待対応担当者が，幼稚園・保育所等を訪問し保育者や子どもから聞き取りを行う時間が必要であることや，保護が必要な場合に児童相談所が保護先を手配する時間が必要であることに加え，帰宅時間になり保護者が迎えに来た状態では，子どもの安全を確保しにくい。子どもが帰宅してしまえば，家庭での虐待が続き，重大な事態にもなりかねない。虐待を受けている子どもであっても，

　　保護者から離れることを嫌がる場合が多く，子どもの説得に時間を要する場合もある。子どもを安心させるために，担任の役割は大きい。

② **保護者対応**：保護者との面談は，市町村の児童虐待対応担当者や児童相談所職員が，別の場所に子どもを移して安全を確保した状態で行う。状況によっては，市町村や児童相談所の判断により，幼稚園・保育所等の職員のみで保護者と面談することとなる場合もある。その場合の聞くべきこと，伝えるべきことは，市町村や児童相談所からの指示に従うこととなるが，保育者は「こういうこと（けが等）があると，市町村や児童相談所に報告しなければならないことになっています」というメッセージを，保護者にきちんと伝える必要がある。

2）幼稚園・保育所等での見守り

　虐待が疑われて通報した後，市町村・児童相談所等の協議を経て，子どもの保護が必要ないと判断された場合には，子どもを保護者に引き渡し，幼稚園・保育所等がその後の見守りを行うこととなる。この見守りとは，保育者など，家庭や子どもの状況を把握しやすい立場にある者が，保護者への指導や支援，子どもへの支援を行うことをいう。緊急保護の必要性等，緊急性の判断は，児童相談所等を交えた協議により判断すべきであり，幼稚園・保育所等のみで判断してはならない。また，家庭から離して一時保護や施設入所をした場合でも，児童相談所等による保護者への指導が進んだ段階で，幼稚園・保育所等による見守りと児童相談所等の指導継続を条件に家庭復帰させる場合がある。

　保育者が行う具体的な見守りとしては，まず，子どもと触れ合う機会を増やし，安心して何でも話ができる関係を構築し，幼稚園・保育所等の職員全員が連携して情報共有することが重要である。子どもの身体的な変化や異常に加え，言動等，心理的状態を十分に観察し記録するとともに，要保護児童対策地域協議会事務局に逐次報告する。特に状況に変化があった場合は，その旨を正確に伝えることが大切である。また，保護者は，子どもを虐待した後に風邪や発熱等の理由をつけて，子どもを欠席させることがある。祝祭日の休み明け，月曜日等の欠席は注意が必要である。欠席した場合は，市町村の要保護児童対策地域協議会と相談し，その日の内に家庭訪問等で子どもを直接目視確認することが望ましい。家庭訪問は，幼稚園・保育所等の担任が何かを届けるような形で行う場合もあるが，保健師や家庭相談員等，保護者と関係がとれている者が訪問の役割を担う場合もあり，事前に要保護児童対策地域協議会のケース会議において役割分担を決めておくこととなっている。緊急に一時保護が行われる場合もあるが，幼稚園・保育所等は，安全な保護に協力しなければならない。

3）保護者への支援

　保護者については，保育者が相談しやすい関係を構築して，会って話す機会を意識的に増やし，保護者の様子を観察する。基本的な保護者への対応姿勢としては，決して非難をせず，保護者を支援する立場をとる。保護者の家庭生活や子育ての悩み等を理解し受け止めることで，虐待の防止につながっていくことも多い。また，保育者から保護者への子育て情報の提供をはじめ，教育的な相談活動も有意義である。もちろん，保護者との関係よりも，子どもの安全が優先することはいうまでもない。さらに，家庭や学校にきょうだいがいる場合には，そのきょうだいも虐待を受けている場合があるので，保育者は，その状態についても配慮が必要である。

（5）集団における障害理解

　虐待を受けた子どもは，重篤な愛着の障害や解離性障害に至らなくても，対人関係において特有な言動やトラブルを起こすことがある。例えば，周囲に対する嘘や威圧的または攻撃的で乱暴な言動，けんかやいじめ，小動物をいじめるなどの行動があり，周囲の子どもから非難や不満が出る場合もある。また，保育者に過度に甘えて離れたがらない子どももいる。

　加えて，虐待とまでいえなくても，家庭環境等を背景として，乱暴な子どもや意地悪をする子ども，嘘を言う子ども，強い母子分離不安を示す子どもなど，保育の場面ではよく見かけられることである。こうした問題には，本人だけでなく周囲の子ども達も含め，一つ一つ時間をかけて適切に取り組む必要があり，保育の場がすべての子どもにとって安心できる発達の場となるような工夫が保育者に求められる。虐待や家庭環境等を背景とした問題行動についての周囲の理解は簡単ではないが，個別の問題行動の解消を集団の育ちの中で実現していくことは，保育者の重要な技術である。

　また，虐待を受けた子どもは自己肯定感が低い傾向があるため，特に自己肯定感を高める働きかけが重要である。虐待を受けている子どもは，保護者からの愛情や肯定的評価を受けることが少ない場合が多いので，保育者は，子どもが「自分は愛されている」「自分は生きている価値がある」と感じられるような関わりの工夫が望まれる。自己肯定感を高める活動が，虐待を受けた子どもだけでなく周囲の子ども達にも重要であることはいうまでもない。

　愛着の障害や解離性障害のある子どもについては，子どもに関わっている専門機関に相談して，周囲の子ども達との関係調整を行っていくとよい。

3　気になる子どもの理解と支援

（1）気になる子どもとは

　「気になる子ども」という障害名は，医学的にはない。しかし「気になる子ども」と保育者が感じ「特別な配慮が必要」と考える子どもは数多くいる。長年にわたる保育経験の中で培われた直感から生じた，子どもに対する理解であり，障害名の有無にかかわらず，よりきめ細かな対応が必要となる。具体的には，確定診断を受けていないが発達障害が疑われる子ども，不適切な養育環境が大きな要因となって不適応行動を示す子どもなどが該当する。

（2）発達障害の疑われる子ども

　保育の中で，いろいろなことができるようになる時期が少しずつ遅れる子どもや，集団行動が苦手な子ども，友達とのトラブルが頻繁に生じる子ども達である。保育者はこうした子どもを理解するとき，障害のためであるのか，家庭での育ち方や保育者の対応のためであるのかと迷う。

　こうした子どもの多くは，専門の医療機関を受診すれば，何らかの発達障害とその関連の診断名が付けられたり，診断基準を満たすほど甚だしい行動特徴は示さないが，発達上の歪みが指摘されたりする。

　支援の基本は，保育者が気になる行動を厳しく指導・叱責するのではなく，子どものつまずきを発見し，支えていくことにより，子どもが安心して楽しい園生活を送れるよう，きめ細かに配慮することである。具体的には第5章に詳しく述べられている自閉スペクトラム症，注意欠如・多動症，学習障害の子どもに準じた配慮をすることになる。

（3）養育環境の要因が強い子ども

1）分 離 不 安

　入園当初，母親（養育者）と離れるのを嫌がって泣くことは，さほど問題ではない。通常，数日で解消し，子どもたちは園で楽しく生活するようになる。しかし，母親との分離がこのように順調には進まない場合がある。

　①　好ましくない対応例：こうした状況で母親の取る好ましくない対応例を
　　　2点あげる。
　　　　・泣いて母親にしがみつく子どもを「いつまで泣いているの。友達と遊びなさい」とにらみつけ，強い声で叱って，無理やり離れさせる。

・一緒に教室に入り，子どもが園内の活動に楽しく参加しているとき
に，こっそりと教室を抜け出してしまう。

② **子どもの理解**：子どもが母親と離れられないのは，園内に安心できる場所や，母親の代わりとなる親しい大人がいなかったり，母親と離れると母親の愛を失い，捨てられてしまうのではないかという，漠然とした不安をもっていたりする場合が多いからである。対応の基本は親子の安定した関係を形成することである。上にあげた対応は，親子の安定した関係形成とは逆行してしまうのである。

子どもが母親と離れて安心して過ごせるのは，園には母親に代わって困ったときに助けてくれる保育者がいること，離れていてもやさしい母親の姿が子どもの心の中にあること，家に帰れば母親が優しく包んでくれることなどが，子どもの心の中に確固として根付いているからである。

③ **保育者と保護者の対応**：具体的な対応方法としては，以下のようなものがあげられる。

・家庭では母親と子どもが楽しい時間を過ごし，安定した関係を築く。
・別れなければならない場所では，母親を感じることができる物をお守りとして子どもに持たせる。
・母親に代わって助けてくれる保育者との関係を形成する。
・別れるときは，母親はにっこりとほほ笑んで子どもと別れる。
・親子の再会時には，まず強く抱きしめる。

多くの場合には，このような対応で問題は解消する。しかし，このような対応をしても改善せず，問題がこじれてしまう場合もある。子どもの側に発達の歪みがあり，園の雰囲気に安心して溶け込めない場合や親子関係に微妙な問題が認められる場合などである。

例えば，症状が長期化すると，母親には「いつまでこんな状態が続くのか」との不安や焦りにとらわれてしまう。前述の対応方法を長期間続けても，心は子どもと離れてしまっているのである。また，母親の心の中に，自分から離れて子どもが一人で過ごすことへの不安が隠れていることもある。こうした場合，母親にはカウンセリング等の個別対応が必要である。

2）登園しぶり

園に行くのを嫌がる子ども達がいる。登園しぶりの状況は多様である。

① **登園しぶりの状況**：典型例としては以下のものがあげられる。

・入園当初から園になじめずに，登園できない日が増加してしまう。
・朝の登園時に泣いたり，ぐずぐず言ったりするが，園に来てしまえば，楽しく過ごすことができる。

・元気に登園し，楽しい園での生活を送ることができたが，ある時期から，登園を嫌がるようになってしまう。

・新学期，運動会の時期，お誕生会など特定の時期や行事のときだけ行くのを嫌がる。

② 　**登園しぶりの背景**：登園しぶりの背景をあげたものが表7−1である。ここに示す様々な背景は必ずしも単独ではなく，多くの要素が複合的・重層的に重なり登園しぶりを形成している場合が多い。

③ 　**登園しぶりへの対応**：表7−1のⒶのように，ある出来事がきっかけであったり，子ども自身が理由を言語化することで原因が明らかであったりする場合がある。この場合，原因を取り除くことが対応の第一歩である。

　しかし，単純な場合を除き，子どもの訴えを聴き，原因を取り除いても，問題は解決しない。子ども自身が常に自分の状況について客観的に把握でき，適切に説明できるわけではないからである。

　次に，Ⓑ〜Ⓔの可能性を考慮しながら，保護者と話し合い，登園しぶりの背景を理解していく。保護者との話し合いがうまく進むと，保護者に家庭内の問題や，自分自身の子育てのあり方についての気づきが生じ，登園しぶりは改善に向かう。

④ 　**登園しぶりの回復**：登園に至るプロセスとしては以下の例があげられる。

・登園させようとするすべての努力を一時的に中止する。

表7−1　登園しぶりの背景

Ⓐ　**園での生活の中に嫌なことがあったりなじめなかったりする。**
給食が嫌い，特定の活動が苦手，友達から意地悪をされた，保育者に叱られた，元気な子に圧倒され落ち着いて遊べない，遊びたい玩具が使えない　等
Ⓑ　**家庭のほうが楽しいことがたくさんある。**
お母さんと遊んでいたほうが楽しい，テレビをずっと見ていたい，自分の玩具で遊んでいたい　等
Ⓒ　**家庭内に不安定な要素があり，安心して休めない。**
父と母とが不仲である，経済的な問題が家庭内に大きな影響を与えている，家庭内の大切な人が重篤な病気である　等
Ⓓ　**不適切な養育により，安定した親子関係が形成されておらず，子どもが情緒的に安定していない。**
過度の甘やかし，放任，厳格すぎるしつけ，養育方針の不一致，一貫性の欠如等
Ⓔ　**子ども自身に発達の歪みが認められる。**
軽度の自閉スペクトラム症，注意欠如・多動症　等

・無理をさせず，家庭の中で安心でき，楽しく過ごせる状態を用意する。

・子どもは家の中で保護者に甘え，安心して過ごす。

・外に向けての活動の意欲が徐々に高まってくる。

・子どもの活動したい気持ちに応じてふさわしい環境を整えると，それにより徐々に活動範囲が広がり，園にも気持ちが向かうようになる。

・子どもの登園しやすい時間帯に登園することを認め，好きな場所で過ごし，好きな活動のみ参加をすることを認める。

・友達と過ごす楽しみを経験し，クラスで活動できる時間が増加する。

　子どもが回復する過程は，保護者にとっての精神的なストレスも大きく，そのため保育者は保護者への継続的な支援が必要である。

（4）チック・緘黙

1）チ ッ ク

① **特徴と診断基準**：園には瞼（まぶた）をぴくぴくさせたり，クンクンと声を出したりする奇妙な癖をもつ子どもがいる。こうした症状をチックという。DSM-5では「チックとは突発的，急速，反復性，非律動性の運動または発声である」と定義されている。その症状は運動性チックと音声チックの2種類に分けられている（表7-2）。

　DSM-5では，多彩な運動チックと音声チックが1年以上続く場合をトゥーレット症，運動性チック・音声チックの一方が1年以上持続する場合を持続性（慢性）運動チック症または持続性（慢性）音声チック症，どちらかが1年以内に収まる場合を暫定的チック症としている。

　チック症の本人が，「体がムズムズしたりそわそわしたりして我慢がで

表7-2　チックの症状

運動性チック	・目をパチパチさせる。 ・鼻をピクピクさせる。 ・首を振る。 ・腕を振る。 ・口を大きく開けたり横に曲げたりする。 ・その他
音声チック	・鼻をクンクンと鳴らす。 ・咳払いを何度もする。 ・「アッ・アッ」や「オッ・オッ」などの音を繰り返す。 ・「バカ」等の汚い言葉や卑猥な言葉を何度も言う。 ・その他

出典）日本精神神経学会（日本語版用語監修），高橋三郎・大野裕（監訳）『DSM-5 精神疾患の診断・統計マニュアル』医学書院，2014，p.239をもとに筆者作成.

きなくなる。症状を出すと一旦はすっきりする」などと言語化する場合がある。鼻先がかゆいときにしばらくは搔（か）くことを我慢できるように，チックはごく短時間なら我慢できる。わざとしているのではないことは知っておく必要がある。

② 　発症年齢と原因：発症の年齢は18歳以下と定義され，小学校入学前後をピークに４〜11歳頃が多い。青年期以降になるとチックそのものは軽快するが，チックへの対応が不適切な場合，社会への積極的な参加を躊躇（ちゅうちょ）する問題が生ずるようになる。緊張場面やストレス場面で起きやすく，以前は心理的問題と考えられていたが，現在では脳の中の運動の調整に関わる大脳基底核[*6]の機能の問題という説が有力である。

　　チック症状とともに，爪かみ・抜毛などの癖，友達との間のトラブルなどを併発することもある。チック症状は「物事の細部にこだわり，先に進めない」「気が散りやすく，一つのことにじっくりと取り組めない」などの行動特徴を示す子どもに比較的多くみられる。

③ 　園での対応：安心して充実した園生活を送れるように配慮することが原則である。そのために，チックそのものは子どもの属性として認めてしまう。「みっともないので，早く治さなければならない」という姿勢は厳禁である。症状が頻発するときは，「子どもに過度の精神的な負担がかかっている可能性がある」と考え，負担の軽減を図る。いじめや仲間外れの対象とならないように，クラス全体の仲間づくりに留意する。園や家庭で気持ちよく過ごし，子どもの心身の育ちを促す働きかけを続けていく。

2）選択性緘黙

① 　特徴と診断基準：言語を理解したり話したりする能力に大きな問題がないのに，園など特定の場所で言葉を話すことができない状態のことを選択性緘黙（かんもく）という。DSM-5における診断基準では，「他の状況で話しているにもかかわらず，話すことが期待されている特定の社会的状況（例：学校）において，話すことが一貫してできない」とされている。家庭では普通に会話ができるため，保護者は深刻にとらえていないこともある。園においては，頻繁にトラブルを起こすことはなく「おとなしい子ども，恥ずかしがり屋で無口な子ども」という理解のまま過ぎてしまう場合もある。

② 　発症年齢と原因：発生率はDSM-5では0.03〜0.71%とされ，男性より女性の方が多い。２〜５歳までに発症するが，小学校入学後に医療機関を受診し確定診断が行われることが多い。病因は明らかでなく，不安になりやすい気質，発達的な問題，引っ越しなどの環境的な要因，バイリンガル[*7]などの要因が複合的に関係すると考えられている。背景要因に受動型の自

＊6　大脳基底核
　大脳基底核とは，大脳皮質と視床・脳幹を結び付けている神経核の集まりである。運動の調節，認知機能，感情，学習など各種機能に関与している。

＊7　バイリンガル
　二言語を併用すること，二言語で併用する人をいう。

102

表7－3　観察の視点と具体的な行動例

観察の視点	子どもの示す行動の例
場所や場面	家では話すが，外では話さない
応対者・周囲の人	家族だけとは話すが，周囲に知った人がいると話さない。
表現内容	本の音読，正答の明らかな回答はするが，気持ちは話さない。
表現手段	わずかな視線，手や指の動き，文字，首を振る等。

閉スペクトラム症[*8]，学習障害などが隠れている場合もある。

「おとなしいだけ」「家庭の愛情不足」「甘やかしすぎ」「しつけができていない」「わがままで強情」「わざと話をしない」「そのうちに話すようになる」などと誤った理解がなされる場合もあるので注意が必要である。

③　園での対応：園における対応の原則は，子どもを温かく見守り，無理に話をさせようとせず，子どもの可能な表現手段を活用したコミュニケーションを継続することである。そのためには，子どもの表現能力を詳細に理解しておくことが必要である。そのための視点を表7-3に示す。

このように，どのような場面で，どのような内容を，どのように表現できるかといった，コミュニケーション能力の具体的な把握が重要である。

子どもにとって肯定的で無理のないコミュニケーションを続ける中で，初期には固まっていた子どもの表情が少しずつ緩（ゆる）み，小さな視線の動きで気持ちを表現できるようになる。表情やしぐさで気持ちを伝えられるようになり，そこに小声ではあっても音声が加わってくるなどの変化がみられるようになる。

4　母語の問題で特別な教育ニーズのある子ども

（1）日本語指導が必要な子どもの増加

2016（平成28）年12月現在，わが国の在留外国人数は約290万人（197の国・地域）となり，過去最高を更新した[7] [*9]。その増加に伴い外国人児童・生徒等[*10]も増加し，公立の小・中・高校等に在籍の日本語指導が必要な外国人児童・生徒数は3万4,335人となっている（1993年の同在籍数10,450人に比べ3.3倍に増加）。これに加えて日本国籍であっても，帰国子女や国際結婚家庭等の理由によって日本語指導が必要な児童・生徒数（9,612人）を合わせると，日本語指導が必要な児童・生徒数は4万3,947人となる（表7－4）。

また，彼らの在籍する地域分布については，都道府県別の在籍者数の上位6

*8　自閉スペクトラム症

自閉スペクトラム症は孤立型，受動型，積極奇異型の3つのタイプに分けることができる。そのうち，受動型は，集団内で人との交流を嫌がるわけではないが，積極的に関わりを求めないタイプである。誘われれば素直に従うため，周囲とのトラブルは少ない。しかし，命じられれば悪いことにも従ってしまう等の問題も生ずる。

7）法務省，在留外国人統計（旧登録外国人統計），2017

*9　国籍別では中国が最多で34.5万人（外国人労働者全体の31.8％）。ベトナム：17.2万人（15.9％），フィリピン：12.8万人（11.8％），ブラジル：10.7万人（9.8％）と続く。

*10　外国籍の児童生徒に加え，日本国籍だが，両親のいずれかが外国籍である等の外国につながる児童生徒を合わせて「外国人児童生徒等」としている。

表7－4　日本語指導が必要な児童・生徒数（国籍・母語・都道府県別）　　　（単位：人）

国籍	外国籍						日本国籍	外国籍日本国籍合計
母語／都道府県	ポルトガル語	中国語	フィリピン語	スペイン語	英語	外国籍総計		
愛知	3,223	881	1,606	833	124	7,277	1,998	9,275
神奈川	327	1,215	648	516	138	3,947	1,202	5,149
東京	25	1,512	427	46	172	2,932	1,085	4,017
大阪	53	1,334	209	86	30	2,275	755	3,030
静岡	1,344	142	630	349	18	2,673	337	3,010
三重	848	83	331	490	22	2,058	299	2,357
全国総計	8,779	8,204	6,283	3,600	982	34,335	9,612	43,947

出典）文部科学省「日本語指導が必要な児童生徒の受入状況等に関する調査（平成28年度）」をもとに作成.

都府県（愛知，神奈川，東京，大阪，静岡，三重）の合計が日本国内全体の61.1％を占めており，特定地域へ集中している（表7－4）。

（2）乳幼児期の対応

8）日本保育協会「保育の国際化に関する調査研究報告書―平成20年度―」2009.

就学前については日本保育協会の報告が参考となる[8]。保育所に入所している外国人児童数を把握している自治体は約半数以下であるため，全体の傾向を捉えることは難しいが，把握している外国人児童数（67か国・1万1,551人）を国籍別にみると図7－2のようになる。ブラジル：4,322人（1999年調査：2位3,322人），中国・台湾・マカオ：2,091人（同1位：4,115人），ペルー：1,207人（同5位1,043人），フィリピン：919人（同4位1,105人）の順である。

2017（平成29）年改訂（定）の幼稚園教育要領，保育所保育指針，幼保連携型認定こども園教育・保育要領には，表7－5のような文言が盛り込まれ，日本語指導が必要な子どもへの指導・支援について，個々の実態・状況に応じた指導・支援の必要性が明文化された。

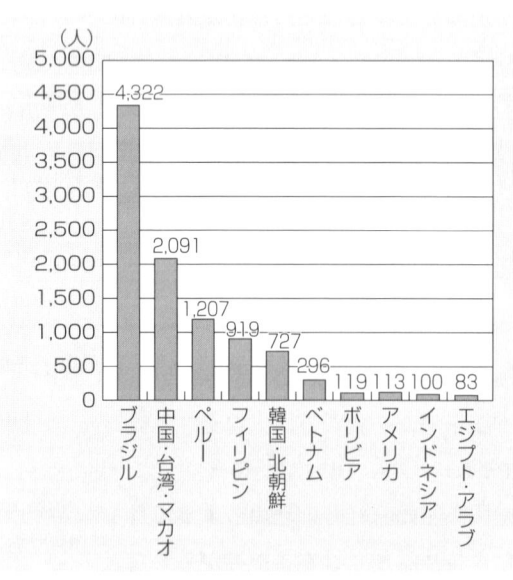

図7－2　国籍別・入所児童数グラフ

出典）日本保育協会「保育の国際化に関する調査研究報告書―平成20年度―」2009, p.9.

表7−5　日本語指導が必要な子どもへの配慮

- ●海外から帰国した幼児や生活に必要な日本語の習得に困難のある幼児については，安心して自己を発揮できるよう配慮するなど個々の幼児の実態に応じ，指導内容や指導方法の工夫を組織的かつ計画的に行うものとする。（「幼稚園教育要領」および「幼保連携型認定こども園教育・保育要領」より。後者では「幼児」は「園児」となる）
- ●外国籍家庭など，特別な配慮を必要とする家庭の場合には，状況等に応じて個別の支援を行うよう努めること。（「保育所保育指針」および「幼保連携型認定こども園教育・保育要領」より）

（3）日本語指導が必要な子どもへの教育支援

　日本保育協会の2008（平成20）年度の報告書[8]では，各地方自治体に「外国人保育についてのガイドライン」の有無を尋ねている。103自治体の内，存在するのは2自治体（大阪市，東大阪市）であった。

　2011（平成23）年，文部科学省は外国人児童・生徒を受け入れる学校・地方公共団体等の体制整備のために必要な情報・知見の提供の観点から，「外国人児童生徒受入れの手引き」[9]の作成・配布を始めた。具体的な取り組みの指針を明示し，支援の継続性を確保し，担当者同士の協力・連携を強化することにより，外国人児童・生徒教育の一層の充実を図ることが目的とされている。

　2016（平成28）年，愛知県では，小学校入学を控えた外国人の5歳児および保護者を対象に，学校生活への早期適応を目的とした子ども向け学習教材[10]と，日本の教育制度等を解説した保護者向け冊子[11]とを多言語（ポルトガル語，中国語，フィリピン語，スペイン語，英語）で作成した。保護者向け冊子は，外国人の子ども達がスムーズに入学できるようにすることを目的として作成され，学区や授業料，各教科，年間行事の説明等で構成されている。特に「家庭の役割」として，外国につながりのある子どもは，母語と日本語，両方の中で育つこと，母語を十分に習得している子どもは日本語を覚えるのも早いこと，家庭では母語の力を伸ばす働きかけが必要なこと，誰とどの言葉を使うかを決めて複数の言語が混ざり合わないようにすること，の4点が記されている。

　また，日本語指導を必要とする子どもへ向け，「外国につながる子どもたちのための教材」がウェブサイトで提供（児童用と指導者用）[12]され，例えば算数を学びながら最低限の日本語を学べるように工夫されている。

（4）幼稚園・保育所等での対応

　日本語を母語としなかったり，保護者の国際結婚等で家庭内の言語が日本語以外で育った子どもに対しては幼稚園・保育所等では特別な対応が必要となっ

9）文部科学省初等中等教育局国際教育課『外国人児童生徒受入れの手引き』2011.

10）愛知県県民生活部社会活動推進課多文化共生推進室『たのしい1年生』2016.

11）愛知県県民生活部社会活動推進課多文化共生推進室『1年生になるまえに　小学校入学への手引』2016.

12）東京外国語大学多言語・多文化教育研究センター『在日ブラジル人児童のための算数教材』2007.

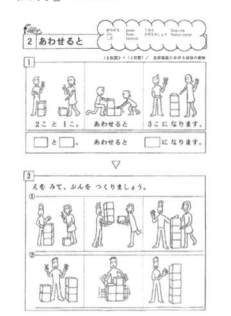

てくる。特別な教育ニーズのある幼児の生活上の困難や幼稚園・保育所等における支援について，言語や生活面，情緒的問題や障害等から取り上げる。

1）言語面，生活面の困難や支援

幼児期では生活に支障のない日常会話程度のコミュニケーション能力が求められるが，小学校入学後では学習に必要な思考による言語習得が求められる。したがって，日本語を母語としない子どもは，幼児期に問題がないとされていても就学後に日本語指導が必要として対応されることが多い。そのため幼児期においても特別な支援が必要ではないかと平[13]は指摘している。

① **日常会話の習得への支援**：文法の習得が不完全である場合が多いので，保育者は，子どもの発話に対して適切な助詞や形容詞を補う，正しい発音でフィードバックするなどの支援を行う。また，園において子どもがコミュニケーションを取りたくなるような環境設定を心がける。

② **小学校以降の学習を視野に入れた支援**：子どもの習得語彙が少ない場合の対応として，生活環境や言語環境を豊かにすることがあげられる。具体的には，保育者はまず，できるだけ語彙の豊かな多様な表現で話しかける。幼児期は単語や名詞の習得に終わりがちであるが，保育者をはじめ周囲の大人は細かい状況や前後の文脈を説明するよう心がける。また，園の行事を，日本の文化や習慣を理解する機会にすることも望ましい。

地域における支援としては，母語の支援員の導入や母親に対する生活支援を指導することなどがあげられる。また，幼小連携を行う試みもみられ，プレスクールプログラム[14]の取り組みは，今後重要となる。

2）障害があるかどうかの見極めについて

文部科学省によれば，発達障害の可能性のあるケースについては，日本語能力，文化的背景，行動様式の違いから，必要な支援の判断が見極めにくいことがあるため，その指導，支援については今後の研究が必要である，と指摘している[15]。これは，具体的には幼稚園・保育所等での子どもの問題行動が起こる原因としては，障害に起因した不十分な理解力や偏った認知によるものなのか，日本語の理解力・会話の不足によるものなのか，また日本の習慣や状況をよく理解していないことによるものなのか，あるいは異文化家庭であるための育児習慣によるものなのか，保育者が見極めにくいということである。

① **注意欠如・多動症の場合**：注意欠如・多動症は知的な遅れはなく理解力も良好であるが，不注意であったり片づけができない等の特徴がある。外国籍の年長の女児を例にとると，ロッカーやお道具箱の中は乱雑で中のものがはみ出していたり，また，上履きを履こうとせず裸足で室内を歩き回ったりする場合がある。落ち着きもないと，これらの行動は注意欠如・

13）平 茜「外国にルーツをもつ幼児の日本語獲得における現状と課題―保育所及び小学校での子どもの言葉に着目して―」愛知教育大学幼児教育研究，第18号，2015，pp.55-62.

14）劉郷英ほか「日本における多文化・多言語環境に育つ外国人幼児の言語発達の実態と学習支援の現状と課題に関する検討―B県A市におけるプレスクール事業の取り組みを中心に―」福山市立大学教育学部研究紀要，vol.1, 2013, pp.123-133.

15）学校における外国人児童生徒等に対する教育支援に関する有識者会議「学校における外国人児童生徒等に対する教育支援の充実方策について」2016.

多動症によるものか，生活習慣や行動様式の違いによるものか，母親のしつけによるものかの見極めが難しい。このような場合，母親に対して障害の相談を進めてもよいものか保育者は判断に迷ってしまう。

② **自閉スペクトラム症の場合**：自閉スペクトラム症では友達と関わろうとしなかったり，パニックがある等の特徴がある。知的な遅れがない場合もある。日本語を母国語としない外国籍の子どもを例にとると，年長児になると名詞の習得は順調で，日常会話も「○○食べる」などは可能であっても，状況理解がよくない例がある。こうした場合に，自分の言いたいことを一方的に話すけれども，聞かれたことには答えなくて違うことを言ったり，教室からの飛び出し等があると，自閉スペクトラム症によるものか，不十分な日本語の理解力によるものか，見極めが難しい。

③ **情緒的な問題**：発達障害等を伴わなくても情緒的にこじれやすい要因がある。例えば，国際結婚等で外国籍の母親の日本語力が不十分であると，保育者と家庭との連絡事項は日本人の父親や祖母を介している例は多い。その場合，家庭での母子の会話において，園での困りごとを子どもが片言の日本語で母親へ訴えても，母親は日本語の理解力が低いために理解できず，また，園の習慣や決まりごとを母親は理解していないこともあって子どもの気持ちを十分汲み取れない。母親に理解してもらえないとの思いから次第に，子どもはチック，抜毛，異食等の情緒的な問題行動を起こすようにもなる。保育者は家庭との連絡は父親を介して行うため，家庭内のこのような母子関係のつまずきには気づきにくい。

④ **見極めのポイント**：見極めのポイントとしては，どのような状況で起こっているのかをよく観察することである。例えば，どのような場面でも起こるのか，あるいは，家庭だけ，または園だけで起ったり，または友達に対してだけ起るのかをよく観察する。特定な友達に対してだけ起こる場合や特定な保育者だとおさまる場合は状況を本人がよく理解していることが多い。保育場面で起こるときは，特別な場面（自由遊び，課題，食事等）で起こるのかなどもよく観察することである。

コラム　　ペアレント・トレーニング

　「強く言っても聞いてくれない」「悪いことや危険なことばかりする」「どうやって子どもを育てていけばよいだろう」。これらは障害のある子どもを育てる保護者の切実な悩みや大変さである。こうした声に対して，応用行動分析の考え方をもとにアメリカで開発され，日本でも有効性が認められている子育ての技法にペアレント・トレーニングがある。

　ペアレント・トレーニングは，子どもの問題行動を治療する方法ではなく，親と子の良好なコミュニケーション形成することを目的とした技法である。基本的な考え方は子どもの「行動」に焦点を当て，「注目」の効果を活用することである。具体的な内容は次のとおりである。

　第一に，子どもの行動を「好ましい行動」「好ましくない行動」「危険な行動・許しがたい行動」の3種類に分ける。

　第二に，好ましい行動を見つけ，肯定的な注目を与える方法を学ぶ。

　第三に，好ましくない行動に対しては「無視」の技法を用い，好ましい行動が生じたら直ちに「肯定的な注目」で対応することを学ぶ。

　第四に，子どもにとって理解しやすい指示の出し方について学ぶ。

　第五に，危険な行動や許しがたい行動に対する制限や罰の与え方を学ぶ。

　トレーニングは，数回のセッションを1つのまとまりとして構成され，これらの技術を具体的に学習し，家庭で子どもに実践し，次のセッションで振り返りを行う形で進める。

　発達障害の子どもを対象とした子育ての技法として開発されたが，現在では，乳幼児期の子育て支援，虐待対応での親子の再統合，児童養護施設等の，教育や福祉の各機関で広く活用されるようになってきた。

●演習課題

課題1：自分の住む市町村で，低出生体重児が病院のNICU退院した後に参加する子育て事業や親子教室をインターネットで調べてみよう。また，保育者はスタッフとしてどのように関わっているのであろうか。

課題2：自分の住む市町村の要保護児童対策地域協議会について調べてみよう。

課題3：「入園当初から行きしぶっていた3歳児のA女児も4月の後半には，泣かずに登園できるようになった。しかし，連休後に再び，園に来なくなった。母親の話では，『仲良しだったB女児がお人形を貸してくれず，園が楽しくない』という」

　このような場合には，どのように考え，対応すればよいだろうか。

第8章 障害のある子どもの保育の実際

幼稚園・保育所等では，障害のある子どもとない子どもがともに過ごし育ち合う統合保育が展開されている。本章では，障害のある子どもを含めたクラス運営のために，発達を正しく理解する視点，子ども同士の関係性を育む姿勢，職員間の協働について学ぶ。そして，保育者が障害のある子ども一人ひとりをどのように受けとめ，関わっているのか，その気持ちのありようや姿勢が，日々のクラス運営に影響を与えていることを学ぶ。

1 発達の評価

保育者が子どもの発達を評価[*1]する際，目の前の子どもは年齢相応の発達の範囲だろうか，と考えるかもしれない。日々の様子から「発達に遅れがあるかもしれない」と感じた場合，保育者はどのように評価を行えばよいだろうか。

（1）発達の理解

乳幼児期の発達の様相を表8－1に示した。発達を評価するためには，まず定型的な発達を理解することが重要である。表には，運動・姿勢，認知・操作，言語（表出・理解），対人関係，生活習慣の5つの領域にわたって時期ごとの発達の流れを示している。これらの発達は，子どもと環境との相互作用が十分になされることが順調な発達の前提となる。ただし，この通りに発達が進まないこともある。発達が全般的に進んでいたり遅れていたり，ある領域は一定程度の段階に達していても，ある領域は苦手であったりする。これらはいわば個人間の差と，個人内の差と見なすことができる。発達の個人差や偏りを理解する前に，表8－1に示した発達の様相を把握することが肝要である。その上で，定型的な発達からどの程度離れているか判断していくのが望ましい。次に運動機能の通過率，乳幼児健康診査，多動に焦点づけて理解を深めていく。

*1 評価

評価は，観察，面接，心理検査等によって行われる。保育における発達評価の目的は，主に対象の発達の正確な理解と，それに基づく支援計画の立案および実施等である。

表8-1　乳幼児の発達の様相

	運動・姿勢	認知・操作	言語（表出・理解）	対人関係	生活習慣
新生児	原始反射（4～6か月で消失） 左右に首の向きを変える	物や顔を注視 手に触れた物をつかむ	元気な声で泣く 大きな音にびくっとしたり、目を覚ます	泣いているとき抱き上げるとしずまる	空腹時に抱くと顔を乳のほうに向けてほしがる
3か月まで	腹ばいで、頭を持ち上げる あお向けで、体起こしに頭を保つ	手を口に持っていく 動く人や物を目で追う	人の声でしずまる のどを鳴らすような声を出す	あやすと顔を見て笑う 人の声がする方を向く	哺乳瓶や乳房に手を触れている
6か月まで	定頸 寝返りをする 手をつき座る	ガラガラを振り鳴らす 自発的につかみ、物を両手に持つ	声を出して笑う 不快感情を声で表す 人に話しかけるように声を出す	人を見ると笑いかける イナイイナイバーをすると喜ぶ	スプーンから飲むことができる 満腹になると哺乳瓶を手で払いのける
9か月まで	腹ばいで体を回す・前進 座って遊ぶ つかまらせ立ち	持ち替え 親指と人さし指でつかもうとする 目の前で隠した物を探す	要求があるとき声を出して親の注意をひく マ、バ、パなどの音声が出る 名前に反応する	親しみの顔と怒りの顔がわかる 人見知りをする	ビスケットなどを自分で食べる コップから飲む
1歳まで	つかまり立ち 伝い歩き 座位から立ち上がる	引き出しを開けて物を出す 玩具の車を手で走らせる テーブルを廻って物を取る 大人とボールのやりとり	ダメッと言うとちょっと手を引っ込め親の顔を見る バイバイの言葉に反応 盛んにおしゃべりをする 音声をまねようとする	身振りをまねする 親の後追いをする 指さした方を見る 物を受け取るとき、さしだす時、相手と視線を合わせる 大人の表情から禁止や承認を読み取り、ほめられると喜ぶ	泣かずに欲求を示す コップなどを手に持って飲める
1歳半まで	2～3歩、歩く 靴を履いて歩く 片手支持で登る	なぐり描き 積み木などを積み上げる 帽子は頭へ、靴下は足に持っていく コップからコップへ水を移す	アチチと言うと触らない 身近な言葉を理解し、簡単な言いつけを実行する 自分から意味のある2～3の言葉を言う	自分のほしい物を指さしで要求して知らせる 親の顔をうかがいながらいたずらをする	コップを自分で持って飲む スプーンで食べようとする パンツをはかせるときに両足を広げる
2歳まで	走る 手すりを持って昇り降り ボールを前にける	円錯画 物を新聞紙や布で包んで遊ぶ 積み木などを連続して積み重ねる	もうおしまいと言うとその意味がわかる 目・口・耳・手・足等を指せる 代名詞を言う 暗い・明るいがわかる	友達と手をつなげる 子ども同士で追いかけっこする 大人にブーブーなどを描けとせがむ	食物以外は口に入れなくなる 排尿の後知らせる ストローで飲める
2歳半まで	両足跳び 飛び降り 鉄棒などに両手でぶら下がる	直線模倣 結んで開いてができる	二語文を話す いちいちナニと聞く 名詞・動詞の他に形容詞が言える 多い・少ないがわかる	友達の名前が言える 電話ごっこをする	排尿を予告する 一人でパンツを脱ぐ
3歳まで	足を交互に出して階段昇降 片足で数秒立つ	円模写 はさみを使って紙を切る 積み木でトンネル・門の形を作る	自分の姓名を言う 2数詞の復唱 用途絵指示 動作語理解 大・小の比較 長・短の比較 赤・青・黄・緑がわかる	友達とけんかをすると言いつけにくる 年下の子どもの世話をやきたがる 大人の指導でままごとで役を演じることができる	こぼさないで一人で食べる 靴を一人ではく 上着を自分で脱ぐ 昼間の排泄自立
4歳まで	幅跳び ケンケン	はさみで簡単な形を切り抜く 顔らしいものを描いて目、口などをつける 十字模写	性の区別がつく 短文復唱 数の概念が3までわかる 仮定問題に応える 重さの比較	こうしていいと許可を求める 友達と順番に物を使う 新しい物を自慢してみせる	ボタンをはめる 顔を一人で洗う
5歳まで	ブランコ立ち乗りこぎ スキップ	正方形模写 紙飛行機など折り紙を折る	両親の姓名を言う 指の数、左右前後の定義	作り話ができる かくれんぼ、おにごっこのルールを理解して遊ぶ	鼻をかむ 一人で着衣ができる 自分で大便の始末をする
6歳まで	ボールを数回ドリブルできる 縄跳び	三角形模写 経験したことを絵に描く	左右の弁別 5以下の加算 絵の叙述 しりとり・なぞなぞを楽しめる	ジャンケンで勝負を決める	入浴時、自分で体を洗う タオルで身体を拭く タオルなどをしぼる

出典）石井信子・藤井裕子・森和子・杉原康子『乳幼児の発達臨床と保育カウンセリング』ふくろう出版、2008、pp.18-19（一部改変）および京都市保健福祉局（石井・村井）『乳幼児健康診査マニュアル』2005.

1）運動機能の通過率

　図8－1に運動機能の通過率を示した。横軸は生後16か月までの時期，縦軸はその時期にある運動機能を備えている乳幼児の割合（％）を表している。ここでは首のすわり，寝返り，ひとり座り，はいはい，つかまり立ち，ひとり歩きの6つの動作について時期ごとの通過率を示している。例えばひとり歩きの通過率を見ると，早い場合は8か月あたりから歩き始める子どもがいる一方，15か月あたりで歩き始める子どももいることから，特に個人間差の大きさが示されている。運動発達は肢体不自由や知的発達症があると遅れがちとなるため，注意が必要である。また，個人内でも獲得時期は差があり，例えばひとり座りは早かったが，はいはいは遅いなど，様々なパターンが考えられる。

2）乳幼児健康診査

　乳幼児健康診査（健診）は母子保健法に規定され，自治体の保健所（保健センター）や一般の病院において病気や障害の早期発見・早期療育や早期対応のために行われる。実施機関によって健診項目の違いはあるが，身体・運動面の発達，言語面の発達，その他全般的な発達をチェックする。健診項目は，1歳6か月児健診では「ひとり歩きができるか」「意味のある言葉がいくつか出ているか」「指さしをするか」等であり，3歳児健診では「自分の名前や年齢が

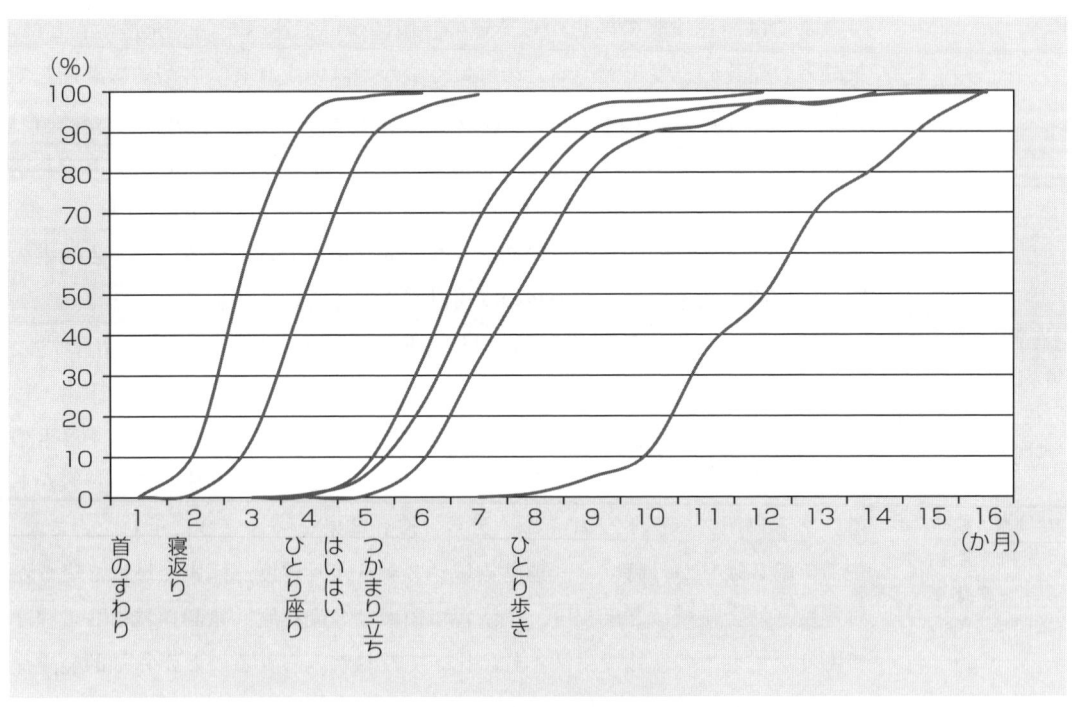

図8－1　運動機能の通過率

出典）厚生労働省「一般調査による乳幼児の運動機能通過率（平成22年データ）」を元に一部改変して作成.

言えるか」「衣服の着脱をしようとするか」「手を使わずに階段を登れるか」等である。健診項目が不通過等の場合，二次健診で専門家による問診・診察が行われる。その後，必要に応じて関係機関等に紹介され療育・治療を受ける。早期療育の場として母子通園や保育所等への入所を勧められる場合が多い。

3）多　　動

幼児期の多動（落ち着きのなさ）は，注意欠如・多動症による場合，あるいは養育環境・社会環境に問題がある場合が考えられる。注意欠如・多動症に関する説明は第5章2で述べているが，障害がなくても，2〜3歳までであれば好奇心旺盛な幼児は多動な場合もある。しかし，3歳児健診で多動を指摘されなくても，集団に入る時期になると幼稚園・保育所等で多動が問題行動として指摘されることがある。具体的には，先生の話を落ち着いて聴けない，保育室での一斉保育中もしくは入園式・卒園式等の行事で立ち歩くなどであり，また，乱暴な言葉づかいをしたり相手を叩いたりしてしまう等である。また，虐待，いじめ等のストレスフルな出来事に直面すると，多動や落ち着きのなさが現れる場合もある。注意欠如・多動症のためであるか，別の要因によって多動が生じているかは慎重に判断すべきである。

（2）発達の評価

ここでは発達検査の観点から発達の評価について述べたい。発達検査とは，被験者の発達の程度を調べるためにいくつかの課題を課し，客観的に評価していく一連の手続きである。その結果から，知能指数（IQ：intelligence quotient）もしくは発達指数（DQ：developmental quotient）等を算出し，数値をある基準に照らして対象の発達の程度を査定（アセスメント）するための資料とする。アセスメントの目的は，対象の発達を客観的な指標で理解すること，生活上の困難の原因を探ること，その後の支援計画を立てることである。

1）津守真・稲毛教子『増補 乳幼児精神発達診断法 0才〜3才まで』大日本図書，1995.

2）津守真・磯部景子『乳幼児精神発達診断法 3才〜7才まで』大日本図書，1965.

発達検査の具体例として，乳幼児精神発達診断法（津守式）[1][2]を紹介する。津守式では，生後0か月〜7歳までの乳幼児の精神発達を，運動・探索・社会・生活習慣・言語の5つの領域から全般に把握できる。対象となる子どもの養育者が質問紙に回答をする方法であり，短時間で簡便に実施できる特徴がある。ある自閉スペクトラム症の子どもの検査結果を図8－2に示した。まず，生活年齢5歳9か月時では，運動領域は3歳6か月程度，探索領域は2歳6か月程度，社会領域は2歳程度，生活習慣領域は3歳程度，言語領域は2歳程度であり，すべての領域で生活年齢に比べて遅れがみられることから知的発達症の合併があるとみられ，特に社会領域と言語領域で落ち込んでいる。社会領域と言語領域の落ち込みは自閉スペクトラム症の特徴であり，この2領域を中心

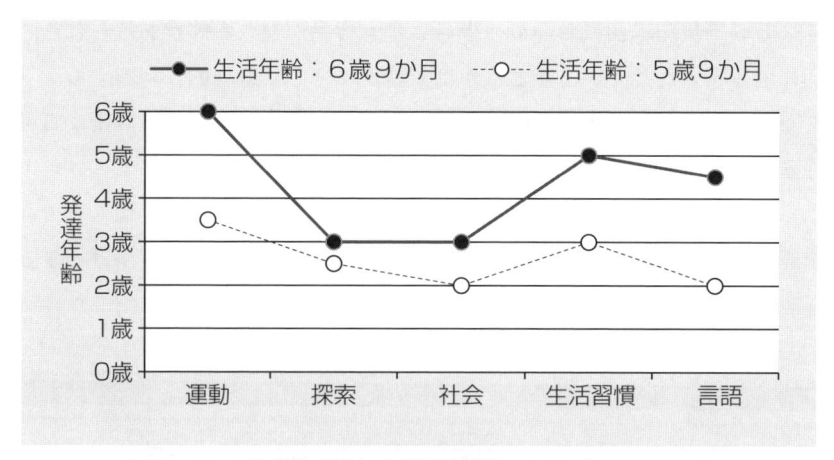

図8－2　乳幼児精神発達質問紙によるプロフィール
出典）園山繁樹・秋元久美江・伊藤ミサイ「幼稚園における一自閉性障害児の発話の出現過程と
　　　社会的相互作用」特殊教育学研究，27（3），1989，pp.107-115. を元に作成.

に支援計画を立案する。

　6歳9か月時では，運動領域は6歳程度，生活習慣領域は5歳程度，言語領域は4歳6か月程度となり，この1年間で1歳以上の著しい伸びを示している。また，社会領域も3歳程度まで伸びている。集団保育の効果であろうか。しかし，探索領域があまり伸びていないことから，認知発達を促す遊びを中心とした支援計画の立案が必要である。

　こうした指標を手がかりに，子どもへの支援計画や相談，保育等の基礎的な資料とする。支援方法は，通過できなかった質問項目，日常生活の様子，家庭や園の環境等から総合的に判断して決定する。また短期，長期目標を立て，目標に沿った保育方法になっているかどうかについての吟味が必要である。

（3）発達の偏りと遅れ

　「発達の偏り」という表現は，個人内でのいくつかの能力の間に，顕著な差がある場合に用いられる。一方，「発達の遅れ」といった場合には，ある年齢もしくは月齢に達した際の平均的な位置，あるいは同じ年齢の集団内での平均的な位置に達していないことを意味する。

　保育場面で問題となるのは，ある能力の偏りが個人差の範囲なのか，それとも障害があるのかの判断である。このような問いに答えるのは簡単ではない。判断上の一つの指標となるのが，生活上の困難，すなわち不適応がみられるかどうかである。判断する際には，適応状況を加味して総合的に判断すべきである。

　幼稚園・保育所等において不適応や生活上の困難とみなされることとして，

クラスという集団場面において一歩も二歩も行動が遅れる等があげられる。園生活に困難をきたしているかどうかは，状況に応じて総合的に判断する。

　アセスメントは，検査結果が示す数字のみで判断せず，面接や観察から見えてくる対象の生活上の困難をも考慮して見極めるものである。アセスメントにあたっては，現実の子どもの行動から，発達の偏りか，遅れか，個人差の範囲かを総合的・多角的に判断するのが望ましく，支援につなぐきっかけとする。

コラム　　精神年齢と生活年齢，知能指数

　知能検査の形態や知能の捉え方は様々であるが，ビネー式知能検査による知能指数（IQ：intelligence quotient）[1][2]は，精神年齢（MA：mental age）と生活年齢（CA：chronological age）をもとにして算出する。精神年齢（MA）とは知的水準を年齢で表したもので，検査の得点から算出される。生活年齢（CA）とは暦上の年齢を指す。IQを算出する式は以下の通りである。なお，実際に計算する際にはMA，CAともに月齢で示す。

$$IQ = \frac{MA（精神年齢）}{CA（生活年齢）} \times 100$$

　例えばCAが4歳6か月でMAが4歳0か月であれば，$48 \div 54 \times 100 = 88.8$であり，少数第一位を四捨五入してIQ＝89となる。ここで紹介した算出方法は百分率で表されるため，比率知能指数ともいわれる。分子となるMAの伸びが同じであっても，分母となるCAが相対的に低い場合は高い場合よりもIQが伸びる。測定した時点のCAによって，MAの影響力が変動する点に注意が必要である。

　同年齢集団内において知能指数が相対的にどの位置にあるかを示した偏差知能指数（DIQ）もある。こちらは同年齢集団における個人の知的水準が相対的にどの位置にあるかを示し，平均の知的水準であれば100となる。ウェクスラー式知能検査のDIQ[3]を算出する式は以下の通りである。

$$DIQ = \frac{15 \times（個人の得点－同じ年齢集団の平均）}{標準偏差[4]} \times 100$$

＊1　財団法人田中教育研究所編『田中ビネー知能検査V 理論マニュアル』田研出版，2003.
＊2　財団法人田中教育研究所編『田中ビネー知能検査V 採点マニュアル』田研出版，2003.
＊3　松原達哉編『心理テスト入門：基礎知識と技法習得のために 第4版』日本文化科学社，2002.
＊4　標準偏差：分布のばらつきの大きさを表す指標。個々の分布が平均値から離れていればいるほど，標準偏差の値が大きくなる。

コラム　発達曲線の見方

　身長・体重の対応を例に取ると，図8-3のような発達曲線となる。図の右側に肥満度のパーセンテージを示した。

　肥満度+15%〜−15%の範囲であれば正常域と判断する。発達曲線は，帯に収まっていても外れていても，概ね発達曲線のカーブに沿っていれば，その子どものペースで発達しているため問題はないといえる。

　ある一時点だけの数値で一喜一憂せず，数か月，数年単位で記録をつけておき，長期的な視点で判断することが望ましい。しかし，例えば虐待の事例にみられるように，虐待の判断をする際には，体重の著しい停滞が重要な資料となる。もし，発達曲線に沿って数か月間伸びてきた体重が，ある時点を境にそのペースを大きく外れて数か月停滞したとすれば，専門家に相談する必要がある。

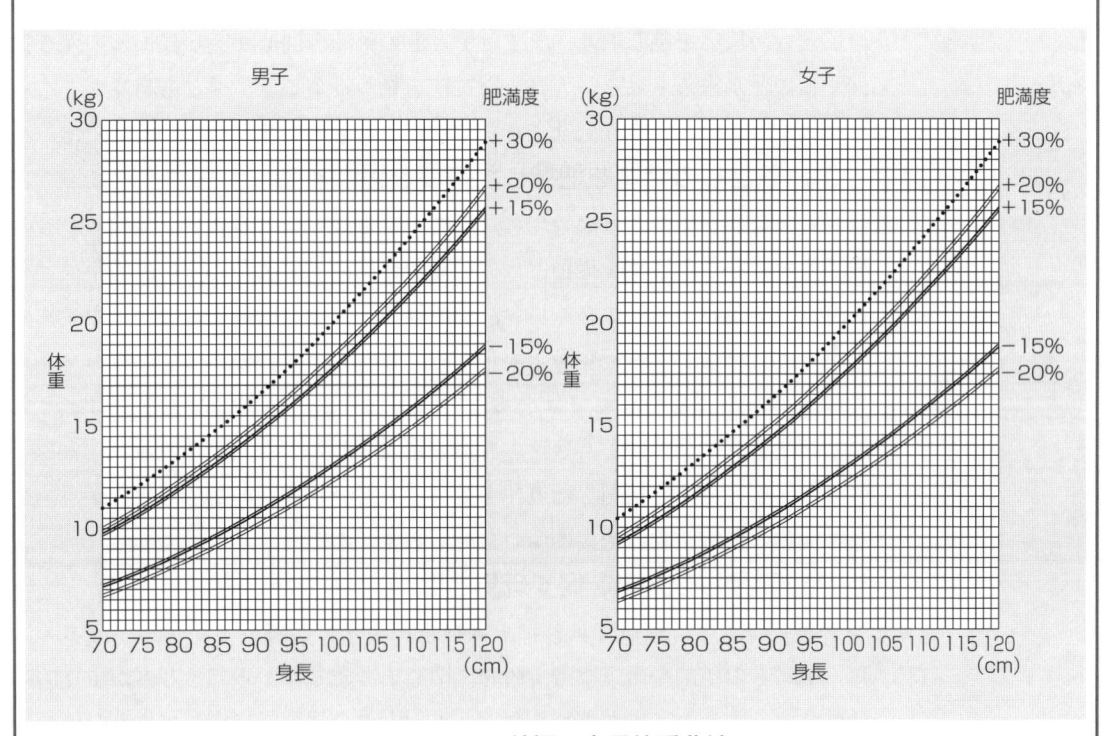

図8-3　幼児の身長体重曲線

出典）厚生労働省「乳幼児身体発育調査」2010.

2 発達を促す生活や遊びの環境と健康・安全

（1）障害における遊びの意義

　子どもは本来，自ら遊びを見つけ出し，遊びを通して様々なことを学ぶ力を備えている。遊びは，子どもの発達のために重要な役割を果たしている。しかし，障害のある子どもは，遊ぶという行為にも障害による困難や制限が加わることがある。例えば，身体的な理由で遊ぶことが難しい場合もある。また，興味・関心を持続することが難しかったり，遊び方がわからないという心理的な理由から遊べない子どももいる。このように，一見すると遊ぶという行為が難しいように見える子どもにおいても，きれいな音に身体が反応したり，大好きな絵本を目の前にすると表情が和らいだりすることがある。保育者は，目の前の子どもの反応を感じ取り，まずは子どもの興味・関心がどこにあるのかを把握することが求められる。大好きな遊びを見つけること，子ども自身が「もっとやってみたい」という意欲を育むことが子どもの発達につながるのである。

１）子どもの発達を把握した遊びを提供する

　好きな遊びが見つからない，遊びに集中できないなどの場合，その子どもの発達段階に応じた遊びを提供できているかを見直す必要がある。生活年齢と精神発達年齢との間に差がある場合，生活経験に応じた成長をしているか見極めながら遊具を選定する配慮が求められる。しかし，障害のある子どももクラスの一員であることを忘れてはならない。保育者は，個別の配慮をするとともに，常にクラス全体の子ども達の発達を意識することが重要である。一人ひとりの子どもの発達を把握した遊びを提供するという個別の配慮をしながら，クラス全体の保育活動と密接に関わらせる必要がある。

２）子どもの発達を促す玩具とは

　子どもの遊びにとって玩具は重要な役割を果たしている。玩具を選ぶ際には，子どもの年齢や発達段階，興味・関心を考慮しながら，子どもが主体的に活動できるような工夫が求められる。子どもの発達段階に応じて様々な種類の玩具があるが，ここでは指先の発達を促す自作の手作り玩具について紹介する。写真8－1は，容器に穴を開けそこに対象物をつまんで入れる遊びである。写真8－2は，箸やスプーンを利用して小さな穴にスポンジを入れる遊びである。どちらの遊具でも，指先の発達を促すだけでなく，目と手の協応動作を促すことや，集中する力をつけるなど様々な効果が期待できる。手作り玩具は，子どもの様子を見ながら，子どもの発達に合わせて用意することが望ましい。

写真8-1　発達を促す手作り玩
具（対象：1歳児～2歳児）

写真8-2　発達を促す手作り玩
具（対象：3歳児～5歳児）

3）子どもが遊びに集中できる環境の工夫

　集団生活で落ち着かない姿がみられる場合には，保育者が1対1で関わる，少人数で過ごすことのできる環境を工夫するなどの配慮が有効である。

　写真8-3は，段ボールを使用して作ったつい立てである。子ども自身で持ち運ぶことが可能で，狭い保育室の中でも個のスペースを確保することができる。また，遊びの場を保育室に限定するのではなく，廊下や，テラスなども遊びの場として捉え，集団にいながらも子ども一人ひとりの遊び空間を確保できるような環境を工夫することが望まれる。そのためには，職員全体で子どもたちの遊びを確かめるという共通認識や，人的環境が重要になってくる。

写真8-3　段ボール製のつい立て

（2）生活環境から基本的生活習慣を確立する

　障害の有無に関係なく，乳幼児期は，排泄，食事，睡眠など基本的生活習慣を獲得する重要な時期である。生活や遊びを通して，子ども自身が身の回りのことを自分でしようとする意欲を育めるよう援助しなければならない。そのためには，子どもが自発的・意欲的に生活習慣を身に付けられるような環境を構成すること，保育者の見守る姿勢が重要である。

1）食事について

　偏食がある，まひのためにうまく咀嚼（そしゃく）ができない，障害あるいは発達の遅れから自分で食べることが難しい場合がある。一人ひとりの心身の状態に応じ，食事

写真8-4　使いやすい工夫がされた食具
・両耳のついたスープカップ
・滑り止め，持ち手のついた茶碗
・握りやすいスプーン
・箸がバラバラにならないための補助具

の形態や量を工夫したり，食具やいすをその子に合ったものにしたりするなどの工夫が必要である。写真8−4は，子どもが自分で食べることを支援するための様々な食具である。食事の場面では，保護者に家庭での様子を聞くだけでなく，栄養士，看護師等の専門職と相談しながら連携して進めていくことが必要である。

2）排泄について

トイレで排泄できることは，障害のある子どもにとっても大きな自信につながる。排泄の自立に向けて，活動の切り替え場面など定期的にトイレに行く機会を設けること，おむつが濡れたらすぐに取り替えることを基本方針とする。

ここで，トイレで排泄する場合の，一つ一つの行程を見ていきたい。①尿意を感じてトイレに行く→②ズボンを下ろす→③排泄する→④後始末をする→⑤ズボンをはく→⑥手を洗う→⑦手を拭くなど，多くの手順があげられる。うまく着替えができない子どもにとっては，それだけでトイレに行くことが嫌になってしまうこともある。子どもがどこまでできるかを保育者が把握し，スモールステップ*2を踏んで取り組むことができるようにしなければならない。

また，トイレに大好きな電車の写真を貼る，座っている間に手遊びをするなど，トイレに行くことが好きになるような指導上の工夫も効果的である。

3）その他身辺自立について

障害のある子どもが，自分の身の回りのことができるようになるためには，保育者の根気強い指導が必要である。できることまで先回りしてしまうことのないよう，たとえ時間がかかっても見守る姿勢が重要である。

写真8−5は，支度するものを子どもが目で見て確認できるようにしたものである。写真8−6は，手洗いの方法を絵と替え歌で示したものである。このような視覚的，聴覚的な手がかりを取り入れることは，子どもの自発的な行動を促し，障害のある子どもに限らず，すべての子ども達にとって有効である。

*2　スモールステップ

到達可能な低い目標を最初に設定すること。小さな目標を達成する体験を積み重ねながら，最終目標が達成できるようにする。

写真8−5　指示の工夫①

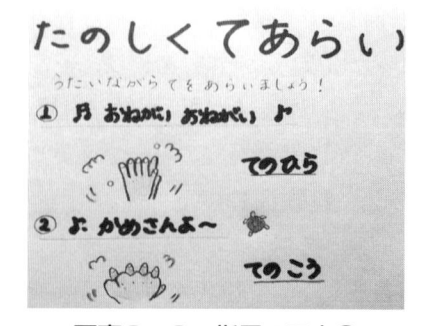

写真8−6　指示の工夫②

（3）障害に応じた生活環境の設定

1）肢体不自由のある子どもへの関わり

事例8－1

　右手先天性四肢欠損[*3]で生まれたＡ女児（5歳）は，負けず嫌いでやりたい気持ちが強い。園での生活においてはほとんどのことを誰の手も借りることなく過ごしている。

　年長クラスになり，縄跳びにも挑戦するようになるが，一人ではうまく縄を回すことができない。そこで，保育者は跳ぶ感覚を大縄跳びで教え，その後友達との2人縄跳びを提案する。Ａ女児はその後，繰り返しの練習が実って念願だった縄跳びができるようになった。

　事例8－1をICF[*4]の構成間要素の相互作用に置き換えると，Ａ女児の縄跳びをしたいという気持ちは「個人因子」，保育者や友達の手助けは「環境因子」と捉えることができる。大縄などの「活動」を繰り返し経験し，結果として縄跳びが跳べるようになったのは「参加」として捉えることができる。

　ICFは，子どもがやりたいこと，やろうとする本人の意思を尊重した考え方である。一見難しいと思える事柄においても，子どものやりたい気持ちを尊重し，保育者がどのような環境を構成できるかがポイントとなってくる。

*3　先天性四肢欠損
　先天的な発育不全により，四肢が欠損した状態。四肢が欠損している場合と，片手のみの場合など様々ある。

*4　ICF
　第1章p.1参照。

2）発達障害のある子どもへの関わり

事例8－2

　Ｂ男児（3歳）は，発達障害の診断は受けていないが，2歳の頃から療育施設に月1回通っている。保育者の話を聞いているようにも見えるが，理解できていないと感じる場面があった。遊戯室へ行く指示を聞いた直後でも，外に出ようとすることもあった。また，好きな遊びに夢中になると，次の活動に気持ちを切り替えられず癇癪を起すこともあった。そこで，保育者は今日の予定を写真で提示することにした。その活動が終わる度に写真を見て確認し，指示を聞き逃しているときは個別に声をかけることで，活動の見通しをもてるようになった。

　Ｂ男児のように，発達障害の疑いのある子どもの中には，集団の中で問題なく過ごしているように見えても，実際には状況を理解できていないことがあり，子どもが理解できているかどうかについての確認が重要となる。そこで，1日の予定を示したスケジュールボード（写真8－7）を利用すると1日の生活に見通しをもちやすく，気持ちを切り替えやすくなる。また，子どもの障害に合わせて，絵カードやジェスチ

写真8－7　1日の予定表

ャーなど伝わりやすい手段を用いることも大切である。

（４）健康と安全に配慮した環境の設定

保育所保育指針においても，子どもの健康および安全の確保は，子どもの生命保持と健やかな生活の基本であるとされている。障害のある子どもは，病気への抵抗が弱く，運動能力の面で支援が必要な場合も多い。そのため，健康と安全に配慮した環境の設定には，細心の注意が必要である。

１）子どもの健康状態の把握と疾病等への対応

障害の状態や疾病等を把握し，個別の教育支援計画等の計画に基づいて保育することが大切である。子どもの疾病等の事態に備え，保護者や関係機関と連携して対応するためには，幼稚園・保育所等における体制の構築や，緊急時の対応や役割分担等を示したマニュアルを作成することが重要となる。

２）事故防止および安全対策

保育者が施設内外の危険箇所を把握し，職員全体の共通認識の下に，安全点検や安全対策を行うことが必要となる。統合保育の場面においては，活動量や注意力に差があることを保育者が認識し，環境を設定しなければならない。クッション材で危険個所をガードする，ジョイントマットを敷く，ドアストッパーをつけるなど，子どもに危険が及ばないような工夫が大切である。

3　子ども同士の関わりと育ち合い

（１）子ども同士をつなぐ保育者の役割について

事例8－3

ある日，ダウン症のC男児（4歳）が使っていたブロックをD男児が勝手に使い，怒ったC男児がD男児のブロックを壊してしまうことがあった。しばらくすると，悪いと思ったD男児が先にあやまるが，発語のないC男児は，うなずくことで精いっぱいであった。D男児は繰り返し謝るうちに「いいよって言ってくれない」と泣き始める。それを見ていた保育者は，「C君は，"うん"とうなずいて"いいよ"と伝えているよ」と気持ちを代弁してあげた。すると2人に笑顔が戻った。

乳幼児期は，友達との関わりを深め，相手を尊重する気持ちを育む大切な時期である。事例8－3は，保育者がC男児の気持ちを代弁することで，D男児がC男児の気持ちに気がつきお互いにほっとした場面である。障害のある子どもの中には，自分の気持ちを上手に伝えられない，相手の気持ちを理解しにく

いという特性のある子どももいる。子ども同士の関わりを大切にしながらも，
他児の気持ちや他児との関わり方を保育者が丁寧に伝えていく必要がある。

（2）統合保育による集団の成長

事例8－4

　E男児（6歳）は体にまひがあるため，早く走ることが難しい。幼稚園最後の運動会では，赤組白組ともにリレーで勝ちたいという気持ちが強くなっていた。アンカーのF男児は，総練習で負けてしまい，「E君がいるとぜったい勝てない」悔し涙を流した。それを聞いたG女児は，「そんなこと言ったらかわいそうだよ」と大好きなE男児をかばう発言をする。するとみんなから「E君が最初に走って，みんなで少しずつ差を縮めるのはどう？」「手をつないで一緒に走ってもいいよ」といろいろな意見が出された。

　幼稚園・保育所等では，入園式や，夏祭り，誕生会，生活発表会など様々な行事がある。行事は，子どもに伝統文化や四季を伝えるだけでなく，生活や遊びに変化や活力を与える重要な役割を担う。しかし，障害のある子どもにとっては，日常の生活と異なる場面に不安を感じ，参加が難しい場合もある。

　事例8－4では，障害のある子どものチームが不利になるという状況から，どうしたら勝つことができるかをそれぞれが考え意見を出し合っている。子どもは，時には思っていることを素直に口に出すこともある。そのような，子どもの素直な感情を否定するのではなく，ともに考えることによって，障害のある子がいるからこそ得られる子ども同士の育ち合いにつながるのである。

（3）個別の配慮と集団の配慮について

事例8－5

　H男児（4歳）は，カッとなるとすぐに友達に手が出たり，暴言を吐いたりすることが多く，トラブルが絶えなかった。夕方になると特に落ち着かない様子がみられ，他の保護者から心配する声も聞かれたため，保育者と1対1で和室に行き過ごすようになった。いつものように和室に行こうとすると，「H君ばかりずるい」という子が数名やってきた。そこで保育者は，毎日交代でH男児を含めた3～4人で和室へ行くことを提案する。H男児も，和室では落ち着いて他児と遊ぶことができるようになり，他児に手が出ることは少なくなった。

　加配の保育者を含めた保育者と子どもとの関わりは大切である。一方，個別の配慮をする中で，障害のある子どもは特別であるという意識が芽生えないようにするクラスづくりが大切である。事例8－5では，少人数でうまく遊ぶことができた体験がきっかけとなり，他児との良好な関係に結びついていること

がわかる。保育者が障害のある子どもを受け止め，関わる姿は，クラス全体のモデルとなる。保育者が一人ひとりの子どもに目を向け，どの子どもにも「大切にされている」という気持ちが芽生えるような関わりが求められる。

4 職員間の協働

（1）職員全体での取り組み

　障害のある子どもを保育する場合，様々な行動への対応，集団参加の困難など指導上の難しさから，「困り感」を抱える保育者は少なくない。幼稚園教育要領の第1章「第5　特別な配慮を必要とする幼児への指導」においても，組織的かつ計画的に行うこととして明記されており，保護者への対応，地域の関係機関との連携，長時間保育における対応など担任一人だけに任せきりにならないような職員全体での取り組みが必要となる。

1）協働体制の確立に向けて

　2007（平成19）年，改正学校教育法施行により，幼稚園・保育所等においても特別支援教育*5の推進に向けた体制整備が進められている。現在，幼稚園における特別支援教育コーディネーター*6の設置率は63.9％に留まり3)，今後はすべての幼稚園・保育所等においての設置が望まれる。また，特別な支援が必要な子どもの実態把握，個別の教育支援計画*7を含めた支援計画の作成，保護者への支援，関係機関との連絡調整，園内研修など特別支援教育の推進を図るための園内委員会の設置も今後の課題である。

2）職員全体で障害のある子どもへの共通認識を図る

　障害のある子どもを支援するために，クラス会議，リーダー会議，職員会議などを経て職員全体が共通認識をもつ必要がある（図8-4）。また，保育カンファレンス*8や園内研修を行い，特別支援教育に対する専門性を向上させることも，職員全体の意識を高める上で有効である。その際には，園長主導のもと特別支援教育コーディネーターや園内委員会が中心となり，意見交換を密にして進めていくことが求められる。

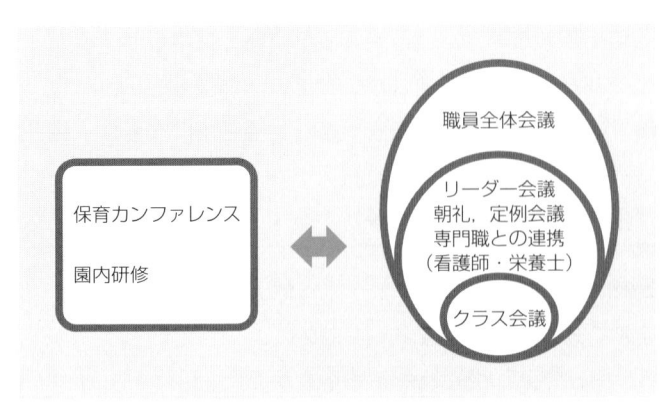

図8-4　園内における会議等の形態

*5　特別支援教育
　第1章5参照。

3）文部科学省「平成28年度特別支援教育体制整備状況調査結果について」2016.

*6　特別支援教育コーディネーター
　特別支援教育の推進のため，園内委員会・園内研修の企画・運営，関係機関との連絡・調整，保護者からの相談窓口などの役割を担う。

*7　個別の教育支援計画
　第1章5参照。

*8　保育カンファレンス
　保育者同士が事例の検討を通して意見を互いに出し合うこと。実践の振り返りや，今後の課題を明確にする等，職員全体の資質向上が期待できる。

（2）子どもへの関わり

事例8−6

　I女児は，年長クラスで自閉スペクトラム症の診断を受けている。気分が落ち着かなくなると，教室から飛び出してしまうことも多い。担任が1人であることから，教室から飛び出してしまったときの対応について，保育カンファレンスの場を設け意見交換をすることになった。部屋を出た後は，誰もいないホールや玄関にいることが多かった。すぐに声をかけると，それがかえって刺激となるため，様子を見ることが確認された。落ち着いた頃に「へやにもどります」と書かれたカードを見せることになった。遊戯室ではフリーの保育者が，玄関では職員室にいる職員が対応し危険のないよう見守る体制が整った。

　教室を飛び出しても，職員室で園長先生に話を聞いてもらうことで気持ちが落ち着き，集団に戻る子どもの姿はよくみられる。これは，クールダウンさせることの重要性を示している。長時間保育，苦手な活動，集団という環境は，障害の有無に関係なく，ストレスとなることがある。

　井上は，職員同士の連携を，子どもを真ん中に据えた，見えない心の手つなぎの輪と表現している[4]。幼稚園・保育所等には，子どもを支えるたくさんの職員がいる（図8−5）。その職員の見えない手つなぎの輪の中で，子どもがのびのびと育つ，それこそが柔軟な保育や，個々への関わりへとつながるのである。支援の難しい子どもだからこそ，職員一人ひとりが知恵を出し合い，その子のために何ができるかを話し合うということが，協働への第一歩である。

4）井上さく子『だいじょうぶさく子の保育語録集』サンパティック・カフェ，2014.

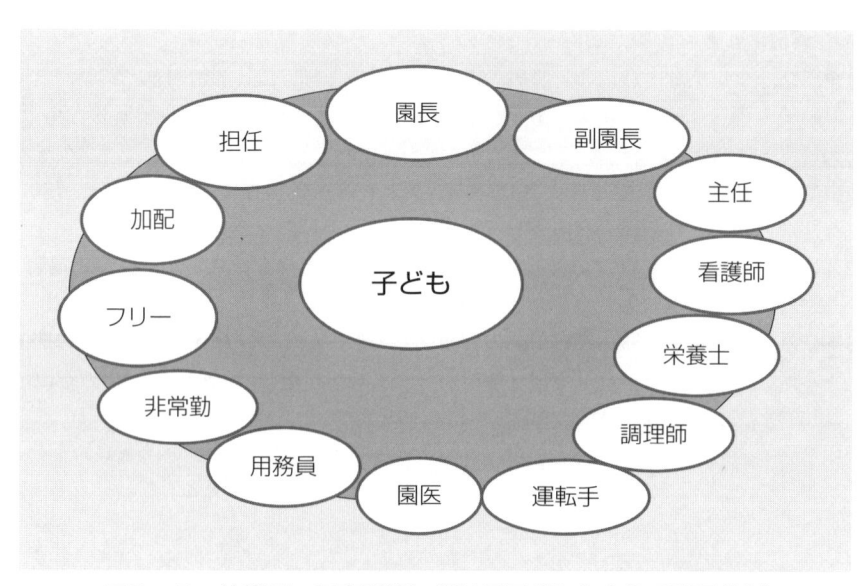

図8−5　幼稚園・保育所等における子どもを支える職員体制

●演習課題

課題1：図8-2のように，プロフィール形式で表示してある発達検査の結果を様々な文献から収集し，結果の読み取り方について個人間差と個人内差に関連づけながらグループ討議をしてみよう。

課題2：実習やボランティアを通して，実際の保育場面での視覚的な支援や保育環境を探して記録しよう。撮影が難しい場合は，図で描くなど工夫してみよう。

　　　　・記録した視覚的な支援や保育環境について，ねらいが何かを考えよう。

　　　　・個人で考えた内容については，グループでの討議や発表をしてみよう。

課題3：障害のある子どもを職員全体で支援する場合における，それぞれの職員の役割をまとめよう（「園長・副園長・主任」，「特別支援教育コーディネーター」，「担任保育者」，「障害児担当保育者」，「看護師」，「栄養士」など）。

●参考文献

伊藤健次編『新・障害のある子どもの保育』みらい，2007.

大竹節子・塩谷香監修『0～5歳児の発達と保育と環境がわかる本』ひかりのくに，2012.

西村重稀・水田敏郎編『障害児保育　保育基本シリーズ⑰』中央法規出版，2015.

長谷部比呂美・日比曉美・山岸道子『保育の心理を学ぶ』ななみ書房，2011.

本郷一夫編著『シードブック保育の心理学Ⅰ・Ⅱ〔第2版〕』建帛社，2015.

若井淳二・水野薫・酒井幸子『幼稚園・保育所の先生のための障害児保育テキスト　新訂版』教育出版，2014.

伊勢田亮・小川英彦・倉田新『障害のある乳幼児の保育方法』明治図書，2008.

河原紀子・港区保育を学ぶ会『0歳～6歳子どもの発達と保育の本』学研教育出版，2011.

小山望・太田俊己・加藤和成・河合高鋭『インクルーシブ保育っていいね——一人ひとりが大切にされる保育をめざして』福村出版，2013.

酒井幸子・中野圭子・吉賀紀久美『発達の気になる子へのケース別生活動作・運動・学習サポート事例集』ナツメ社，2015.

安本奈月・三木裕和「肢体不自由児の仲間関係の形成および，身体活動の変化に関する研究——統合保育における参与観察から——」地域学論集　鳥取大学地域学部紀要，12巻，2号，2016，pp.187-195.

第9章 記録，支援計画，個別の支援計画の作成

> 障害のある子どもの発達を促すためにその実態を捉え，保育の目標や保育内容，環境整備，保育者の配慮を含めた支援計画を立案し，保育・教育をしていくことは，障害のない子どもの場合と基本的には同じである。
>
> ただし，障害のある子どもの場合，個々の発達の特性や長期的な発達の可能性を考慮して，よりきめ細かに立案する必要がある。また，統合保育の中で，他の子ども達との関わりの中で刺激を受け，基本的生活習慣を習得し，社会性を広げられるような支援計画の立案が期待される。
>
> 本章では，支援計画の例をもとに，具体的な立案について学ぶ。

1 統合保育での障害のある子どもへの支援計画

障害のある子どもを受け入れ，統合保育を実施している幼稚園・保育所等は増えている。障害のある子どもと障害のない子どもを同じクラスで保育していくために，保育者は障害のある子どもの発達や行動を十分に把握することによって，保育者として必要な配慮や支援の方法を検討することが大切である。

また，障害のある子どもが将来，自分のもっている力を十分に発揮して自立した社会生活を送るためには，どのような生活や遊びを経験することが大切であるかを考えて保育していく必要がある。

統合保育の長所として，障害のある子どもにとって，障害のない子どもの行動や言葉，関わりが刺激となり，集団で生活する方法を身につけたり，自分の意思の伝え方を増やしたりなど，コミュニケーションの手だてを広げるなどがあげられる。障害のある子どもはクラスの中で特別な存在としてではなく，障害のある子どもをあるがままの状態で仲間として受け止めることが，障害のない子どもの成長につながる。そのためには，保育者側からの関わり方を含めた人的環境や物的環境という保育環境も大切になる。

2 障害のある子どもの支援計画

（1）障害のある子どもの保育・教育と支援計画

1）支援計画の考え方

　保育所保育指針第1章総則の保育の目標に「保育所は，子どもが生涯にわたる人間形成にとって極めて重要な時期に，その生活時間の大半を過ごす場である。このため，保育所の保育は，子どもが現在を最も良く生き，望ましい未来をつくり出す力の基礎を培う」と掲げられており，障害のある子どもも障害のない子どもも，その保育目標の基本的な考え方は変わらない。支援計画はそうした目標に向かって，環境を整え，望ましい活動を選択し，年単位，期単位，月単位，週単位などで区切って，その内容を具体的にしていくものである。

　統合保育での支援計画は，障害のない子どものクラス全体に向けて立案されるが，時には障害のある子どもにとってかけ離れたものになる可能性がある。

　障害のある子どもの支援計画を立案する場合には，保育の目標を達成すると同時に，家庭生活や集団生活の場で情緒が安定し，基本的生活習慣が確立され，生活場面や遊びの場面で生き生きと自分らしさを発揮し，他の子どもとの関わりの中で社会性が育っていくことが必要となる。

　実際の保育現場では，クラス全体の指導計画に障害のある子どもなどの個別に支援が必要な子どもに応じた計画を組み込んで立案していることが多い。そのため，指導計画の立案にあたっては，障害のある子どもを特別な存在としてではなく，障害のない子どもと一緒にクラスの一員として保育するという意識を反映していく必要があると考えられる。

2）支援計画の見直し

　障害のある子どもを含めた支援計画を立案したら，それで完了したわけではなく，現実の場面での見直しが必要である。PDCAサイクルといわれるように，保育における支援計画にもPlan（計画），Do（実際の保育），Check（保育の評価反省と支援計画の見直し），Action（支援計画の立て直し）が必要で，支援計画をもとに保育を行い，その保育の様子や子どもの行動から保育者自身の保育を振り返り，評価・反省し，次の支援計画を見直して立案検討し，保育に反映させることが大切である。こうした見直し（フィードバック）を行っても，子どもの様子や行動に変化が乏しい場合，その支援計画や保育が子どもの状態に合っているのかを再検討し，子どもの状態に沿った保育を行っていく必要がある。

（2）年間支援計画

　それぞれの幼稚園・保育所等には，その園の方針を定めた教育課程や保育の計画がある。年間支援計画はこれらをもとに，保育者が担当のクラスの子ども達を1年間どのように保育するのかを考え立案するものである。

　障害のある子どもの年間支援計画は，保護者との面談で得られた生育歴，病歴，受診状況や経過，生活環境や生活状況の他に，保育場面における保育者から見た子ども自身の言葉や行動特性などを踏まえて立案していく。

　年間支援計画は年度当初に作成することから，実際には担当予定の子どもの入園前の姿を把握する資料がない状態で作成する場合がある。したがって，障害のある子どもの行動特性や心身の発達特性について，保育する中で新たに把握・理解したことに合わせて，支援計画を適宜加筆修正し，その子どもの特性に適した支援計画にしていくという，柔軟で現実的な対応が行われる（表9-1）。

（3）月間支援計画（月案）

　年間支援計画では，1年間の流れの中で子どもの発達を踏まえた支援計画を立案したが，その目標を区切って，季節や行事も考え，それぞれの月に必要な保育を行うために立案されるものが月間支援計画（月案）である。

　障害のある子どもの月間支援計画（月案）については，個別に保育目標を設定し，その保育目標を達成するための具体的な環境整備，手だてを考えていく。ただ，実際の保育では障害のある子どもだけを個別に保育する場面は多くなく，クラス保育の月の支援計画（月案）の中に別欄を設けて立案することがある。そのためには，クラス集団での保育が障害のある子どもにとっていかに有意義な生活場面であるか，いかに有意義な活動であるか，ということを保育者は考え，保育を工夫していくことが求められる（表9-2）。

（4）週間支援計画（週案）

　月間支援計画（月案）では，クラス集団の中での他児からの刺激で生活の手だてを身につける，コミュニケーションの手だてを広げるという統合保育を有意義な場面と捉えて，クラス保育の月間支援計画（月案）に障害のある子どもも含めて立案することを述べた。しかし，クラス集団での保育の中では障害のある子どもが自らの力を発揮できずに取り残されてしまうこともあり得る。障害のある子どもの今を大切にするという観点から，障害のある子どもの個別の目標を意識して保育していくことも必要不可欠である。

表9－1　年間支援計画

（A男児・5歳）

内容	Ⅰ　期　（4・5月）	Ⅱ　期　（6・7・8月）
子どもの姿	・クラス移動や進級による担任や友達の変動での不安を感じ，1人で廊下をうろうろ歩いたり職員室へ逃げていく場面が増えるが，少しずつ新しい自分のクラスに慣れていくようになる。 ・クラスの中で落ち着く場所を探そうとしたり，困ったときには保育者に言葉で伝えることができる。 ・赤い色をした食品（トマト，ニンジン，ミカンなど）は食べられない。 ・戸外の遊びや室内での遊びは基本的には1人で遊ぶことが多いが，他児の遊びを目で追っている姿もあり，友達の存在にも意識が向けられるようになりつつある。 ・保育室や遊戯室での集団での遊びや活動には人のざわざわ感や人の声が行き交うことが苦手なので，廊下や職員室に逃げ出す。	
養護	・保育室内の採光，保温，換気，清潔など環境衛生を気をつけ，快適にして生活できるようにする。 ・新しい環境に慣れ，自分の気持ちを受け止めてもらい，情緒の安定を図る。	・保育室内の気温，湿度，衛生や衣服の調節などをして，快適に過ごせるようにする。 ・気持ちを受け止めてもらえている安心感をもてるようにする。
教育	・嫌いな食べ物があるときは「食べられない」ことを言葉で保育者に伝えられるようにする。 ・戸外で体を動かして遊ぶ。 ・1人で取り組めるパズルや絵本など，好きな遊びをする。 ・感触が苦手な粘土遊びや砂遊びは，少しだけ触れてみようとする。 ・友達の遊ぶ様子を見て，友達や遊びに関心をもつ。 ・挨拶や返事を自分から行い，友達に話しかけられたときには会話で返していくようにする。 ・人が多い場所が苦手で，集団での遊びや活動には参加できず，1人で部屋から出ていくが，保育者の了解を得てから出ていくようにする。	・嫌いな食べ物があるときは「食べられない」ことを言葉で保育者に伝えられるようにし，一口だけでも食べてみようとする気持ちを持つ。 ・戸外で体を動かして遊ぶ。 ・1人で取り組めるパズルや絵本など，好きな遊びを友達と同じ机でする。 ・砂遊びや泥遊びには参加しないが，友達の遊んでいる様子を近くで見て，興味がもてるようにする。 ・保育室や遊戯室での集団遊びや活動で，その場から離れるときには保育者に行き先を伝えてから離れるようにする。
支援及び配慮事項	・新しいクラスの雰囲気や保育者に慣れ，自分の落ち着く場所が探せるように，声をかけたり，保育室から逃げ出すときには行き先を聞き，他の職員との連携を密にし，安全に過ごせるようにする。 ・1人で好きな遊びを落ち着いて遊んでいることを認め，情緒の安定を図る。 ・友達にも挨拶をしたり，友達が声をかけてきた場面を捉え，返事を返すことで友達とのやり取りができるように仲立ちをする。	・自分の机で図鑑を見ることで落ち着く場所が確保できるので，保育者と本児がいる机に友達を誘ってパズルをしたり絵本を読んだりして，友達と関われる場面をつくっていく。 ・友達と挨拶をしたり，図鑑や絵本のことでやり取りをした場面を捉え「○○君と話してたね」など，本児自身に友達との関わりを実感できるようにする。 ・保育室から出ていくときには，行き先の職員の了承を受けてから出かけることを約束し，交渉する経験ができるようにする。
評価反省		

ねらい	養護・教育	・清潔で安全な環境をつくり，快適に生活できるようにする。 ・自分の苦手なことや嫌なことを保育者に伝え，気持ちを受け止めてもらいながら安心して過ごすようにする。 ・好きな遊びにじっくりと取り組み，クラスの中で落ち着く場所を見つけ，少しずつ友達や友達が遊んでいることに興味をもつ。 ・嫌いな食べ物も食べようとする気持ちをもつ。 ・友達と一緒に遊ぼうとする気持ちをもつ。 ・集団での遊びや活動に参加してみようとする気持ちをもつ。

Ⅲ　期　（9・10・11・12月）	Ⅳ　期　（1・2・3月）
・季節の変化に応じて保育室内の温度調節や換気を行い，快適に過ごせるようにする。 ・自分の気持ちを保育者に安心して伝えることができる。	・保育室内の気温，湿度，換気，暖房器具の扱いなどに十分気をつけ，快適に過ごせるようにする。 ・保育者との信頼関係の中で安心して生活ができるようにする。
・嫌いな食べ物は一口だけ舐めてみようとする気持ちをもつ。 ・戸外で体を動かして遊ぶことを楽しみながら，友達が遊んでいる様子を見たり，興味を向けるようになる。 ・1人で取り組めるパズルや絵本など，好きな遊びを友達と同じ机でする。 ・同じ机で遊んでいる友達から話しかけられたときには返事をしたり，自分から友達に話しかけようとする。 ・遊戯室での集団遊びや活動で，参加したくなくて，その場から離れるときには廊下でクラスの友達が遊んでいる様子を見られるようになる。	・嫌いな食べ物は一口だけ食べてみるようにする。 ・戸外で体を動かして遊ぶことを楽しみながら，友達が遊んでいる様子に興味をもち，近くで見ようとする。 ・友達と同じ机でパズルや絵本など，好きな遊びをしながら，「ここはこのピースだよね？」「違うよ。こっちだよ」や「この恐竜は○○？」「そうだよ。○○だよ」などの短い言葉のやり取りができるようになる。 ・遊戯室での集団遊びや活動で，参加したくなくて，その場から離れるときには廊下でクラスの友達が遊んでいる様子を見たり，少しずつ段階を得て集団での遊びの場に慣れていくようになる。
・同じ机でパズルや絵本などで遊ぶことを通して，友達とやり取りする場面を捉え，友達との関わりがもてていること，友達と一緒に遊んでいることを実感できるような声をかけていく。 ・他児が保育室に帰った後で遊戯室に残り，クラスの友達がしていた遊びや活動を再現して遊び，自分も遊戯室で遊んだ実感を持たせていく。 ・保育室から出て行きたいときには，行き先の職員の了承を受けてから出かけることを継続していく。	・同じ机でパズルや絵本などで遊ぶことを通して，友達とやり取りする場面を捉え，友達との関わりがもてていること，友達と一緒に遊んでいることを実感できるような声をかけを継続していく。 ・他児が保育室に帰った後で遊戯室に残り遊びや活動の再現をしたり，遊びの内容や本児の気持ちを確認した上で，友達の遊んでいる様子を遊戯室の隅で見られる機会をつくっていく。 ・保育室から出て行きたいときには，行き先の職員の了承を受けてから出かけることを継続していく。

表9－2　月間支援計画

（A男児・5歳）

子どもの姿	A男児	ねらい	A男児
・正月休みで生活リズムが崩れている子どもがいる。 ・久しぶりに会う友達と遊ぶことを楽しみに登園してくる子がいる。 ・戸外で体を動かして遊ぶ子もいるが，寒いからと戸外に出ようとしない子もいる。 ・休み中の話を保育者や友達に聞いてほしくて，休む間もなくずっと話している子がいる。 ・正月遊びのすごろくや福笑いに興味を示していても，自分から参加できない子もいる。 ・郵便ごっこのはがきやポストを見て，自分から遊び出す子がいるが，遠くから見ているだけの子もいる。	・休み明けも生活のリズムが崩れることはない。 ・郵便ごっこのはがきを何枚も書くが，はがきのやり取りはしない。	**養護・教育** ・生活習慣を見直し，一人ひとりの体調に留意しながら健康で快適に過ごせるようにする。 ・十分に体を動かして，寒さに負けずに戸外での遊びを楽しむ。 ・新年に関心をもち，生活に取り入れて遊ぶ。 ・友達や異年齢児とのつながりを深めながら，遊び方やルールを伝え合ったり遊びを進めていく楽しさを味わう。 ・正月遊びやゲーム，郵便ごっこを楽しみながら，文字や数に関心をもつ。	・友達と一緒にルールのある遊びをする。

環境構成	A男児	予想される子どもの活動	A男児
・手洗いやうがいが風邪の予防につながるような話をしたり，手洗い場に絵を表示しておく。 ・戸外での遊びに興味がもてるように用具を出しておく（サッカーボール，ドッジボール，長縄，縄跳び，しっぽとり用の紐など）。 ・郵便ごっこができるようにはがき，鉛筆，色鉛筆，スタンプ，ポスト，あいうえお表などを用意する。 ・いつでも挑戦できるようにコマ，けん玉，お手玉などを用意しておき，場所をビニールテープで示しておく。 ・正月遊びができるように福笑い，すごろく，かるた，トランプを用意しておく。 ・すごろく作りができるように古カレンダー（裏面利用），鉛筆，マジック，ペットボトルの蓋（駒として利用）などを用意しておく。		・正月休みで生活リズムが崩れ，寝不足や朝食抜きで登園する子どもがいる。 ・自ら手洗いやうがいをし，風邪予防に気をつけている子もいるが，面倒でしない子もいる。 ・戸外で追いかけっこや走ったりして，体を動かして遊ぶ子もいるが，寒いからと戸外に出ようとしない子もいる。 ・年賀状の話をしたり，はがきを描いたり，宛名を書いたり，友達や保育者と手紙のやり取りをして郵便ごっこを楽しむ。 ・郵便ごっこには興味があるが，絵や文字を書くことが苦手で遊ぼうとしない子もいる。 ・コマ，けん玉に挑戦している子がいるが，友達の姿を見て難しそうだからと取り組もうとしない子もいる。 ・友達と一緒に福笑いやすごろく，かるた，トランプなどを楽しむ。 ・勝敗のある正月遊びなどでは，自分の都合のよいように，途中でルールを変えることで，トラブルになることが多い。 ・2～3人の友達と自分達ですごろくを作って遊ぼうとしている子がいる。	・戸外で遊ぶことは嫌がらないが，誘わないと体を動かす遊びは取り組もうとしない。 ・文字を書くことは得意なので，喜んで郵便ごっこをしている。 ・保育者と1対1でなら遊ぼうとするが，友達が何人もいていろいろと話が交差すると席を立っていく。

評価反省

	内　　容	A男児
養護	・休み明けで崩れがちな生活リズムや習慣を見直し，子ども自らが気づいていけるようにし，一人ひとりの体調に留意する。 ・気温に合わせて衣服の調節をし，手洗いやうがいをして風邪の予防をする。 ・勝敗のある遊びを通して結果を互いに認め合い，自己肯定感を高めていくようにする。	
教育	・自分や友達の体調の変化を保育者に伝える。 ・積極的に戸外に出て遊ぶようにする。 ・身近な友達との関わりを深め，異年齢児と関わるなど，親しみや思いやりをもつ。 ・身の回りのものには，形や位置などがあることを知り，関心をもつ。 ・話し相手や場面の違いにより，使う言葉や話し方の違いに気づく。 ・友達と一緒に協力して描いたり作ったり遊んだりすることを楽しむ。	・自分の体調の変化を保育者に伝える。

配慮事項・支援事項	A男児	家庭との連携	A男児
・家庭との連絡を密にし，休み中の生活や生活リズムについて把握し，一人ひとりの体調管理に気をつける。 ・面倒がって手洗いやうがいをしていない子には個別に声をかけていく。 ・保育者も一緒に遊び，体を動かして遊ぶことが楽しい雰囲気やきっかけづくりをする。 ・縄跳びや長縄跳び，コマ回し，けん玉など挑戦する遊びでは結果が見えやすいように表を作って掲示し，次の頑張りにつなげていく。 ・郵便ごっこに参加しない子どもの理由を探り，絵を切り抜き貼ったり，文字をスタンプで押したりし，郵便ごっこを通して文字に興味がもてるきっかけづくりにする。 ・ルールや勝敗のある遊びではルールを守ることの必要性や勝敗のある面白さ，友達や自分の勝敗を認める場とし，自己肯定感につなげていくようにする。 ・自分の言葉で友達にアイデアや意見が言えるように見守ったり意見調整をしたりして，グループですごろく作りが進められるようにする。	・ボールを使った遊びに誘い，体を動かして遊ぶことのきっかけづくりをしていく。 ・誰とやり取りしたいのを聞き取り，友達ともはがきのやり取りができるようにしていく。 ・ルールは理解できるので，少人数のグループで遊べるように保育者が決めたグループで遊ぶようにする。	・休み中の生活習慣や生活リズムについて連絡を密にとり，一人ひとりの体調について把握できるようにする。 ・家庭へも手洗いやうがいが風邪予防につながることを伝え，家庭でも行ってもらうようにする。	・休み中の生活全般について話を聞き，把握できるようにする。

行　　事
・新年おめでとう会 ・避難訓練 ・身体測定 ・誕生会

表9-3　週間支援計画

（A男児・5歳）

	生 活	対人関係	運動・遊び	言 葉	情 緒
子どもの姿	・休み明けも生活習慣やリズムが崩れていることはない。 ・手洗いうがいなども嫌がらずにしている。	・2～3人の友達との会話を楽しんでいる。 ・会話や遊びなどグループの人数が増えてくるとその場から離れ，1人になれる場所に行く。	・1人でボールを蹴って遊ぶことを楽しんでいるが，ドッジボールのような大人数での遊びに参加しようとしない。 ・文字を書いて遊ぶことを楽しんでいる。	・友達に声をかけられることには答えたり自分の話をしたりすることができる。 ・自分から友達に声をかけていくことはない。	・2～3人のグループでは友達と遊ぶことができる。 ・人数が増えると廊下に出たり職員室に行ったりして，1人になることで気持ちを落ち着かせている。

月目標	・2～3人の友達との遊びに自分から参加し，遊びを楽しむようになる。

	第 1 週 （ / ～ / ）	第 2 週 （ / ～ / ）	第 3 週 （ / ～ / ）	第 4 週 （ / ～ / ）	保護者連携等
目標	・保育者と一緒に2～3人の友達の遊びに参加する。	・保育者に見守られながら2～3人の遊びに参加しようとする。	・2～3人の友達の遊びに自分から参加しようとする。	・2～3人の友達と一緒に遊ぶことを楽しむ。	・友達の輪の中に入って遊ぶ機会が多くなるので，家庭でストレスや気持ちが不安定になることが見受けられた場合は，知らせてもらうようにする。
環境	・かるたやトランプなど本児が好きな遊びを用意しておく。 ・郵便ごっこの年賀状を通して友達とやり取りできるようにする。	・かるたやトランプなど本児が好きな遊びを用意しておく。 ・郵便ごっこの年賀状を通して友達とやり取りできるようにする。	・かるたやトランプなど本児が好きな遊びを用意しておく。 ・福笑いやすごろくなどの遊びを用意しておく。	・かるたやトランプなど本児が好きな遊びを用意しておく。 ・福笑いやすごろくなどの遊びを用意しておく。	
支援方法	・文字や数字に興味がある本児が遊びやすいようにかるたやトランプを用意し，遊んでいる友達の中へ保育者が誘って一緒に遊んでいく。 ・年賀状のやり取りを通して友達との共通の遊びを楽しんだり，友達との距離を近く感じたりできるようにする。 ・友達の人数が増えても最後まで遊べるように保育者が一緒に遊ぶ。	・かるたやトランプで遊んでいる友達の近くで参加できずにいることもあると思われるので，保育者が傍について遊びに参加したいことを伝えられるようにする。 ・引き続き年賀状のやり取りを通して友達と親しみ，距離を近く感じていけるようにする。	・少人数の友達と遊ぶことに慣れ，楽しさも感じてきているので，自分の遊びたい遊びに自分から参加できるよう見守り，参加できずにいるときには傍で見守り，自分から参加できたときには本人が行動したことを認める言葉をかける。 ・かるたやトランプだけでなく，福笑いやすごろくなど，友達と一緒に遊べる他の遊びにも関心がもてるようにする。	・かるたやトランプだけではなく福笑いやすごろくなどの遊びにも自分から参加できるようになってきているので，遊びの環境を変えることなく取り組みやすいようにしていく。 ・友達との遊びを見守るようにし，友達の人数が増えてきたときには保育者も参加し，本人が最後まで参加できるように近くで見守っていくようにする。	
評価					

　ここではクラス保育の月間支援計画（月案）とは別の視点である，障害のある子どもの保育目標を達成させるための週間支援計画（週案）について考えてみる。障害のある子どもの月単位で考えた保育目標を週単位で考え目標設定をする。その際，その子どものもっている力に合わせて保育目標をどれくらい細分化できるのかということも重要になってくる。クラス保育で，障害のある子どもだけを個別に保育することは，単独担任の場合には保育の流れを中断させたり，他の子どもを待たせることになり，できないのが現状であるため，クラス保育の中で支援場面や具体的な支援方法を考え，保育の工夫をしていくことになるのである（表9−3）。

コラム　　支援計画はなぜ必要？

　保育以外に保育者が行わなければならない仕事として，支援計画の立案がある。支援計画の立案がなければ，そのときの子どもの状況に合わせて保育できるのに…と考えるかもしれない。

　では，なぜ支援計画が必要なのであろうか。

　保育所保育指針第1章総則に，保育の目標として「子どもが現在を最も良く生き，望ましい未来をつくり出す力の基礎を培う」とある。そのときの状況で保育することだけで，保育所保育指針にある保育の目標を達成させることはできるだろうか。"未来をつくり出す力"とは，どのような力のことなのであろうか。また，"その基礎を培う"とは，どういうことを指しているのであろうか。

　保育所保育指針にある保育の目標の言葉の意味を考え，理解することをもとに，未来をつくり出す力を培うために，保育の中ではどのような環境を用意したらよいか，子どもたちにどのような経験の場を提供していくことが望ましいのか，どのような配慮や援助を行うべきなのかなどを考えていくことが保育者には求められている。

　そのときの子どもの状況に合わせた保育だけでは，楽しい気持ちは実感できても，その楽しい経験を積み重ねて得られる"力"にはつながりにくいのである。

　子どもの未来までを視野に入れ，幼稚園・保育所等での生活を安定したものとし，充実した活動ができるよう，保育者が意図的に行わなければならないことを整理し，記録に残す。それが支援計画である。だから，支援計画が必要となってくるのである。

コラム　　子どもの姿と支援計画

　支援計画の様式の一番はじめに記入する項目は「子どもの姿」となっている。なぜ，「目標」や「保育内容」ではなく「子どもの姿」を記入することから始まるのであろうか。

　"こんな保育がしてみたい""子どもにこういう経験をさせたい"など，保育者が思いをもって保育していくことはとても大切なことである。しかし，ここで考えてほしいのは，保育は誰のために行うのかということである。保育の主人公は保育者だろうか，それとも子ども達だろうか。そう，保育の主人公は保育者の目の前にいる子ども達である。

　目の前にいる子どもの体全体や手指，心の発達はどの程度なのか，何ができて何ができないのか，できないことはどこでつまずいているのか，何が好きで何が苦手なのか，なぜ苦手なのか，友達とはどのような方法でかかわっているのか，言葉はどのくらい話せるのか，どのような言葉を使って会話をしているのか，どのようなときに情緒が安定し，どのような場面で情緒が不安定になるのか，不安定になったときにはどのような状態になるのか，など，主人公である子どものありのままを細かく具体的に観察し，把握した子どもの姿をもとに，そのときの状況や保育者の思いを重ねて保育していくのである。

　そのため，支援計画の様式の一番はじめに記入する項目は「子どもの姿」になっているのである。

演習課題

課題1：表9-1～9-3を参考に，年間支援計画・月間支援計画・週間支援計画を立案してみよう。

課題2：支援計画や保育が子どもの状態に合っているのかを検討する場合，どのようなことから判断するのか，具体的に考えてみよう。

第10章 保護者，地域の関係機関等との連携

本章ではまず，障害のある子どものいる家族の置かれた状況や気持ちを理解する。特に，障害受容の心理的過程と幼児期の保護者やきょうだいの気持ちを理解する。次に，保育者による支援では，園内での支援として，家庭支援とクラス運営，そして，園外の地域の関係機関との連携について学ぶ。また，就学後を見通した小学校との連携の事例についても学ぶ。

1 障害のある子どもの保護者や家庭に対する支援

障害のある子どもの保護者に対しては，児童福祉法において保育者が「保護者に対する保育に関する指導を行う」ことが明文化され（第18条の4），また，保育所保育指針第4章「2 保育所を利用している保護者に対する子育て支援」において，「子どもに障害や発達上の課題が見られる場合には，市町村や関係機関と連携及び協力を図りつつ，保護者に対する個別の支援を行うよう努めること」と示されている。

障害のある子どもの保護者に対する適切な支援を行うためには，子どもの障害の特性を保護者が十分に理解することが最も重要である。幼稚園・保育所等で保護者への支援を行う場合，園内でできることの限界もあることから，専門的な支援や詳しい助言が必要な場合には，地域の関係機関との連携が必要となる。また，子どもの生活は幼稚園・保育所等の園生活だけでなく家庭生活の果たす役割が大きいが，とりわけ子どもに障害がある場合は，保護者側からの協力がより重要となってくる。保育者には保護者の様々な気持ちや悩みなどを理解して保護者が療育に取り組めるように支援する姿勢が求められる。

（1）障害受容とその過程

1）障害受容の過程

　小児科医のドローター（Drotar, D.）は，子どもの先天奇形が判明した保護者の心理的過程について，第1「ショック」の段階，第2「否認」の段階，第3「悲しみと怒り」の段階，第4「適応」の段階，第5「再起」の段階が時間の経過とともに変化することを表している（図10-1）。これに類似した感情の変化が，障害のある子どもの保護者においてもみられる。

①　障害受容の段階：第1段階は，障害を告知された後の「目の前が真っ暗になった」「何も覚えていない」などの気持ちの状態である。障害のある子どもが生まれたことに対するショックを受け入れながらも，今までの生活では考えてもみなかった障害について受け止めなければならないことについての戸惑いの気持ちがある。

　第2段階は，やや落ち着いてくるが，まだ事実を見つめることが難しい状態である。「診断が間違っているのでは」「まだ小さいからそう見えるだけで，いずれ取り戻す」など診断を否定したい気持ちである。また，診断を否定できる情報や医療機関を探す「ドクターショッピング」という状態を示すこともある。

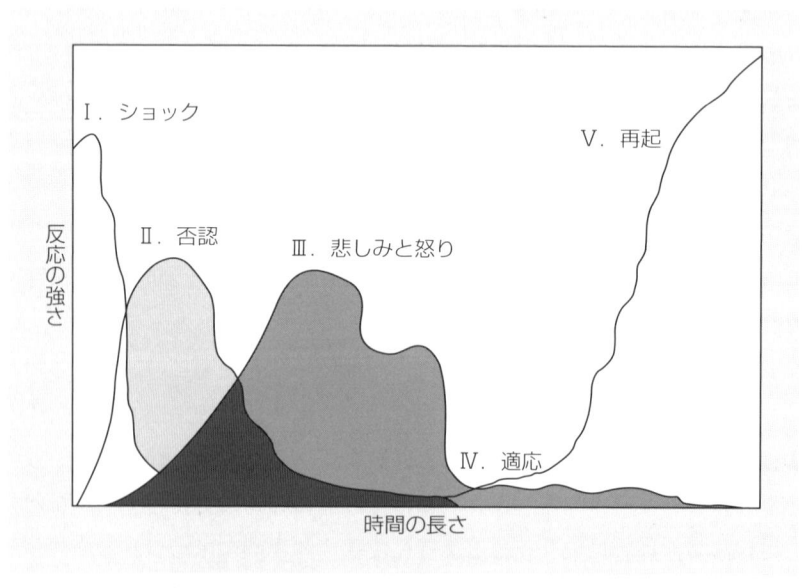

図10-1　先天奇形をもつ子どもの誕生に対する正常な親の反応の継起を示す仮説的な図

出典）Drotar, D. 1975：谷川弘治編『病気の子どもの心理社会的支援入門』ナカニシヤ出版，2009, p.63.

　第3段階では，障害を認識し始めると同時にそれに対する悲しみと怒り
が生じてくる。「どうして私だけに障害のある子どもが生まれたか」と自
らに問い続けながら，同時に，障害について考えたくない，認めたくない
気持ちも併せもつ状態である。子どもの障害を掲載した本や新聞が怖くて
読めなかったり，子どもの月齢を聞かれると実際より小さく答えて障害を
咄嗟（とっさ）に隠そうとしたデリケートな気持ちであったと述べる母親もいる。子
どもを理解できない気持ちや他児と比較する気持ち，また，母親なりに障
害を次第に理解して，子どもへの接し方を工夫して取り組むなどの様々な
気持ちで育児や療育に取り組む状態である。

　第4段階は，子どもの発達について少しずつでも小さな発見や成長を喜
べる気持ちへ変化する状態である。他児と比較するのではなく「この子な
りの成長をしている」との見方をするようになる。障害のない子どもに追
いつくために，頑張りすぎたと振り返ることもある。

　第5段階は，専門家に頼る気持ちが強かった時期を振り返りながら，
「自分なりに子どもに合った方法を工夫することが大切であり，その子な
りの発達をすればよい」という考え方へと変化する。子育てに少しずつ喜
びを見つけられるようにもなり，どのように育てていくかについても考え
始める。価値観の転換として，「障害のある子どもが生まれたことで自分
の価値観が覆された」「母親として成長した」と述べるようにもなる。

② **障害受容の特徴**：上記の過程には個人差があり，また，最終的な障害受
容に至るまでにかかる時間にも差がある。子どもの障害がわかった直後
に，ある程度障害を受け入れて第4段階まで至る保護者もいれば，数十年
かけて第5段階の障害受容に至り，障害や人生に対する価値観が変わって
いく保護者もいる。この5段階は，ある時期は重複，時には前の段階へ後
退しながら，また，受容と悲嘆の気持ちを行ったり来たりしながら，次第
に障害を受容する方向へと進んでいく。

　中田[1]は螺旋形モデルとして，否定的な心理状態であってもすべてに
ついて否定的なのではなく，適応に向けて取り組もうとする肯定的な気持
ちが混じっていること，否定的・肯定的双方の気持ちがリボンの両面のよ
うに状況によって強まったり弱まったりする，としている。また，障害受
容は螺旋階段を登るように障害を肯定する気持ちを表に出したり隠したり
しながら受容というゴールへ進んでいく過程とも述べている。支援者はこ
うした保護者の気持ちを受け入れ，現在の心理的状況に合わせてカウンセ
リングや発達支援を勧める。

1）中田洋二郎「親の障害の認識と受容に関する考察」1995，早稲田心理学年報，27，pp. 83-92.

２）障害受容に影響する要因

　障害受容に影響しているのは子どもの障害の程度ではなく，その障害を家族がどのように感じているかが大きい。また，障害受容に影響する要因として，専門家による障害の伝え方が大きいともいわれる。障害告知の場面においては，家庭状況や保護者の心理的状態を考慮しながら障害の見通しと支援の方向性を丁寧に伝えることが大切である。家族の障害受容を支える上では，周囲の理解と支援，そして，継続的な専門的支援が重要であり，特に，母親の障害受容では夫の理解，それに加えて祖父母の理解や協力が母親を肯定的に支える。また，障害の診断を聞いてショックであったが同時に，子どもの行動や習癖の原因は自分の子育てのせいではなかったと知って少しすっきりしたと話す母親もいる。家族の障害受容には，様々な要因が影響している。

　保育者や療育，相談にあたる支援者は家族の障害受容ができるように働きかけるが，重要なのは家族のペースを尊重することである。障害受容は簡単ではなく，子どもの障害の状態や診断名，そして，療育センター等の受診や通園状況，経過などを保育者に説明できても，それは事実を話せる状態であり，母親が心の底から，障害受容できるようになるにはまだ時間がかかる[2]。障害受容が早すぎるとどこか無理をしているようにも感じるので，簡単にできるものではないという気持ちで保育者は家族に接するように心がける。

２）武藤久枝「障害児の発達と保育カウンセリングによる対応」岡崎女子短期大学教育研究所報，16，2005，pp.5-24.

（２）障害が疑われたときの保護者の気持ち

　障害のある乳児をもつ保護者では，第１段階の「ショック」，第２段階の「否認」，第３段階の「悲しみと怒り」の時期が多く，各時期が重複または前後することもある。出生後に医学的な対応があった場合を除くと，発達の遅れは１歳６か月児健診などで発見，対応される場合が多い。乳幼児期は障害か遅れかがよくわからないままに受診や訓練に通ったり，並行して保育所等に入所する時期であり，母親の立場では遅れかどうかがわからない漠然とした不安をもったままにいろいろな所に通っている。子どもの発達は取り戻せるのか，障害かどうかはっきりしない曖昧（あいまい）でわからないまま過ごす時期が長く辛かったと振り返る母親は多い。一方，保育者としては家族に理解や協力を求めながら家庭との協力体制を作らなければならない，微妙で重要な時期である。

　保護者が子どもの障害やその問題に気づいていない場合と，気づいているが受け容れ認めることができない場合に分けて説明する。

１）保護者が子どもの障害に気づいていない場合

　保護者が，様々な理由で子どもの障害に気づけない場合がある。例えば，家族内の不和や，多忙のために子どもの様子を観察する余裕がなかったりする場

合である。また，子育てに必要な知識や経験に乏しかったり，子どもの様子を見ていてもその障害に気づけなかったり，障害につながることを理解できない場合もある。周囲からの助言が母親の気づくきっかけとなることもあるので，育児の支援は大切である。

　母親は子どもの障害についてうすうす感じながらも改めて保育者等から指摘されるのを避けているデリケートな気持ちの場合もあるので，保育者としては，その気持ちを受け止めながら信頼関係をつくるように心がける。相談を避けたり，相談のきっかけをつかめない母親に対しても毎日の出来事を根気よく伝えることを繰り返すことによって，信頼関係を形成するように心がける。

2）子どもの障害に気づいてはいるが，認めることができない場合

　保護者が子どもの障害に気づいていても，大丈夫と思いたい気持ちが働いて，受け容れ認めることができない時期もある。また，受診や相談が必要と思っていても行動できない場合がある。これは，受診や相談の仕組みをよく理解していなかったり，また，相談に行くことによって障害についての不安や疑問が浮き彫りになるのが怖かったり，自分の育児の問題点を指摘されることを避ける気持ちが影響して，問題解決の積極的な行動を起こすことができなくなったりする場合である。

　迷ったり，障害を認めようとしない状態が続くと，療育を早期から受ける機会を逃し，結果的に子どもの攻撃行動や多動を悪化させるなどの二次障害を招く。

　幼稚園・保育所等での対応として，発達相談やカウンセリングなどの心理的対応や療育などの関係機関を紹介し，勧めることなどが必要である。

（3）家庭支援ときょうだい支援

1）家庭支援

　家庭への支援について野邑（2012）[3]は，発達障害のある子どもをもつ家族への支援として，①家族が主たる療育者になるための支援として「療育支援」，②家族自身のもつ困難への支援として「家族自身への支援」，③家族の養育が障害のある子どもへ及ぼす影響への支援として「家族と本人との関係性の支援」の3点をあげている。

2）保育者による保護者への関わりのポイント

　保育者が障害のある子どもを否定しないことや，その保護者や家族の考え方の育児を否定しないことが，接する上でのポイントである。母親が自分の育児に自信をもつことができるように，その支援をする姿勢で保護者と接することを心がける。

3）野邑健二「家族への支援の重要性」本城秀次・野邑健二編『発達障害医学の進歩』診断と治療社，24，2012，pp.1-6.

① **罪障感からの解放**：母親の中には自分の育て方が悪くて障害のある子どもになったのではないかと自分を責めている場合がある。家族から育児を責められていたり，また，そうでなくても自分自身を責めていることがある。機会を見つけて，育て方だけでは障害のある子どもにならないことを伝えることが大切であり，それは母親の罪障感からの解放になり，今後の療育の参加に取り組むエネルギーになる。

② **家族関係**：家族関係も保護者の心理に影響する。夫婦の育児方針が一致していることや夫の育児の理解や協力があると，母親の育児に対する負担感が軽減される。また，夫だけでなく育児の支援者（祖父母や同じような障害のある子どもをもつ保護者）があると，保護者の心理的ゆとりができる。そこから情報を得たり，地域活動の参加に積極的になることができる。

3）きょうだい支援

＊1　ここでは障害のある子どもの兄弟姉妹を「きょうだい」と表記する。

4）田倉さやか「発達障害児・者のきょうだいへの支援」本城秀次・野邑健二編『発達障害医学の進歩』診断と治療社，24，2012，pp.67-73.

障害のある子どもに「きょうだい*1」がいる場合，その「きょうだい」も，大きな影響を受けるので，配慮が必要である4)。幼児期では障害という認識には至らず，「何か変」「他の子どもとは違う」「家の様子は他の家とは変わっている」などと感じている。保護者が障害をどのように理解し，障害のある子どもに対してどのように接し，どのように障害について説明しているかといった保護者の姿勢が，障害のない「きょうだい」に強く影響を及ぼす。したがって，保育者は保護者の姿勢を支援しつつ，保育場面では，障害のない「きょうだい」への配慮も必要となってくる。

4）障害のない「きょうだい」の心理的特徴

① **保護者に対して**：障害のない「きょうだい」は，保護者の大変さを感じ，自分の寂しさや不満を我慢してしまうことがある。障害のない「きょうだい」に「よい子ども」「手のかからない子ども」であることを保護者が期待したり，また，小さな「介護者」「保護者」の役割を期待し，負わせていることもある。障害のない「きょうだい」が自ら，望まれる役割をとることがある。また，保護者の役に立ちたいとの思いから過剰に我慢し，「よい子」を演じる場合が多いが，反面，反抗的な態度をとったり，情緒的問題を抱えることもある。

② **障害のある子どもに対して**：障害のある子どもに対してどう関わっていったらよいのかについて「きょうだい」は，思い，悩み，気持ちが不安定になりがちである。障害のある子どもと「きょうだい」は保護者や保育者よりも長く，互いに関わる存在であるが，そのため，「きょうだい」は自分の人生を思うように過ごせないと感じたり，障害のある子どもを否定したりすることにつながることもある。

③　保育者の対応：幼児期の保育場面では，「きょうだい」が適応しすぎて「よい子」を演じるなどの無理をしていないかよく留意する。また，自分の気持ちを話せるようにもしておく。

　　保護者に対しては，障害のない「きょうだい」にも「あなたが大事」と言葉や態度で伝える努力が必要であること，「よい子」であることを求めないことを伝えて支援する[5]。また，障害を「きょうだい」の発達段階に合わせて説明することや，保護者自身の気持ちを「きょうだい」へ伝えること，障害のない「きょうだい」の気持ちを聴く機会を見つけることなど，「きょうだい」とよく話し合うことの必要性を保護者に伝える。

（4）保護者支援

1）「保育所保育指針」に示される保護者支援

　障害のある子どもの保育については，家庭や関係機関と連携した支援が必要なことを，保育所保育指針で明記している[*2]。子どものよりよい発達や園生活の充実をめざしていくために，園と保護者が連携していくことが重要である。

　その際，園と家庭での生活の状況を伝え合うことで，互いに子ども理解を深めることや保護者の悩みや不安を理解して支えていくことになる。園と保護者が，こうした連携を図りながら共通理解をし，両輪となって子どもを育てていくことが重要である。

2）障害のある子どもの保護者

　子育てをしている保護者は，様々なことに悩む。子どもに障害がある場合，さらに悩みが深まり，広がることが考えられる。例えば，他の子どもと比べて発達が遅い，落ち着きがない，慣れにくいなどの悩みが生じる。また，子どもが言葉で伝えられないため要求がわからない，癇癪（かんしゃく）を起こしたときになかなか立ち直れないなど，子どもの障害や発達の特徴から生じる理解の難しさやトラブルへの対応などに悩むこともある。他にも，偏食が多い，おむつが外れないなどの生活面に関すること，就学は通常の学級にするか特別支援学級にするかなど，日々の生活やライフステージの節目で悩みや困り事が生じる。

　障害のある子どもの保護者については，特に発達障害のある子どもの場合，母親のストレスが高いという報告もある[6]。保護者自身の育ち方，パーソナリティや気質，置かれている環境により一概には言えないが，障害のある子どもの保護者が悩みやストレスを抱えやすい傾向にあることを認識しておく必要がある。さらに，保護者自身が，強いストレスで精神状態を悪化させていたり，身体的，精神的疾患を抱えていたり，コミュニケーションが苦手であったりする場合があるため，保護者の特性の理解が求められる。

5）関谷眞澄「第12章　保護者・家庭への支援」林邦雄・谷田貝公昭監修『障害児保育』一藝社，2014，pp.150-160.

＊2　保育所保育指針の記述については第1章参照。

6）道原里奈・岩元澄子「発達障害児をもつ母親の抗うつに関連する要因の研究―子どもと母親の属性とソーシャルサポートに着目して―」久留米大学心理学研究，第11号，2012，pp.74-84.

３）障害のある子どもの保護者に対する支援のあり方

① **情報共有の必要性**：障害のある子どもに応じた保育をするためには，子ども理解が基礎となる。保育者は，関わりや観察から子どもについて理解をしていくが，家庭での姿を踏まえて理解する必要がある。なぜなら，園での子どもの姿はあくまでも一つの側面であり，家庭での姿と一致するとは限らないからである。子どもが園で起こした問題行動の原因が家庭での出来事である場合もあり，保護者が子どもの言動に与える影響は大きい。園と家庭や関係機関との対応の仕方が異なったり，理解不足から子どもに不適切な対応をしたりすると，子どもに混乱を与え，よりよい発達につながらない。何より，医療的な支援が必要な子どもについては，薬や装具等の情報をきちんと得ていないと子どもの命に危険が及ぶ可能性もある。そうした事態を避けるためにも，家庭との情報共有は欠かせない。また，家庭でうまくいっている方法や子どもの好きな遊びなどを聞くことから始め，園内の保育者の共通理解につなげていくことも必要である。

② **情報共有の方法**：家庭での様子を知る方法として，保護者に直接聞くこと，連絡帳のやり取りなどがあげられる。直接話を聞く機会として送迎時が考えられるが，都合がつかない場合は別途時間を設けるといった配慮が必要となる。具体的には，保護者の就労などの状況を踏まえ，個別に話を聞く時間をとったり，電話で聞いたりすることも必要だろう。また，直接話すより文字で書いたほうが気持ちを表現しやすい保護者もいる。連絡帳を利用し，文字に残しながら情報を共有するなどの使い分けも有効である。

③ **カウンセリングマインド（態度や姿勢）**：保護者を支援する態度や姿勢として，カウンセリングマインド[7]が求められる。カウンセリングマインドとは，カウンセリングの基本的な姿勢を教育の場に生かしていくものである。カウンセリングの基本姿勢である肯定的関心，受容的態度，共感，傾聴などを意識し，悩みやストレスを抱えやすい障害のある子どもの保護者の話を聞くことが大切である。そのような対応で，保護者の保育者への信頼感が生まれ，「子どもについての共通理解にもとに協力し合う関係の形成」[8]ができる。保育者からすると些細なことであっても，保護者の話に耳を傾け，共感し，肯定的に受け止めることが大切である。

　保護者から相談をされたとき，保育の専門家として，長時間子どもを預かる責任ある立場として，何らかの助言をしなくてはならないと考えるかもしれない。専門家としてその意識は必要ではあるが，最も重視するのは保護者の話や気持ちを受容することである。保護者の辛い気持ち，困っている様子を受け止め，寄り添う姿勢が求められる。そうしたカウンセリン

7）武藤久枝「カウンセリングマインド」，『発達のための臨床心理学』，小林芳郎編著，保育出版社，2010，p.199.

8）厚生労働省『保育所保育指針解説書』フレーベル館，2008，p.142.

グマインドの姿勢により信頼関係が形成され，保護者が保育者の言葉を受け入れる基礎ができ上がるというプロセスを認識しておく必要がある。

　また，保護者に園での子どもの様子を伝える際は，どのような情報を伝えるかも重要である。正確に伝えなくてはならないと思うかもしれないが，子どものできないことや問題点ばかり伝えられる保護者の気持ちはどうであろうか。保護者は「先生はそこしか見てくれていない」「子どものことを大切に思っていない」という思いを抱き，保育者を信頼する気持ちがもてなくなるだろう。子どもの育っていることを伝えた上で，今の発達の課題だけでなく，次の長期的な課題としてこの点を育て，家庭と協力して取り組んでいきたいという援助の方向性を伝えることが大切である。

（5）保護者対応とクラス運営

1）同じクラスの子ども達の保護者への対応

　クラスに障害のある子どもがいる場合，他の子どもの保護者の受け止め方は様々であろう。そうした保護者に対してどのような情報を伝えたいのか，あるいはまったく伝えたくないのか，どの程度子どものことを周囲に理解してほしいのかなど，障害のある子どもの保護者の考えは異なる。どのような場合でも，園の対応として，障害のある子どももいる園の生活やそこでの育ちが自然なものであるということを，どの保護者にも受け止めてもらえる取り組みが大切である。折に触れて，園の子ども達はどの子どもも個性的であること，相互に影響を与え合って成長することを示したり伝えたりすることが重要である。

　例えば，保護者に入園式などで園の保育方針を伝える，日々のクラスの子ども達の様子や生活する姿をお便りで伝える，などである。いずれにしても保護者は，実際の保育者や子ども達の姿を見て納得していくため，保育者自身がどの子どもも大切に思い，一人ひとりの子どもの立場に立った援助をしていくことが基本である。

　しかし，保護者が子どもの障害について周囲に伝えたくないと考えても，子ども同士のトラブルが多発したり，障害のある子どもに対する誤解が生じたりした場合など，他の子どもの保護者から説明を求められることが起こりうる。その際は，まず障害のある子どもの保護者の同意を得なくてはならない。そして，どのような内容を伝えるのか共通理解を図った上で説明する必要がある。

2）同じクラスの子ども達への対応

　障害のある子どもに対して，他の子どもは大人とは異なる反応を示すことがある。クラスの友達として自然に受け止める子どももいれば，他の子どもとの違いを感じ，その思いや考えを率直に保育者にぶつける場合もある。障害のあ

る子どもの姿をありのままに受け止めているからこそ，その言動に疑問をもったり，特別扱いされているように感じたりするとも考えられる。その思いを安易に否定したり，障害のある子どもを受け入れることを押し付けず，障害のない子どもの気持ちも受け止めてほしい。保育者は子どもにとってモデルである。保育者が障害のある子どもをどのように受け止め，関わっているか，子どもたちはその姿勢を日々見て学んでいる。保育者が子ども一人ひとりを大切に思い，それぞれに適切な支援を考え実践することで，子どもは障害のある子どもへの対応が特別なことではなく，それぞれに必要な支援だと気づいていくのである。

（6）地域の関係機関につなぐ

1）専門的な助言を得る

　入園前に医学的診断を受けた障害のある子どもの場合，医療，療育，保健，福祉といった様々な機関とつながり，入園後も継続してそれらを利用していることが多い。しかし，医学的な診断を受けていなくても，園生活の経過から園の保育だけでは発達の保障が難しいと思われる子どもがいる。その際，保育者は，保護者に対して関係機関の利用を勧める必要がある。それは，専門的支援を得ることで，子どもの発達を促す支援を行ったり，生活がしやすい保育環境を構成したりするためである。しかし，子どもの発達に疑いをもたず過ごしてきた保護者に対して，子どもの問題を伝え，関係機関の利用を勧めることは容易ではない。園での成長を期待している保護者は，子どもの発達の遅れや問題を指摘されたことで，傷ついたり落ち込んだりするだけでなく，園や保育者に対して不信感を抱いたりすることもある。それに対して保育者は，子どもの成長を願って早く何らかの手立てをもちたい思いと，保護者にいつ，どのように伝えたらよいのか，保護者との関係が壊れるのではないかという思いで葛藤するであろう。保護者に対して関係機関の利用を伝える時期や方法はケースバイケースである。しかし，保護者に伝える時期については，ある程度子どもの成長する姿や成長が滞っている姿を把握しなければならないため，学期ごとなど長いスパンで見ていくことも必要である。保護者と子どもが育っている姿，園でその子ども自身が困っている姿を共有していかなければ，保護者の受け止めは難しい。伝える際は，まず子どもの育っていることと発達の課題を伝える。そして，関係機関の力を借りることで，いっそう子どもの発達にとってよりよい支援や環境を提供したいという，子どもの立場に立った保育者の願いを語ることが大切である。

2）多様な関係機関とつながる

　子どもの発達で気になる点，発達の問題や遅れの程度などによって，利用する関係機関は多様となる。園がある程度，子どもの発達を支援する地域の関係機関や自治体のサービスの情報をもっていることが望ましいが，そうでないときは，例えば自治体の保健所・保健センターに問い合わせるのも一つの方法である。

　現在の子どもの発達だけでなく，将来の子どもの姿を考慮し，紹介された医療機関，療育機関等の関係機関から必要な機関や支援を選び，利用できるとよい。障害によっては，地域の支援ネットワークに保護者を組み込むことが求められる。また，障害のある子どもも利用することができる地域の公園やスポーツ施設，サークル，習い事などを活用し，様々な地域の人と関わったり，余暇を楽しんだりする機会を設けることも大切である。

コラム　地域の関係機関につなぐ面接

　子どもが発達の伸び悩み，集団での不適応などを示し，園での関わりだけでは子どもの発達の保障が困難な場合，地域の関係機関につなぐ必要が出てくる。近年は発達障害に関する認識が高まっていることから，保護者が発達障害を疑い，早く対応したいということで専門的な機関の利用を希望する場合もある。しかし，保育者が関係機関につなぎたいと考えていても，保育者と保護者の間で子どもの発達の状態についての理解が異なり，保護者に拒否されることがある。保護者と園や担任との関係を悪化させないためには，第三者が面接を担当することが望ましいが，園内で保育者が面接をしなければならない場合もある。保育者が地域の関係機関につなぐ面接をする際，気をつけるべき点を以下に示す。

　①　保護者の子どもに対する思いを聞く。

　②　面接者の姿勢として，カウンセリングマインドを心がける。

　③　子どもの成長を共有しながら，今，家庭や園でできることを伝える。そして，これからの成長のために専門的な支援が必要であり，専門的な支援や助言を保育に生かして子どもの成長を促したいことを伝える。

　これらがすべてではないが，子どもの立場に立つことと保護者の立場に立つことの両方の視点から，保護者に寄り添いながら焦らずに対応することが望まれる。

2　地域の関係機関との連携

　自治体の事業として，保健センターでの4か月健診，1歳6か月健診，3歳児健診などで発達の遅れや障害が発見されたり，あるいは疑われたりした場合，保健師が育児相談や発達相談などで相談を受けたり遊びの教室や言葉の教室などを紹介する。そして，観察を重ねた上で，医療機関での受診および療育センターなどを紹介し，子どもが機能訓練やリハビリテーションを受けることもある。例えば保健センターの3歳児健診で発達障害の疑いがあるとされた場合，保健師と相談の上で発達支援センターの臨床心理士と面談をしたり，医療機関を受診したりする。そこで障害があると診断された場合は児童相談所や福祉事務所で障害者手帳を交付され，発達支援センターでの相談を重ねて，障害児通所施設への入園か幼稚園・保育所等への入園かを選択することになる。また，就学に関しての教育相談や就学指導委員会等にも関わるなど，障害のある子ども達は，幼児期においては様々な地域の施設や関係機関と関わって生活し，育っていくのである。

　このように，障害のある子どもとその家族は，幼稚園・保育所等だけではなく，卒園後も発達支援センターや医療機関，福祉事務所など，地域の施設や関係機関と関わっていくことになり，地域全体で障害のある子どもを育てることが必要不可欠となるのである。

　地域の関係機関との連携については，例えば担任の保育者や主任，園長が幼稚園・保育所等に在籍する障害のある子どもの祖父母や父親，外国籍の母親から依頼されて同行することもある。自閉スペクトラム症と診断されたその子どもは，父子家庭のため医療機関の受診には83歳の祖母が付き添っていたが，子どもの行動に手を焼いてはいても障害であることの理解や医師との話がうまくできないとのことで，父親からの依頼で保育者が祖母とともに受診をし，父親に受診状況を報告した例がある。

　また，知的に遅れのある子どもの父親が関西に単身赴任しており，日本語が話せる中国籍の母親が医療機関に受診していた。しかし，医療機関から「できれば母親と他の付き添い者と一緒に受診してほしい」と言われたため，付き添ってほしいとの母親からの依頼を受け，保育者がともに医療機関に行き，医療関係者と話をしてきた事例もある。この事例では母親が日本語は話せるものの，日常生活に関する細かい用語や服薬時の指示の理解が完全ではないための同行となった。また，医療機関に受診する保護者が障害名や障害の状況，今後の見通しなど，医療機関関係者の話を正確に理解できないとの理由で，保育を

する上で意識してほしい関わり等が書かれた文書を保護者の同意の上，届けられた事例もある。最近では毎日の保育の中で保護者の相談を受け，発達相談支援センターの心理相談につなげる件数も多くみられるようになっている。

　このように，障害のある子どもにとっては地域の関係機関との連携は不可欠であり，幼稚園・保育所等はその橋渡しを担っているのである。

表10－1　地域の関係機関とその役割

施設・機関	目　的
保健センター・保健所	乳児健康診査，1歳6か月健康診査，3歳児健康診査等で視覚，聴覚，運動，発達の障害や異常を発見し，早期療育や早期治療によって健康の保持や増進を図る。
子育て支援センター	地域の子育てをしている家庭の支援を行う施設であり，育児に関する不安の相談に応じたり，子育てサークルの支援や地域の保育需要に応じた保育資源の情報提供を行う。
児童相談所	各都道府県に設けられた児童福祉の専門機関で，児童に関する様々な問題（養護相談，保健相談，心身障害相談，非行相談，育成相談）について家庭や学校からの相談に応じる。
発達障害者（児）相談支援センター	障害者（児）とその家族が豊かな地域生活を送れるように保健，医療，福祉，教育，労働等の関係機関と連携し，様々な相談に応じたり，指導や助言を行う。
市町村福祉事務所（福祉関係窓口）	福祉六法（生活保護法，児童福祉法，母子及び父子並びに寡婦福祉法，老人福祉法，身体障害者福祉法，知的障害者福祉法）に定められている支援の提供や育成，更生のための事務を行う。

3　幼保小の連携

（1）小学校との連携

　保育所保育指針，幼稚園教育要領，幼保連携型認定こども園教育・保育要領では，小学校との連携に関して，共通して次の主旨が明記されている。

・小学校以降の生活や学習の基盤の育成につながることに配慮し，幼児期にふさわしい生活を通じて，創造的な思考や主体的な生活態度などの基礎を培うようにすること。

・保育所，幼稚園，幼保連携型認定こども園で育まれた資質・能力を踏まえ，小学校教育が円滑に行われるよう，小学校教師との意見交換や合同の研修の機会などを設け，「幼児期の終わりまでに育ってほしい姿」を共有

するなど連携を図り，小学校教育との円滑な接続を図るよう努める。

また，それぞれ「保育所児童保育要録」「幼稚園幼児指導要録」「幼保連携型認定こども園園児指導要録」の作成，送付が義務付けられている。

これらから，幼児期から就学への連携が重要であることが理解できる。

表10-2　小学校との連携の具体的例

【保育所の子どもと小学校児童との交流の例】

　就学時健診，入学説明会などでの交流はどの小学校でも行われているが，その他に遠足の目的地として小学校を訪れる。また，小学校1年生の授業や給食の様子を見学したり，担任教師や調理職員と話す機会をもつなどの取り組みをしている。

【職員同士の交流の例】

　入学後初めての授業参観に保育者（年長時担任や主任など1年生の児童を知っている保育者）が保護者と一緒に参観し，参観後に1年生の担任等と話し合いの場をもち，交流や情報共有をしている。

【情報共有や相互理解の例】

　要録*3の作成，送付が義務付けられているが，書類送付に留まらず，各々の保育者が情報共有する話し合いの機会をもつことは，多くの園で行われている。さらに，入学後にも情報共有の話し合いの機会を継続してもつ必要がある場合もある。

【幼保小連絡会議の例】

　地域にある幼稚園，保育所，小学校（児童センター，中学校を含む自治体もある）が子どもの情報を共有するための機会をもつ。話し合いの内容としては子ども個人の情報，保護者の情報，地域として把握している情報を交換し，地域全体で子どもを見守り育てていくための会議である。

＊3　要録

「幼稚園幼児指導要録」「保育所児童保育要録」「認定こども園園児指導要録」を指す。

（2）障害のある子どもの場合

　幼稚園・保育所等から小学校へ移行すると，子ども達の生活は大きく変わり，様々な違いに対面することとなる。近年では「小1プロブレム」という言葉を聞く。これは，生活の変化や様々な違いにうまく適応できず，子ども達が戸惑い，集団での授業がうまく進まないことをいう。障害のない子どもですら小学校での生活に適応するのに時間を要するということで，障害のある子どもにとっては，小学校での生活や様々な違いをより大きく感じ，適応することがかなり困難だということは容易に理解できることである。

　障害のある子どもが生活の変化や様々な違いから不適応になりやすく，小学校での生活をできるだけ戸惑いなく送ることができるようにするために，小学校との連携は障害のない子ども以上に大切になる。

　また，障害のある子どもはこれまで幼稚園・保育所等だけでなく，保健センター，子育て支援センター，児童発達支援センター，療育機関，自治体窓口等との関わりによって育ってきているので，各関係機関との連携を考えずして，小学校への移行はあり得ない。入学後の成長をより促すためにも，小学校とのきめ細かな連携は幼稚園・保育所等の大きな役割である。

（3）愛知県大府市の取り組み

　障害のある子ども，および障害名はついていないが個別に支援の必要な子どもについて独自に個別の教育支援計画を作成し，幼稚園・保育所等→小学校→中学校と地域で連携している自治体もいくつかあるので，抜粋して紹介する。

個別の教育支援計画「すくすく」
―愛知県大府市と大府市教育委員会の取り組み―

　『個別の教育支援計画「すくすく」は特別な教育的ニーズを有するお子さんにかかわる保護者の方を含めた様々な関係者（保育・教育・保健・福祉・医療・労働等の関係機関の関係者）が，お子さんの実態や教育的支援の目標・内容等の情報を共有し，関係者の役割分担などについて計画することにより，適切な支援をめざすためのものです』から始まる説明文がある。以下にその他の説明文を簡略して記述する。
- ・市内の保育園・幼稚園・小学校・中学校に在籍する子どもが対象である。
- ・すべての子どもに同一の書式を使用する。
- ・保護者は重要な支援者の一人。保護者の同意を得て（同意書あり）保護者と担当者とで作成する。
- ・情報提供は任意とし，家族構成，生育歴，健康診断記録，保健センターの指導，診断，障害者手帳の有無などの情報をもとにプロフィール作成をする。
- ・子どもの実態から，手だてを含めた実現可能な目標を設定する（おおむね幼稚園・保育園は半期，学校は学期ごと）。
- ・期間や年度の最後に子どもの様子を見て，成果と課題をまとめ，次年度に引継ぎ，継続的に支援する。

　障害がある子どもも障害がない子どもも個別に支援が必要だと思えば，保護者からの申し出で「すくすく」を作成し，個別に支援を行うことができる。また，幼稚園・保育園・学校サイドから，個別に支援をすることが子どもの発達や成長によい影響を与えられるであろうと判断した場合は，保護者に説明をし，同意を得た上で個別に支援を行うことができる。

　幼稚園・保育園では少なくとも半期に1度保護者面談を行い，子どもの様子や保護者の思い等いくつかの項目で聞き取りをし，実践可能な目標を設定し，手だても保護者と一緒に考え，保護者の了承を得て，「すくすく」に記入する。

　半年後に経過や現状の話し合いをし，後半の目標設定をしていく。年度末には担任が1年間の成果と課題をまとめ，次年度に引き継ぐ。このような流れで個別の支援を行っている。

出典）大府市教育委員会『個別の教育支援計画「すくすく」』2007.

演習課題

課題1：本として出版されている障害のある子どもの保護者が書いた手記を探して読んでみよう。そして以下4点について考えをまとめ演習を実施してみよう。

① 「障害を告知されたとき」の気持ち。

② 幼児期の育児で困ったことや工夫したこと。

③ 「保育所での保育者の対応」の状況が書かれている箇所を見つけて書き出してみる。また，それに対する自分の感想をまとめてみる。各自の資料をもとに授業時にグループ討論をする。

④ 上記の手記の障害について調べてみる。

課題2：次の事例において，保護者にどのように対応すればよいのか考えよう。

【2歳の男の子の母親】

相談した内容：言葉が増えない（1，2語）

　　　　　　　小学生の兄と比べて些細なことで機嫌が崩れる。一度崩れるとなだめるのが大変。人見知りがなかった。母親としては障害なのかどうかわからない。

保育者の見方：園では集団に入れない。自閉症スペクトラム症ではないかと思っている。受診を勧めたいが，何と言えばいいのか？

課題3：保育所を基点にして，自分の住んでいる自治体（市町）では，障害のある子どもはどのような施設や機関を利用しているのか調べてみよう。

参考文献

渡部信一他編著『障害児保育〔新版〕』北大路書房，2004.

林邦雄他監修・青木豊編著『障害児保育』一藝社，2012.

第11章 障害のある子どもの保育・教育の現状と課題

障害のある子どもを心身ともに健康に育てるためには，両親の努力だけではなく，社会全体の物心両面の支援が必要となる。本章では，障害のある子どもを支える社会の仕組みについて学ぶ。最初に，障害の早期発見・早期支援の役割を果たす，母子保健と医療機関の現状と課題について検討する。次に，家庭を側面から支える福祉制度の概要について把握する。最後に，教育現場の現状について具体的に理解する。

1 障害のある子どもの早期発見

（1）胎児期・周産期における障害の発見

周産期医療*1等の進歩により，以前に比べ出生前の時点での障害児の診断が可能となりつつある。妊婦健康診査により重篤な奇形や染色体異常などの障害が発見された場合，出産するかどうかの決断を迫られる。

子どもを産み，育てる決断をした場合には，出産前後から専門家による手厚いケアが行われる。生命を存続させ，障害を軽減するための医学的な治療，保護者の精神的ショックや苦悩に寄り添う心理的ケア，子どもの心身の発達を促す理学療法・作業療法等である。このような支援を得て，可能な場合には幼稚園・保育所等に入園することになる。

（2）乳幼児期における障害の発見

1）障害の発見と診断

軽度の知的発達症や発達障害は，幼児期に発見される場合がある。典型的な例では，1歳6か月児健康診査で「言葉が出ていない」「着席して簡単な指示に従えない」などの相談が発見のきっかけとなる。この段階でチェックをされ

*1 周産期医療

周産期とは，妊娠22週から生後満7日未満の期間をいう。合併症妊娠，新生児仮死など母子ともに生死に関わる事態が発生する可能性があり，この時期を中心とした医療のことを周産期医療と称している。

＊2　育児教室

育児教室は，1歳6か月児健診等で継続的な支援が必要とされた親子を対象に，保健センター等が実施する教室である。子どもとの遊び方，育児情報の提供や，保護者のグループカウンセリングによる支援などが行われる場合が多い。

た子どもには，保健師による家庭訪問・育児教室＊2への参加・電話相談などによる何らかの支援が開始される。2歳過ぎに児童発達支援センター等への親子の通所が開始され，3歳あるいは4歳を過ぎると幼稚園・保育所等に入園する。一連の経過の中で，専門の医療機関を受診し，確定診断が告げられる。あるいは，確定診断後，児童発達支援センター等への通所が開始される。

2）入園後の問題

保護者に子どもの行動上の問題に対する認識が乏しく，あるいは，直面することを拒否している場合には，障害のない子どもとして園での生活が始まる。家庭では，保護者は育てにくさを感じつつも，ある程度は子どもの要求に沿った生活を送ることも可能であり，子どもの抱える問題に対する気づきが生じにくい。一方，園では集団生活の中で問題行動が顕在化する。保育者は，子どもへの対応に苦慮するだけではなく，この状況を保護者にどのように伝えればよいか頭を悩ませることになる。

園と保護者との関係が良好な場合には，送迎時や行事等の機会を通じ，保護者に対して子どもの状況を理解してもらうことが可能となる。

保育者は，子どもの入園後に障害が疑われる場合には，日々の保育を通じて保護者との間に信頼関係を形成し，子どもの発達状態や育児について忌憚なく話し合える状況を作っておくことが重要である。

2　保健・医療における現状と課題

（1）母子保健，健康診査の現状と課題

＊3　母子保健法には次のように定められている。
第12条　市町村は，次に掲げる者に対し，厚生労働省令の定めるところにより，健康診査を行わなければならない。
一　満1歳6か月を超え満2歳に達しない幼児
二　満3歳を超え満4歳に達しない幼児
第13条　前条の健康診査のほか，市町村は，必要に応じ，妊産婦又は乳児若しくは幼児に対して，健康診査を行い，又は健康診査を受けることを勧奨しなければならない。

乳幼時期における母子の心身の健康な育ちを支援するのに，大きな役割を果しているのが母子保健の制度である＊3。歴史的な経緯を見ると，1961（昭和36）年に3歳児健康診査（健診）が始まり，1977（昭和52）年に1歳6か月児健診が公費負担で実施されるようになった。2001（平成13）年には，国民運動計画「健やか親子21」が開始され，健診が障害や疾患の発見に加えて，子育て支援の場として位置づけられた。さらに，2004（平成16）年には発達障害者支援法の制定により，発達障害の早期発見・早期支援が市町村の責務とされ，乳幼児健診が重要な役目を果たすことになった。

乳幼児健診は，発育・発達の遅れや疾病の早期発見，適切な育児方法の指導，育児の不安や心配事の支援等の機能を果たしている。近年では，乳幼時期における虐待に関しての予防や早期発見の機能も担うようになってきた。

健診は，保健所等での集団健診と，医療機関での個別健診に大別される。

1）集団健康診査

　集団健診は，医師，保健師，心理士，栄養士，保育士等のスタッフによる，多職種連携による支援が行われる。健診内容は1歳6か月児健診においては①身体発育状況，②栄養状況，③脊髄および胸郭の疾病および異常の有無，④皮膚の疾病の有無，⑤歯および口腔の疾病および異常，⑥四肢運動障害の有無，⑦精神発達の状況，⑧言語障害の有無，⑨予防接種の実施状況，⑩育児上問題となる事項，⑪その他の疾病および異常の有無と定められている。3歳児健診では，視聴覚検査が加わる。医学的検査に加えて，保育者等による親子遊びの指導などが追加される場合もある。

　健診で何らかの問題が発見された子どもや，保護者からの心配事の訴えに対し，精密検査や心理相談等の支援が行われる。支援は，2歳時点で手紙や電話による発達の確認，継続的に開催される育児教室への勧奨など，市町の特性を生かしたきめ細かな支援がその後に続く。

　また，健診の未受診者の中に発達障害や児童虐待のおそれがある場合があり，未受診者に対して電話や家庭訪問による全数把握の努力が続けられている。しかし，大都市では一度の健診に多数の対象者が参加するため，必ずしも子どもにとって良好な環境下での観察ができない場合もある。「泣いているだけで終わってしまった」等により，障害等の見落としが生ずることもある。

2）個別健康診査

　個別健診は，対象の親子の状態に合わせた健診が可能であり，落ち着いた検査と支援をすることができる。しかし，医療機関によってはスタッフの専門性が限られる，観察の精度が微妙に異なる，事後のフォローが十分に行えない場合が生じるなどの問題点がみられる。

　健診で問題が発見されると，継続的な支援を通して，保護者と担当保健師との間に信頼関係が形成される。児童発達支援センターへの通所，専門医療機関への受診，就園・就学等に際して，相談相手として保健師が大きな役割を果たす。

（2）障害児医療現場の現状と課題

1）診断の意義

　子どもに発達の歪みや遅れが明らかになると，専門医療機関を受診し，診断名を付与されることになる。子どもが診断を受けることには次の意義がある。

① **障害受容の重要な契機**：保護者は，障害の有無，育児の是非，周囲の無理解等に絶えず直面し，子育てに関する悩みは深刻である。診断名を告知されることで，大きなショックを受けながらも，あきらめとともにある種の安堵感を得て，子どもに寄り添っていく決意をすることができる[*4]。

*4　障害の受容については，第10章第1節を参照。

＊5　SST（social skills training）

　社会生活技能訓練と呼ばれている。認知行動療法の一つの技法であり，幼児では，友達の輪に入る方法，玩具を借りる方法など，社会的な交流に必要な技術を，ロールプレイ等の技法を活用して習得する。

②　専門的な治療：薬物療法，言語訓練，SST＊5，作業療法，ペアレント・トレーニング等のプログラムが用意され，専門的な支援を受けられる。

③　二次的障害の早期発見，早期対応：定期的に受診することにより，二次的障害等の早期の対応が可能である。

④　障害のある子どもとしての適正処遇：通常のカリキュラムに子どもを合わせるのではなく，加配保育者等の援助，個別支援プログラムの作成等，子どもの発達状況やその時々の気持ちの流れに沿ったものに変更や修正が行われる。

2）受診に関わる困難や課題

病院受診による診断は必ずしも容易に行われるわけではない。次のような困難さや課題も抱えている。

①　受診するまでの壁の存在：受診は保護者にとって極めて辛く，勇気のいる行為である。子どもの障害の可能性を心の中で何度も打ち消し，家族，保育者，同じ境遇の保護者仲間等に背中を押されて受診を決心をする。

②　専門医療機関の少なさ：発達障害を専門とする医療機関や専門医の数はあまり多くない。適正診断のために時間を必要とする。そのため，診察可能な患者数が限られ，受診予約の電話を入れても，数か月間の待機期間が生じてしまう場合が生ずる。

③　「様子を見ましょう」診断：「様子を見ましょう」で終わる場合がある。診断名を告げることは，保護者に大きなショックを与えるため，医師には慎重さが求められ，診断を告げることを差し控えることがある。

3　福祉・教育における現状と課題

（1）障害のある子どもに関連する制度

戦後のわが国では，「知的障害者福祉法」「身体障害者福祉法」「精神保健及び精神障害者福祉に関する法律」（略称：精神保健福祉法）に基づき制度が整えられてきた。一方で，特に障害のある18歳未満の児童に関する施設やサービス制度については，「児童福祉法」に基づき整備されてきた。

1）障害者手帳

＊6　一般には，障害のある子どもまたは成人を「障害児」「障害者」と呼ぶことが多いが，厳密には障害の有無だけをもって障害児・者と呼ぶことは適当ではない。障害児・者の定義は，関連する法令の中で定められており，支援制度の利用には厳格な条件がある。この項目では，制度を説明するために，法令で定められた「障害児・者」という用語を使用している。

障害児・者＊6は都道府県・政令市へ申請することにより，身体障害児・者には，身体障害者福祉法による「身体障害者手帳」が交付され，精神障害児・者には精神保健福祉法による「精神障害者保健福祉手帳」が交付される。

知的障害児・者については，知的障害者福祉法に手帳の規定がなく，厚生省

（現・厚生労働省）の事務次官通知をもとに「療育手帳」が交付されていたが，1999（平成11）年の地方自治法の改正により国の機関委任事務が廃止され，現在，療育手帳は各自治体の独自の施策となっている。この療育手帳は，都道府県・政令市により，名称が違う場合もあり，例えば愛知県・岐阜県等では「療育手帳」だが，東京都では「愛の手帳」，名古屋市では「愛護手帳」，さいたま市では「みどりの手帳」などと呼ばれている。なお，18歳未満の知的発達症の子どもへの療育手帳の判定・交付は，児童相談所において実施されている。

　発達障害児・者に対しては，支援の必要性を鑑み自閉症児等に療育手帳を交付する自治体もあったが，2005（平成17）年に「発達障害者支援法」が成立し，発達障害児・者には「精神障害者保健福祉手帳」が交付されている。

２）現状における課題

　これらの障害児・者に関する法律により，国や地方自治体は障害児・者の生活全般にわたる支援制度を整える責務を負うこととなっているが，すべてを網羅することには困難がある。また，インクルージョン理念の推進があるものの，障害のある子どもが地域の子ども達とともに生活するには，現状ではまだ課題があるといえよう。

　例えば，国連の外部機関である「児童の権利委員会」は，2010年の最終見解において，日本の障害のある児童について「深く根付いた差別が今なおある」として，「障害のある児童の生活の質を高め，彼らの基本的ニーズを満たし，かつ，彼らが包容され及び参加することを確保することに焦点を当てた，地域社会を基盤としたサービスを提供すること」を勧告している。

（2）サービス事業

　障害のある子どもに対するサービスには，都道府県による障害児入所支援や市町村による障害児通所支援の他，居宅サービスの利用支援や相談支援，通所サービスの障害児支援利用援助，様々な地域生活支援事業，育成医療等の自立支援医療，義肢・装具・車いす・補聴器等の補装具の支給などがある。

　地域生活支援事業の多くは市町村事業として行われるもので，障害者に対する理解を深めるための理解促進研修・啓発，障害者やその家族，地域住民等が行う自発的活動への支援，障害のある人やその保護者・介護者等への相談支援，成年後見人制度利用支援，聴覚音声言語障害や視覚障害等に関する手話通訳者・要約筆記者・点訳者等の派遣を行う意思疎通支援，自立生活を支援する日常生活用具給付，手話奉仕員養成研修，外出するための移動支援，地域活動支援センターの開設，福祉ホームの運営，訪問入浴サービス，日中一時支援など様々な支援サービスが用意されている。その他，各市町村が独自に行ってい

るサービスもある。都道府県事業としては，専門性の高い相談支援，広域的な支援，専門性の高い意思疎通を行う者の養成・派遣，意思疎通を行う者の派遣に係る連絡調整，その他の訓練や研修を行っている。

　障害のある子どもの支援サービスに係る1か月の利用者負担は，世帯の収入状況に応じて決定され，生活保護受給世帯や市町村民税非課税世帯は負担がないが，市町村民税の課税世帯には一定の負担上限額が決められている。上限額は1か月に利用したサービス量にかかわらず，それ以上の負担は生じない。

（3）特別支援教育における対象の増加

　文部科学省の特別支援教育資料（平成28年度）によれば，特別支援学校の在籍者は13万9,821名，特別支援学級の在籍者は21万7,839名，通級による指導を受けている児童・生徒は9万8,311名で，特別支援教育の対象者は合計45万5,971名であった。高等学校にも通級による指導が導入されることとなり，特別支援教育の対象者は2007（平成19）年度以降増加の一途をたどっている[7]。

*7　特別支援教育の実態については，第1章第5節を参照。

　これらに加え，通常の学級に特別な教育的支援を必要とする児童・生徒が一定程度いることが明らかになっている。その契機は，2002（平成14）年の「通常の学級に在籍する特別な教育的支援を必要とする児童生徒に関する全国実態調査」（文部科学省）である。学習面か行動面で著しい困難をもっていると担任教師が回答した児童・生徒の割合は約6.3％であり，教育現場に衝撃が走った。通常学級の30人クラス2人前後は支援を必要とする児童・生徒がいることになる。ただしこの調査は担任教師の回答に基づく結果であり，6.3％が学習障害や注意欠如・多動症，高機能自閉症の割合を示すものではない，という留意事項が付記されている。

　また，2012（平成24）年にも「通常の学級に在籍する発達障害の可能性のある特別な教育的支援を必要とする児童生徒に関する調査結果」が，文部科学省より公表された（図11-1）。これによれば，知的発達に遅れはないものの，学習面または行動面で著しい困難を示すとされた児童・生徒の割合は約

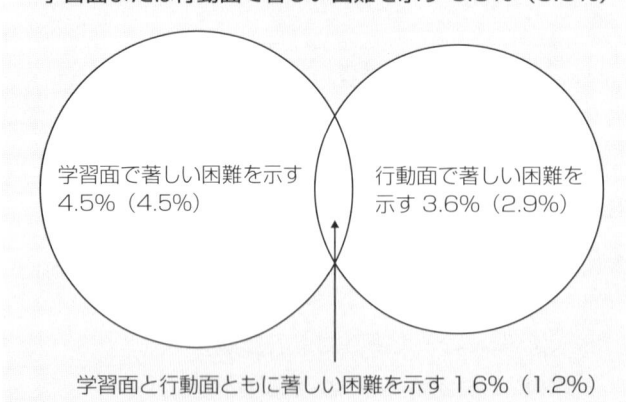

学習面または行動面で著しい困難を示す 6.5%（6.3%）

学習面で著しい困難を示す 4.5%（4.5%）

行動面で著しい困難を示す 3.6%（2.9%）

学習面と行動面ともに著しい困難を示す 1.6%（1.2%）

図11-1　学習面・行動面で著しい困難を示すとされた児童・生徒の割合

出典）文部科学省「通常の学級に在籍する発達障害の可能性のある特別な教育的支援を必要とする児童生徒に関する調査」2012（カッコ内は2002年調査）.

6.5%であった。

　2012年の調査においては，児童・生徒の受けている支援の状況について把握することも目的の一つであった。具体的には，「特別支援教育支援員の支援の対象となっていますか（支援員一人が複数の児童生徒を支援している場合も含む）」や「授業時間内に教室内で個別の配慮・支援を行っていますか（座席位置の配慮，コミュニケーション上の配慮，習熟度別学習における配慮，個別の課題の工夫等）」といった質問がなされた。それらの結果，校内委員会において特別な教育的支援が必要と判断された児童・生徒（推定値18.4%）の92.2%が支援を受けていることがわかり，全体として，通常の学級においても特別支援教育が徐々にではあるものの，実施されつつある状況が明らかになった。

　小・中学校のみならず，幼保連携型認定こども園や幼稚園においても，特別支援教育の充実が求められている。文部科学省の「平成28年度特別支援教育体制整備状況調査」の結果において，特別支援教育コーディネーター，個別の指導計画，個別の教育支援計画の実施状況が報告された。

　図11－2から明らかなように，小・中学校と比較して，個別の指導計画，個別の教育支援計画の実施されている幼保連携型認定こども園や幼稚園の割合は低く，指導計画，教育支援計画の立案・実施が，園や保育者の課題になってい

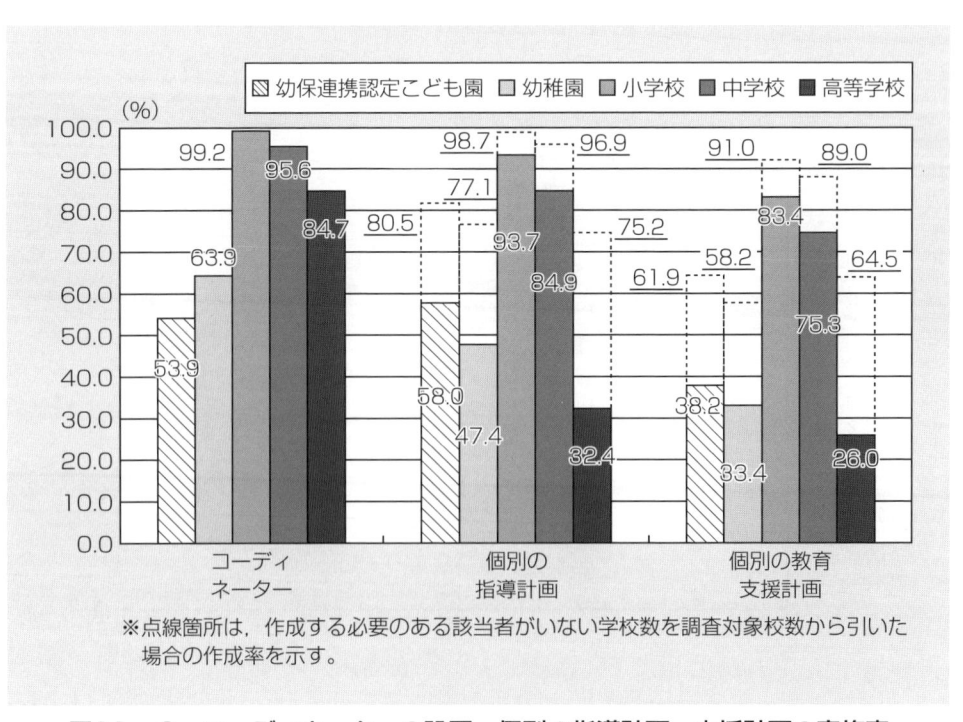

※点線箇所は，作成する必要のある該当者がいない学校数を調査対象校数から引いた場合の作成率を示す。

図11－2　コーディネーターの設置，個別の指導計画・支援計画の実施率
出典）文部科学省「平成28年度特別支援教育体制整備状況調査について」2017.

る。また小学校・中学校・高等学校と比べて，コーディネーターの任命されている園の割合も低い。園内の関係者や福祉・医療等の地域の関係機関との連絡調整および保護者に対する園の支援窓口として，園内における特別支援教育に関するコーディネーターの役割を担う保育者が求められている。

（4）貧困等により特別な教育的ニーズのある子ども

特別支援教育以前の従来の「特殊教育」の対象は，障害のある子ども達を中心としたものであったが，学校現場には実に多様な子ども達がいる。こうした特別な教育的ニーズのある支援対象の広まりは，インクルーシブ教育システムの構築がめざされる一因にもなっている。ここでは，貧困等により家庭環境の厳しい子ども達について取り上げることとする。

1）貧困等により家庭環境の厳しい子ども達

厚生労働省が公表した2016（平成28）年の「国民生活基礎調査」によると，経済的に厳しい家庭で育つ17歳以下の子どもの割合を示す「子どもの貧困率」（2015年時点）は13.9％であり，今では貧困状態にある子どもは7人に1人に上昇している（図11-3）。経済協力開発機構（OECD）が2014年にまとめた加盟国など36か国の平均は13.3％で，日本はそれをまだ上回っている状況にある。また，ひとり親世帯の貧困率（2015年）は50.8％と5割を超えている状況にあり，

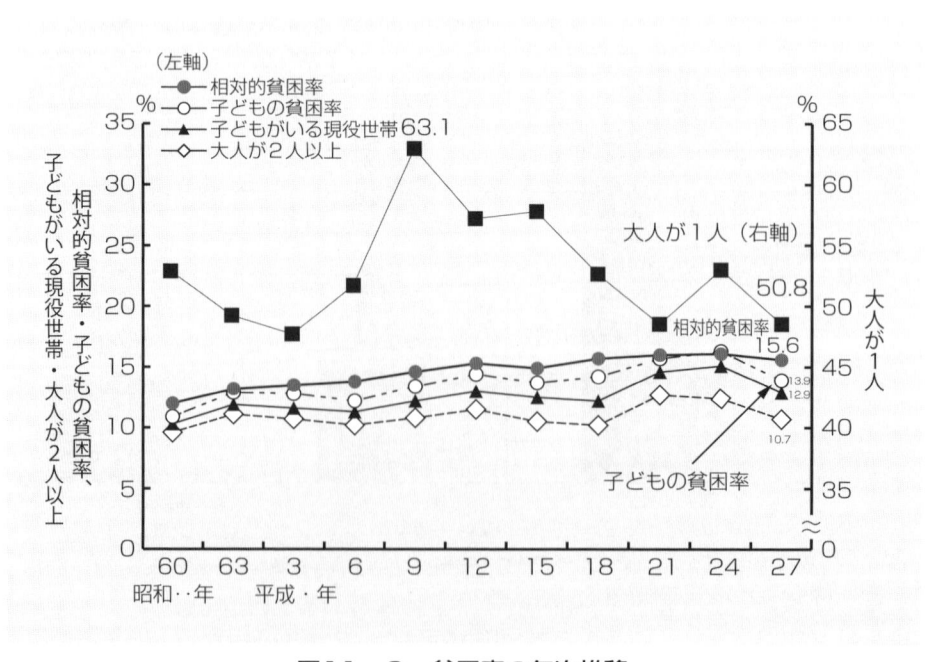

図11-3　貧困率の年次推移

出典）厚生労働省「平成28年国民生活基礎調査の概況」2017.

就労しているにもかかわらず，生活に困窮している実態がある。

　こうした生活に困窮する世帯が抱える課題が，子どもの育ちに影響を及ぼしている可能性のあることが明らかになってきている。ひとり親と低所得家庭は，チャイルドケアが欠如，あるいはケアの質が劣悪であったり，費用が出せなかったりするなどといったことが指摘されている。

２）貧困の影響を受ける子どもへの対応

　子どもの生活や心身の状況の変化に様々な場面で気づくことのできる保育者が，子どもの健やかな育ちのために「子どもの貧困」の過酷な状況を認識し，可能な支援を行うことは重要な取り組みとなる。具体的には，子どもの健康・保健と食の保障は重要な課題であり，子どもの身体的・精神的な健康のチェックと支援のあり方が問われている。NPO等による子ども食堂の取り組みなども徐々に広まってきている。

　また子どもの生活における援助や，人間関係の機会を提供していくことが求められる。家庭では経験できなかったことを，保育の場で取り組んでみることも保育者の役割である。地域の中で幼稚園・保育所等が，保護者も安心できる子育て支援の場としての役割を担い，必要な支援を行うことも求められている。

　このように家庭環境にある様々な背景のある子ども達が保育の場におり，その状況に合わせた配慮が保育者に求められているところである。その具体的な配慮のあり方については，今後の大きな課題である。

4　支援の場の広がりとつながり

　障害のある子どもの支援の場は，保育所や幼稚園，幼保連携型認定こども園のみに限らない。NPO法人や親の会による障害児支援の取り組みが昨今盛んに行われている。また地域連携の観点から，障害のある子どもの通所支援の必要性が言われるようになってきた。本節では，保育所等訪問支援と放課後等デイサービスを取り上げ，障害のある子どもの活動の範囲を広げ，様々なつながりを生み出す支援の場について理解を深めることとする。

（1）保育所等訪問支援

　保育所等訪問支援は，2012（平成24）年の児童福祉法の改正により制度化された障害児通所施設の一形態である（図11－4）。法的には障害児通所支援の中に位置づけられ，さらに社会福祉法において第２種社会福祉事業として位置づけられている。児童発達支援センターなどで指導経験のある児童指導士や保育士等が，保育所や学校などにいる障害のある子どもが集団生活を送る場所を訪

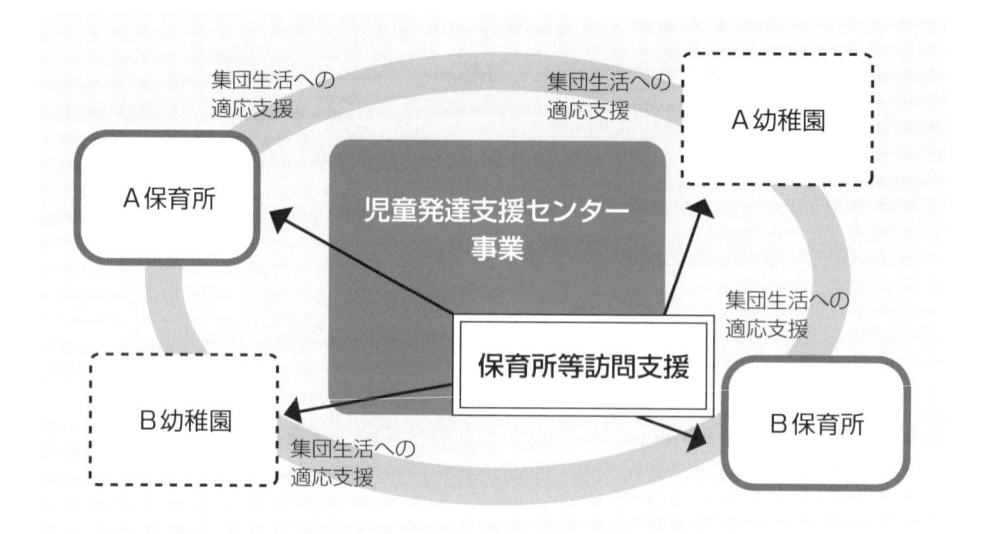

図11－4　保育所等訪問支援の概要

出典）厚生労働省ホームページ.

問し，本人や訪問先の担当者に対し，集団生活に適応するための専門的な支援を行う。具体的には，障害のある子ども本人に対する支援（集団生活適応のための訓練等）および訪問先のスタッフに対する支援（支援方法等の指導等）である。

　対象は幼稚園・保育所等や集団生活を営む施設に通う障害のある子どもで，発達障害，その他の気になる子どもも含む。「集団生活への適応度」から支援の必要性を判断する。また個別給付のため，保護者の障害理解が必要となる。訪問先の範囲は，保育所，幼稚園，認定こども園，小学校，特別支援学校，その他子どもが集団生活を営む施設として，地方自治体が認めたものである。

　保育所等訪問支援の意義は，一つ目に保護者のニーズに対応できることである。保護者の障害理解を前提にして契約に基づいて，本人も含めた直接支援を展開できる。二つ目に子どもが日常生活を送る場所での支援により，地域の関係機関相互の理解や信頼関係も築かれること。三つ目に，これまで療育等で培われてきた支援を，保育・教育の場へと円滑に移行できることである。

　2016（平成28）年6月の児童福祉法の改正により，乳児院や児童養護施設も保育所等訪問支援の対象となった。このように，集団生活の場での障害のある子どもに対する支援はさらなる広がりをみせている。

（2）放課後等デイサービス

　放課後等デイサービスは，2012（平成24）年4月の児童福祉法改正により制度化された事業で，厚生労働省として初めて学齢障害児の放課後等の活動支援を目的とした事業である（図11－5）。放課後等への支援ニーズの高まりととも

に，指定基準の緩和によってNPO法人を中心に様々な事業体の参入が促された結果，実施する事業施設がかなり増加している現状がある。

　対象は，学校教育法に規定する学校（幼稚園，大学を除く）に就学している障害のある子どもである。放課後等デイサービスでは，放課後利用とともに，夏休み等の長期休暇利用も行う。具体的な活動は事業所により実に様々であり，自立した日常生活を営むために必要な訓練を行うものから，創作的活動，作業活動，地域交流の機会や余暇など，本人の希望を踏まえたサービスが幅広く提供されている。さらに，学校の連携・協働による支援がめざされ，本人が混乱しないよう学校と放課後等デイサービスの一貫性が必要であるとされる。

　この放課後等デイサービスの意義は，心身ともに変化の大きい学齢期や思春期の特徴や発達課題に合わせた支援にある。子どもの権利である「育ちの保障」という立場から，配慮された環境の中で様々な活動に挑戦することは欠かせない。また，学童期から思春期ならではの家庭への支援も必要になり，子どもの変化に戸惑う保護者に寄り添いながら支えていくことが求められる。そして，子どもが暮らす社会・地域づくりに向けた支援も期待されるところである。

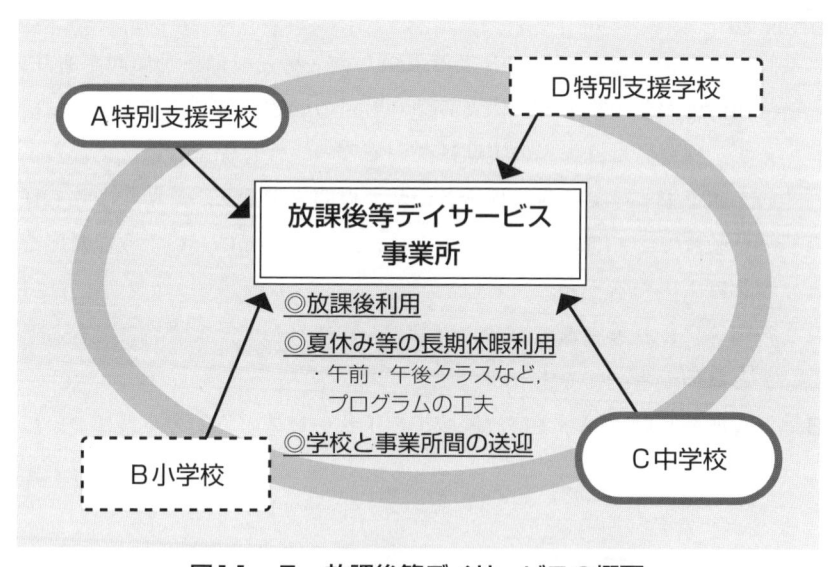

図11-5　放課後等デイサービスの概要

出典）厚生労働省ホームページ．

コラム　親の会から生まれるつながり

　障害のある子どものいる保護者を支援する場の一つに，親の会がある。日本各地に様々な性格を有する親の会があり，そこで生まれるつながりが保護者の気持ちの拠り所になることがある。ここでは，例として「ONLY ONEの会」について紹介する。

　「ONLY ONEの会」は，京都府近郊で発達障害の子どものいる保護者の会である。活動内容は，保護者同士の交流や学習会，情報交換，子ども達の周囲に理解と配慮を求める働きかけ，他の親の会との交流等が行われている。「母親が心身ともに元気でないと，子どもによい支援はできない」という考えのもと，同じ立場にある保護者同士が顔を合わせ，気軽に悩みを相談し合い，情報交換を行うことで共感や連帯感が生まれ，気分転換できる。そして，わが子とともに生き生きとした時間を過ごしていきたいという願いも共有することができる。

　この会へはボランティアの参加も可能で，キャンプなどを通して，発達障害のある子ども達と交流を図ったり，保護者の方々のわが子に対する思いに触れたりすることができる。学生にとっても，地域にある親の会による企画等への積極的な参加は貴重な体験になる。

演習課題

課題1：障害のない子どもとして3歳で入園したA男児には多動傾向があり，集団活動が苦手である。保護者はA男児の問題に気づいているとはいえず，保育者はA男児の実態についてどのように保護者に伝えたらよいか頭を悩ませている。保護者が関係機関を受診し，適切な子ども理解と子育てができるようになるために，園としてはどのような対応をすればよいだろうか。

課題2：貧困等により家庭環境の厳しい子ども達に対して，保育者にできるケアとは何か考えてみよう。

課題3：保育所等訪問支援および放課後等デイサービスの目的と意義についてまとめてみよう。

第12章 事 例 演 習

本章では，障害のある子どもの保育に関する8つの事例から，実際の対応について考える。言語障害，ダウン症，脳性まひ，高機能の自閉スペクトラム症，注意欠如・多動症のように，保育現場で比較的出会うことが多い障害の事例だけでなく，障害と診断されていない気になる子どもの事例もある。各事例は，架空のものであるが，実際の保育現場で起こりうる事象や対応が求められる場面を想定している。第11章までに学んできたことを生かし，事例を通して学びを深める。

 事例の活用について

保育場面の事例は，「もしこのようなとき，どのような対応がよいのだろうか」「自分だったらどうするだろうか」というように，保育者の立場を自分に置き換えたり，どうしたらよいのか自分なりに考えたりしながら読むことで，学びが深まる。

また，考えたことや疑問点を仲間などと伝え合うことで，新たな気づきを得ることもあるだろう。そして，さらによりよい支援について考える機会になることが期待される。事例と同じことは起きないかもしれないし，関わりや対応に正解はないかもしれない。しかし，事例を通して考えることで，似たような状況になったときに少し冷静になれたり，事例と実際の違いを改めて理解できるかもしれない。

障害のある子どもの保育・教育について，今までに得た知識や学んだ内容と保育実践をつなぐものとして，事例を活用していただきたい。

演習事例❶　言語障害のある子どもへの対応

　受容性—表出混合性言語障害（特異的コミュニケーション障害）のＡ男児（４歳，年中クラス）は，保護者から「聞く耳をもたない」という訴えがあるなど，聞く力に弱さがあり，言語発達にも遅れがみられる。対人関係には一見問題がないように見えるが，他児の様子を真似して過ごしていることが多く，園の生活を自ら楽しんでいる場面が少ない。集団の中でなかなか自分を発揮できない。また，家庭や療育の場面でも，自身の気持ちを伝えることがうまくいかないためか，勝敗や順位を決めるゲームなどをして思い通りにいかなくなると，癇癪（かんしゃく）を起こしてしまうこともたびたびみられた。

　癇癪を起こした場面の具体例として，児童発達支援センターでのエピソードを紹介する。Ａ男児と母親，保育者とですごろくを行った。１から100までのマス目が並んでいるすごろくで，ゴールの100をめざしていた。Ａ男児は思い通りの目が出ず，前になかなか進めなかった。ゲームの最中ずっとビリでいたため，言葉を発さないまでも，イライラしているＡ男児の様子があった。結局，母親と保育者が先にゴールした。その後もＡ男児は一人で黙々とサイコロを転がし，100までたどり着いたが，ゴールに着いたその瞬間，大きく身体を反らして母親に寄りかかり，「ウワー」と不満そうな声を上げた。その後もババ抜きをしてみたが，負けそうになってしまい，母親の助けを借りながらなんとか切り抜けようとしたが，最終的に負けてしまった。そのときも泣いてしまう姿がみられた。

　なかなか自分の気持ちを十分に発揮できないまま園や療育の場で過ごしているＡ男児に，保育者は，どのような遊びを提供することができるだろうかと考えた。

＜身体を動かし協力する遊び＞

　競争場面を避け，Ａ男児と周囲とが協力する遊びを提供し，Ａ男児に達成感が味わえるようにすることを試みた。UFOキャッチャーに模した遊びで，ペットボトル等の物を真ん中に挟めるようにしてヒモとゴムを結ぶ。Ａ男児と母親と保育者がそれぞれヒモを引っ張ると，真ん中にあるゴムの輪っかがせばまり，物をはさむことができる。協力しながら物を持ち上げ，段ボール箱まで持っていき，中に入れる遊びである。保育者と母親で一度見本を見せるとＡ男児は興味をもった。協力して物をはさめれば，あとはＡ男児が左右等の向かう方向を指示し，段ボールまで持っていくようにした。

　この遊びの最初では物がうまくはさめなかったことがあったが，誰かの責任になるわけではないので，Ａ男児もストレスを抱えることはなかった。また母親も自然に入りやすく，Ａ男児との関係づくりの一つとなった。このように身体を動かし，協力しながら遊びを進めることが言語障害の子どもにとって，心地よい遊びになることを示す事例であった。

■　演　習

- すごろくやババ抜きの場面で，Ａ男児はどのような気持ちであったのだろうか。
- UFOキャッチャー遊びについて，保育者はどのようなねらい・意図をもっていたか。
- 言語障害のある子どもに提供できる遊びには他にどのようなものがあるか，話し合ってみよう。

　B男児（4歳）は，出生時にダウン症候群と診断される。生まれて間もなく心臓の手術をするが，その後は大きな病気をすることもなく元気に過ごす。

　B男児は，普段から友達と一緒に遊ぶことを好んでいるようで，園庭で一緒にサッカーをしたり，大好きな亀やカブトムシの飼育をしたりすることが，楽しくて仕方のない様子である。

　一方で，誕生日会，運動会などの行事があるときには，緊張が強くなり，歌や体操などは保育者の陰に隠れてしまい，やろうとしないことがあった。しかし，みんなと同じことがしたいという気持ちはあるようだ。他の子がいなくなったのを見はからって，保育者を相手にしてトランプを並べて遊んだり，保育者と1対1になると誕生日会でできなかった歌や体操をやり始めたりすることもあった。本当は皆と一緒にやりたいという気持ちが伝わってくるようであった。

　ある日のこと，昼食の際，「いただきます」という号令がかかる前に，B男児が大好きなハンバーグを食べてしまうことがあった。それを見ていた，同じグループの子どもが「B君，まだ食べちゃダメだよ。先生，B君だけ先に食べてるよ」と，注意をする場面があった。

　その日から，「いただきます」という号令がかかっても，B男児は下を向き自分から食べ始めることをやめてしまうようになった。はじめのうちは，保育者が気にかけ個別に声をかけ食べるように促していたが，保育者が声をかけそびれると給食の時間が終わっても食べていないことがあった。

　保育者は，食事の時間になると元気がなくなるB男児が心配で，周りの子どももまた同じように気にかけていた。

演　　習

- 友達から注意を受けたときのB男児の気持ちを考えてみよう。
- 周囲の子どもの気持ちを考えてみよう。
- 保育者としてあなたはどのように対応するか考えてみよう。

演習事例❸　軽度のまひがある子どもの運動会への参加

　C女児（6歳）は，1歳2か月時に脳性まひ（軽度左片まひ）と診断される。しかし，幼少期から運動訓練を重ねてきた成果がみられ，1歳9か月には歩行を開始するようになった。

　両親は，何でも自分でできるようになってほしいという気持ちが強く，苦手なこともできるまで待つように接してきた。

　3歳児クラスから保育所に入り，ゆっくりではあるが，利き手を使用することで身の回りのことは自分でできるようになった。生活面での援助を必要とすることはほとんどなく，周囲からは「障害」があるとはわかりにくい状態にあった。しかし，転びやすいことや，うまくできないという自信のなさからか，体を動かして遊ぶことが苦手で，おとなしく一人で遊ぶことが多かった。

　担任の保育者達は，10月の運動会に向けて，C女児をどのように参加させていったらよいか，頭を抱えていた。

D先生「みんなとまったく同じ競技をするのは難しいわ。去年の運動会では，保育士と手をつないで出るだけで精一杯だったもの。今年は，できるところだけ参加すれば十分よ」

E先生「なるべくCちゃんができる競技を選んで，みんなと同じようにできることをお父さん，お母さんにも見てもらいたいわ。Cちゃんもみんなと同じようにできることで自信につながると思うの」

F先生「そうね。でも，みんなの成長を発表する場であることを考えると，Cちゃんだけに合わせるのは難しいわね。Cちゃんも楽しめる運動会にするには，どんな競技がいいかしら？」

■　演　　習

- C女児が運動会に参加するまでの気持ちを考えてみよう。

- C女児の保護者の気持ちを考えてみよう。

- 事例にある「今年の運動会の競技内容」をどのようにするか，考えてみよう。また，その競技内容を考えた理由と，その時の保育者の配慮事項についても考えてみよう。

演習事例❹　園外保育の際の職員間の協働について

　2歳児クラスのゆり組は，ダウン症候群と診断されているG男児（3歳）1名を含めた18名に対して，正規職員3名と障害児の加配である非常勤職員1名の保育士によって保育を実施している。

　G男児は，出生後すぐにダウン症候群と診断された。一つ年上の兄も同じ保育所にいることから，G男児は0歳児クラスから入園した。心臓疾患で，生後すぐに手術をしたものの，その後は大きな病気にかかることもなく，順調に成長している。

　1歳7か月に歩き始め，「あー」などの喃語は出るものの，初語はまだ出現していない。集団での生活には常に個別の声かけが必要であり，保育士は1対1で食事，着替え，排泄面で関わることが多い。友達と関わって遊ぶことが好きで，ブロックやままごとなどでよく一緒に遊ぶ姿がみられる。

　11月のある日，近くを通っている電車の見える公園へ行くことにした。G男児は，保育士と手をつないで歩くことが苦手なようで，たびたび保育士の手を振り払っては一人で歩きたがることがあった。友達と同じペースで歩くことが難しく，加配の保育士が1対1で関わることが多かった。しかし，公園に着くと，アスレチックや滑り台で楽しそうに遊んでおり，友達と一緒に葉っぱ拾いを楽しんでいるため，保育士は特に介入することなく見守っていることができた。

　しばらく遊んだ頃，「そろそろ帰るから集まって」と子ども達に声をかけ，中央に集め始めた。すると，アスレチックの上で子ども同士のけんかが始まった。場所が場所だけに危険を感じた保育士2名がアスレチックについたとき，リーダーの保育士が「誰か追いかけて」と声をあげる。さっきまで公園の奥で遊んでいたG男児が，公園の外に飛び出そうとしているところだったのである。幸い，一人の保育士が追いついて大事には至らなかったが，今後の園外保育に向けてどのようにしていくべきか，園全体で話合いの場がもたれた。

演　　習

- 園外保育に行く際，保育士同士が確認しておくことは何か，考えてみよう。
- この公園に行く場合，危険な箇所はどんなところか，意見を出し合ってみよう。
- この事例における改善点について考えてみよう。

演習事例❺　自閉スペクトラム症の子どもへの対応

　H男児（5歳）は，他市から転居し4歳で入園した。市保健センターの3歳児健診で医療機関への受診を勧められ，4歳2か月のとき，知的に遅れはないものの，自閉スペクトラム症と診断される。

　登園時や降園準備時，昼食前後など，他児が保育室内を移動する機会が多くなる時間常に保育室を抜け出し，廊下を目的もなく歩き回ったり，事務室（職員室）にある紙芝居の表紙を片っ端から読んだりしている。排泄，衣服の着脱，食事，持ち物の始末，歯磨きやうがい，手洗いなどの基本的生活習慣については自立できている。

　室内遊びでは絵本（特に図鑑）を好み自分の席で黙々と見ている。30～50ピースのパズルも自分の席で黙々と取り組み，難なく完成できる。粘土遊びやブロック遊びなど自分で考えて作り上げていく遊びは，誘われても取り組もうとしない。制作活動でも保育者の提示した手順で見本通りに作ることはできるが，自分で考えて形を作ったり色を選んだりすることは苦手であり，保育者が1対1で関わり聞き出していく支援が必要である。

　戸外遊びはジャングルジムや滑り台などの固定遊具を好み，一人で繰り返し登ったり下りたりして遊んでいる。夏の水遊びは登園早々に着替えて待つほど好んでいるが，砂場での遊びは断固としてやろうとしない。靴に砂が入っただけで「お部屋に帰る」と保育室に戻ろうとするほど砂遊びは苦手である。

　集団遊びでは，ルールが理解できて他児と触れ合うことが少ないフルーツバスケットは参加できるが，説明のときに視線を廊下に向けていたり，最後までいすに座ろうとしなかったりする等，好んで参加しているわけではない。遊戯室で行う集会には参加したい気持ちがうかがえるものの「遊戯室はうるさい」と遊戯室内に入らず，廊下から集会の様子を笑顔で見たり，声を出して笑ったりして参加している。

　困った場面でどこかへ行ってしまうことはなく，担任に「やらない」「嫌だ」と伝えたり，事務室に入ってきて「お部屋で〇〇してるからお部屋にいたくない」などと気持ちを伝えたりすることで，自ら苦手な場面から回避している。

　H男児ははっきりと意思表示でき，条件によっては参加したい気持ちがあるため，「本人が自ら参加する」の目標を園内で共通理解し，苦手な場面から回避して事務室や他の保育室に入ってきた場合は「なぜここに来たのか」「担任には伝えているのか」「時計の針がいくつになったら自分の保育室に帰るのか」を本人に聞いてからH男児を受け入れるようにしている。また，「やらない」「嫌だ」という活動については参加したくない理由を言葉で保育者に伝え，参加できるための条件を保育者がいくつか提案し交渉しながら，本人が自ら参加できる状況を整えていける関わりをしている。

■　演　　習

- H男児のできること，得意なことを書き出してみよう。
- H男児の苦手なことを書き出し，苦手な理由を考えてみよう。
- 園内で共通理解していることを整理してみよう。

Ｉ男児（4歳）は，4歳で入園した当初から登園を嫌がることはなく，どの保育室にも出入りし，どの保育者ともテレビアニメの話や持ち物の話などをしている。

登園して身支度をする間，母親から「次はタオル」「次は帽子」と指示が出るが，聞こえていないのか，聞いていないのか，マイペースで身支度をしている。母親はＩ男児とハグをして帰りたい様子だが，Ｉ男児は身支度が終わると母親の顔を見ることもなく，遊戯室をめざし長い廊下を走っては戻ることを2～3回繰り返すことが日課になっている。

基本的生活習慣については自立できている。ただ，トイレに行く，手洗いをする等，並んで順番を待つ場面では，一番前に割り込み，友達に「ダメだよ！」と言われたことに腹を立て，友達を叩くというトラブルが一日に何度も繰り返される。その都度，保育者は順番で待つことを話し，Ｉ男児も「わかった！」と言っているがトラブルは減らない。

友達が遊んでいることに興味があり，例えば，ブロックで飛行機を作っている友達を見つけると，隣で同じようにブロックを組み立て始めるが，友達と同じ色のブロックが見つからないと友達の作った飛行機を壊して，自分がほしい色のブロックを手に入れるなど，自分本位な行動によるトラブルが多い。

戸外での遊びでは，目的なく走り回っていたかと思えば，友達が並んで待っているブランコや滑り台に割り込んでトラブルになる場面が多い。また，鬼ごっこなどのルールのある遊びでは，ルールを理解することはできていて，友達と一緒に遊び始めるが，気持ちが高まってくると友達を引っ張り倒して捕まえる，叩いてタッチする等の乱暴な行動に出ることがあり，「Ｉ君が引っ張った！」「Ｉ君が叩いた！」などと友達に言われ，その言葉に腹を立てて叩くという場面もよくみられる。

友達とのトラブルで本児と1対1で関わろうとすると，保育者に抱きついてきたり，その場に寝そべったりして，きちんと話ができない状態になることも多くある。

誕生会など，遊戯室での活動はゴロゴロと寝そべって参加したり，舞台の上に上がったりするなど，落ち着いて座って参加することができない。保育者の隣に座らせてみるが，保育者の膝に頭を乗せて寝転ぶなど，行動がエスカレートしていく。

Ｉ男児は，やってはいけないことやルールは理解できているが，気持ちの高まりや自分本位の気持ちが強くなるとトラブルに発展していくため，「おだやかな気持ちで活動に取り組めるようにする」ことを目標に，保育者は気持ちが高まる前に声をかけることや，順番を待つ場面の前に声をかけることを心がけて関わるようにするとともに，園内で共通理解をし，担任以外の保育者もＩ男児に対して同じ関わりをするようにしている。

■ 演　　習

- Ｉ男児の得意なこと，苦手なこと，問題になることを整理して書き出してみよう。

- クラスで集団保育を行う場面で，保育者が意識するべきことを整理してみよう。

- 友達とトラブルになった場合，本人と保育者でどんな話をするとよいのか考えてみよう。

演習事例❼　就学についての相談

　J男児は，幼稚園の3歳児クラスに入園する前に，知的に遅れのない自閉スペクトラム症と診断され，月に2回療育センターに通っている。5歳児クラスとなり，気の合う友達ができ，テレビ番組のごっこ遊びなどで一緒に遊ぶようになった。一方で，グループでの話し合いなどでは意見を一方的に言ったり，途中で友達との会話から外れたりする様子から，母親はカウンセラーに次のように相談していた。

＜7月×日（J男児5歳10か月）＞

　療育センターで田中ビネー式知能検査を受けた。IQ90であり，約半年の遅れであった。医師の診察では，知的な成長が著しいため就学は通常の学級でよいだろうと言われた。これから市の就学相談の利用や学校見学をする予定である。

　家庭では，母親の料理の手伝いを積極的に行う一面もあるが，ゲームなどで思い通りにいかないと癇癪を起こすことがある。

＜11月△日（J男児6歳2か月）＞

　先日地元の小学校の就学児健康診断を受けてきた。多くの先生達に囲まれ不安に思ったのか，健診会場の教室内にあるものを次々触ろうとしたり，教室から出ようとしたりした。先生からの質問にもうまく答えられなかった。別室で教頭先生と母親，J男児で話をして，特別支援学級の利用を勧められた。

　幼稚園では，運動会を経験して自信がついたのか，かなり落ち着いてきた。友達の意見にも耳を貸すようになった。友達と一緒に遊びたい思いが強くなってきたためか，遊びたいタイミングが合わないと怒って物を投げることがある。興味がない活動やテーマだと，目標や作るもののイメージを仲間で共有する活動や遊びに参加できないときがある。

　家庭では，特に運動会の前は，幼稚園から帰ってくるとわがままを言ったり，暴れたりして大変だった。幼稚園で頑張っている反動が出ていたかもしれない。小学校入学を楽しみにしている反面，就学児健康診断のことを思い出して不安がることもある。文字は読めるが，書くことができないので，小学校で板書が写せるか心配である。

　母親は，「先生は，通常の学級と特別支援学級，Jにはどちらがいいと思いますか？」とカウンセラーに尋ねた。母親からよく話を聞いてみると，父親が通常の学級を希望していることや今後の成長への期待もあり，通常の学級を希望しているようである。

■　演　習

- J男児と友達の意見や気持ちがすれ違うとき，どのような支援をすべきか考えてみよう。

- 母親はどのような気持ちで，就学に関する質問をカウンセラーにしたのか考えてみよう。

- 同じ質問をされたとき，どのような対応をするのがよいのか，話し合ってみよう。

演習事例❽　気になる子どもへの対応

　K女児は，2歳2か月の4月から保育所の2歳児クラスに通いはじめた。妊娠中や出産時の問題はなく，首すわりは4か月，寝返りは6か月，お座りは8か月，はいはいは10か月，つかまり立ちは12か月，伝い歩きは1歳2か月，ひとり歩きは1歳5か月である。

　1歳6か月健康診査で言葉の遅れを指摘されたが，それに対して母親は「心配していない」と答え，その後のフォローは断った。気になる点としては，2歳半時点で「ママ」「パパ」など単語で意思表示をし，二語文はまだ話せないことである。にこにこして表情はよい。また，K女児は生活の流れが理解できないため，着替えなどは保育士が1対1で対応したり，次の活動に移るときには必要に応じて声をかけたりしている。母親が保育士に語った話と園の方針は次の通りである。

＜10月（K女児2歳8か月）・運動会終了後のお迎え時＞

母親の話：運動会はずっと泣いていて種目に参加できなかった。初めての運動会だから仕方ないと思う。運動会で久々にK女児の姿を見た母方祖母から，「文章で話せていないし，大丈夫？」と言われた。周りの子どもと比べて，遅いかなと思う。

園の方針：K女児は，保育士との信頼関係ができ，遊びや行動範囲が広がった。言葉がはっきり聴き取れない。生活の流れがなかなか身につかないため，K女児ができることが増えるように個別の支援をしていきたい。家庭でも，一緒に絵本を読むことや触れ合い遊びを楽しんでほしい。

＜年明け2月（K女児3歳0か月）・個別懇談会＞

母親の話：「ワンワン，いた」など二語文で話せるようになった。もう少し様子をみたい。

園の方針：K女児は二語文が出てきて，意思が伝わりやすくなった。思い通りにならないと癇癪を起こすが，自我の成長と捉えている。友達に対して自分の意思を言葉で伝えることがまだ十分できないため，手が出ることがある。園の方針としては，状況に応じた言葉の発達を促す関わりを心がけたい。3歳児クラスになると担任や保育室も変わるため，K女児の変化について気をつけてみていきたい。母親からは，3歳児健康診査の結果を教えてほしい。

　K女児は，全体的に半年から1年くらいの遅れがあると考えられる。しかし，K女児なりの成長があることや集団生活から受ける刺激に期待して，母親は保健所などでの特別な支援を望んでいない。今後，3歳児クラスになると，一人の保育士が担当する児童数が増えるため，2歳児クラスのときのような丁寧な対応が難しくなる。保育士は，3歳児クラスになってからのK女児の適応を心配している。

演　習

- 現在のK女児に対して，どのような援助が必要か考えてみよう。
- 「様子をみたい」と母親に言われたとき，その後の対応について話し合ってみよう。
- K女児が3歳児健康診査を受けた後，保育者としてどのような対応をするのか，園内での連携，関係機関との連携も含めて話し合ってみよう。

第13章　支援計画の演習

> 　本章では，実際の保育現場で障害のある子どもの支援計画を立案する前に，事例を通して演習を行い，計画を立案していく力を養っていくことをねらいとしている。子どもの姿をもとにして，支援計画を立案する演習を重ねることによって，子どもの姿を捉える力，子どもの姿から課題分析をする力，文章表現の力などを高めていく。

　障害のある子どもの支援計画立案について解説している文献や資料を読んだり，それをもとに話を聞いたりすることは，もちろん大切なことである。実際の計画立案時に参考になることも多い。

　ただし，それだけでは十分とはいえない。文献や資料を読んだり，聞いたりして理解したつもりでいても，実際に障害のある子どもの支援計画を立案してみると，思うように作成できなかったり，第三者から見て偏りのあるものになってしまったりするものである。

　対象の子どもに「こうなってほしい」という保育者の思いが強すぎて，子ども自身の気持ちを置き去りにしてしまうことはないだろうか。逆に子どもの気持ちに寄り添うあまり，将来を見据えた発達の視点を見落としてしまうことはないだろうか。不測の事態に対応できる計画となっているだろうか。子どもの姿と目標設定とが一致しているだろうか。こうした様々な要素に思いを巡らせながら立案する経験を重ねていかないと，配慮や支援が適切ではない支援計画になってしまうことも少なくないのである。

　そうした経験の一環とするため，本章では2つの事例をもとに，個別の月・週支援計画の様式の各欄にどのような事項を記入するのか，考え方のポイントを含めた解説をしているので参考にして演習に取り組んでほしい。

計画作成事例❶　自閉スペクトラム症の子どもの支援計画

　4歳児の4月に年中クラスに入所したL男児は10月現在4歳11か月である。

　2歳の頃，自閉スペクトラム症と診断され，3歳児から1年間，児童発達支援センターに通園し，母子通園，単独通園を経た後に保育所に入所してきた。

　①衣服の着脱や排泄，食事は自立している。　②保育者や友達に声をかけられると一緒に遊んだり笑顔で会話するなど，人なつこく，クラスの友達にかわいがられている。

　③運動会に向けての活動では友達と一緒に徒競走をしたり，リズム遊びや障害物競走に参加している。しかし，④徒競走や障害物競走などの競技では1番にこだわり，1番前の列で参加したいと言ったり，結果が1番ではないときには「1番がいい！」「1番じゃないから嫌だ！」と泣きじゃくる。　⑤「もう1回しようか」「次は1番になれるかもしれないよ」などの保育者の言葉は耳に届かず，泣き続けている

　⑥大泣き後は，泣きやんでもその場を離れられず，口を尖らせたまま，うつむいていたりし，気持ちを切り替えるのには時間がかかり，保育者は泣いているL男児をテラスに座らせ見守りながら他児の活動を進めていくという毎日である。

■　　事例の考察

　この事例は障害によるこだわりが友達関係の不安定さに影響していることを心配した事例である。本人のもつ人なつこい性格で対人関係の問題はあまり目立たない反面，"1番"に強くこだわるため，友達との関係がうまくいかない場面や状況があり，友達関係が不安定になることを取り上げている。

■　　演　　　習

　事例をもとにして，次頁の様式例に支援計画を作成してみよう。

子どもの姿：事例中の①～⑥を参考に，子どもの姿や行動を，支援計画の様式の子どもの姿の該当する欄に記入する。

月目標：何にこだわっているのか，そのことにより問題となっていることは何か，こだわりを減らすことができているのはどのような場面や環境なのか，身につけてほしいこと，などの視点で達成可能な月の目標を設定する。

目標（1～4週）：月目標をスモールステップで細分化し，週の目標を設定する。どの場面で支援ができるか，達成可能な順序や段階を考えて設定する。

環境：どのような環境設定をすれば子どもがこだわりを感じずに活動に参加でき，子どもが気持ちを切り替えられるのかなどを考えて環境設定をする。

支援方法：保育者の配慮や支援について，子どもが環境に関わっていくきっかけづくりや直接的，間接的な方法を考えていく。

歳児　月					氏名			（　歳　か月）

	生　活	対人関係	運動・遊び	言　葉	情　緒
子どもの姿	①	② ③ ⑤	③	② ⑤	③ ④ ⑤ ⑥

月目標		保護者連携等

週	第 1 週 （ / ～ / ）	第 2 週 （ / ～ / ）	第 3 週 （ / ～ / ）	第 4 週 （ / ～ / ）	
目標					
環境					
支援方法					
評価					

計画作成事例❷　気になる子どもの支援計画

　7月現在，4歳5か月になるM女児は，4歳児クラスで4月に入所してきた。

　①自分から保育者に話しかけることは少ないが，保育者の質問に対してはおおよそ答えることができる。しかし，②話しているときに視線が合うことは少ない。③母親の話では，家庭では保育所での出来事を自分から話し，弟とのけんかでは大きな声で「ばか！」と言うこともあり，また，視線が合わないのは斜視のためだと思ったとのことだった。

　④ひらがなが読め，自分の名前を書くことができる。また，⑤チックや吃音などの神経症的な癖はみられない。

　⑥衣服の着脱や排泄，食事などはほとんど一人でできるが，⑦生気なく表情も乏しく，⑧一つ一つの動作がゆっくりで時間がかかる。

　⑨友達の遊びを目で追っているが，⑩どこを見ているのかはっきりしない，ぼんやりとした表情で眺めることが多い。

　⑪お絵描きや粘土遊びでは，時々，クレパスや粘土を口に入れてかじっている。⑫「Mちゃん，粘土は食べるものじゃないよ！」と，保育者や友達に言われれば，我に返ったように口から吐き出す。⑬絵本や紙芝居は名札をかじりながら見ている。

■　事例の考察

　この事例は発達の遅れや偏りが顕著ではなく，集団での生活は何となく過ごせてはいるものの，家庭環境を過敏に受け止め，自分の気持ちを表出することがうまくできずにいることなどから，情緒的な問題が心配される事例である。

■　演　　習

　事例をもとにして，次頁の様式例に支援計画を作成してみよう。

子どもの姿：事例中の①〜⑬を参考に，子どもの姿や行動を，支援計画の様式の子どもの姿の該当する欄に記入する。

月目標：本人が困っていることは何か，本人ができることは何か，保育者として考える問題点は何かなどを絞り込み，達成可能な月の目標を設定する。

目標（1〜4週）：月目標をスモールステップで細分化し，週の目標を設定する。どのような場面で支援ができるか，達成可能な順序や段階を考えて設定する。

環境：どのような環境設定をすれば，子どもが自ら環境に関わっていくことができるのかを第一に考えて環境設定をする。

支援方法：保育者の配慮や支援は，子どもが環境に関わっていくきっかけづくりや直接的・間接的な方法を考えていく。

歳児　月　　　　　　　　　　　氏名　　　　　　　（　歳　か月）

	生　活	対人関係	運動・遊び	言　葉	情　緒
子どもの姿	⑥ ⑧	① ② ③ ⑨ ⑫	④ ⑨ ⑪ ⑬	① ③ ⑫ ⑬	③ ⑤ ⑦ ⑩ ⑬

月目標		保護者 連携等

週	第　1　週 （　/　～　/　）	第　2　週 （　/　～　/　）	第　3　週 （　/　～　/　）	第　4　週 （　/　～　/　）	
目標					
環境					
支援方法					
評価					

資　料（DSM-5の診断基準および身体障害程度等級表）

DSM-5の診断基準

知的能力障害（知的発達症/知的発達障害）
Intellectual Disability (Intellectual Developmental Disorder)

　　知的能力障害（知的発達症）は，発達期に発症し，概念的，社会的，および実用的な領域における知的機能と適応機能両面の欠陥を含む障害である。以下の3つの基準を満たさなければならない。

A　臨床的評価および個別化，標準化された知能検査によって確かめられる，論理的思考，問題解決，計画，抽象的思考，判断，学校での学習，および経験からの学習など，知的機能の欠陥。

B　個人の自立や社会的責任において発達的および社会文化的な水準を満たすことができなくなるという適応機能の欠陥。継続的な支援がなければ，適応上の欠陥は，家庭，学校，職場，および地域社会といった多岐にわたる環境において，コミュニケーション，社会参加，および自立した生活といった複数の日常生活活動における機能を限定する。

C　知的および適応の欠陥は，発達期の間に発症する。

自閉スペクトラム症/自閉症スペクトラム障害
Autism Spectrum Disorder

A　複数の状況で社会的コミュニケーションおよび対人的相互反応における持続的な欠陥があり，現時点または病歴によって，以下により明らかになる（以下の例は一例であり，網羅したものではない）。

　(1)　相互の対人的－情緒的関係の欠落で，例えば，対人的に異常な近づき方や通常の会話のやりとりのできないことといったものから，興味，情動，または感情を共有することの少なさ，社会的相互反応を開始したり応じたりすることができないことに及ぶ。

　(2)　対人的相互反応で非言語的コミュニケーション行動を用いることの欠陥，例えば，まとまりの悪い言語的，非言語的コミュニケーションから，視線を合わせることと身振りの異常，または身振りの理解やその使用の欠陥，顔の表情や非言語的コミュニケーションの完全な欠陥に及ぶ。

　(3)　人間関係を発展させ，維持し，それを理解することの欠陥で，例えば，さまざまな社会的状況に合った行動に調整することの困難さから，想像上の遊びを他者と一緒にしたり友人を作ることの困難さ，または仲間に対する興味欠如に及ぶ。

B　行動，興味，または活動の限定された反復的な様式で，現在または病歴によって，以下の少なくとも2つにより明らかになる（以下の例は一例であり，網羅したものではない）。

　(1)　常同的または反復的な身体の運動，物の使用，または会話（例：おもちゃを一列に並べたり物を叩いたりするなどの単調な常同運動，反響言語，独特な言い回し）。

　(2)　同一性への固執，習慣への頑なこだわり，または言語的，非言語的な儀式的行動様式（例：小さな変化に対する極度の苦痛，移行することの困難さ，柔軟性に欠ける思考様式，儀式のような挨拶の習慣，毎日同じ道順をたどったり，同じ食物を食べたりすることへの要求）。

　(3)　強度または対象において異常なほど，きわめて限定され執着する興味（例：一般的ではない対象への強い愛着または没頭，過度に限局したまたは固執した興味）。

（4）感覚刺激に対する過敏さまたは鈍感さ，または環境の感覚的側面に対する並外れた興味（例：痛みや体温に無関心のように見える，特定の音または触感に逆の反応をする，対象を過度に嗅いだり触れたりする，光または動きを見ることに熱中する）。

C　症状は発達早期に存在していなければならない（しかし社会的要求が能力の限界を超えるまでは症状は完全に明らかにならないかもしれないし，その後の生活で学んだ対応の仕方によって隠されている場合もある）。

D　その症状は，社会的，職業的，または他の重要な領域における現在の機能に臨床的に意味のある障害を引き起こしている。

E　これらの障害は，知的能力障害（知的発達症）または全般的発達遅延ではうまく説明されない。知的能力障害と自閉スペクトラム症はしばしば同時に起こり，自閉スペクトラム症と知的能力障害の併存の診断を下すためには，社会的コミュニケーションが全般的な発達の水準から期待されるものより下回っていなければならない。

注：DSM-IVで自閉性障害，アスペルガー障害，または特定不能の広汎性発達障害の診断が十分確定しているものには，自閉スペクトラム症の診断が下される。社会的コミュニケーションの著しい欠陥を認めるが，それ以外は自閉スペクトラム症の診断基準を満たさないものは，社会的（語用論的）コミュニケーション症として評価されるべきである。

注意欠如・多動症/注意欠如・多動性障害
Attention-Deficit/Hyperactivity Disorder

A　（1）および（2）によって特徴づけられる，不注意および/または多動性−衝動性の持続的な様式で，機能または発達の妨げとなっているもの。

（1）**不注意**：以下の症状のうち6つ（またはそれ以上）が少なくとも6か月持続したことがあり，その程度は発達の水準に不相応で，社会的および学業的/職業的活動に直接，悪影響を及ぼすほどである。

　　注：それらの症状は，単なる反抗的行動，挑戦，敵意の表れではなく，課題や指示を理解できないことでもない。青年期後期および成人（17歳以上）では，少なくとも5つ以上の症状が必要である。

　（a）学業，仕事，他の活動中に，しばしば綿密に注意することができない，または不注意な間違いをする（例：細部を見過ごしたり，見逃してしまう，作業が不正確である）。

　（b）課題または遊びの活動中に，しばしば注意を持続することが困難である（例：講義，会話，または長時間の読書に集中し続けることが難しい）。

　（c）直接話しかけられたときに，しばしば聞いていないように見える（例：明らかな注意を逸らすものがない状況でさえ，心がどこか他所にあるように見える）。

　（d）しばしば指示に従えず，学業，用事，または職場での義務をやり遂げることができない（例：課題を始めるがすぐに集中できなくなる，また容易に脱線する）。

　（e）課題や活動を順序立てることがしばしば困難である（例：一連の課題を遂行することが難しい，資料や持ち物を整理しておくことが難しい，作業が乱雑でまとまりがない，時間の管理が苦手，締め切りを守れない）。

　（f）精神的努力の持続を要する課題（例：学業や宿題，青年期後期および成人では報告書の作成，書類に漏れなく記入すること，長い文書を見直すこと）に従事することをしばしば避ける，嫌う，またはいやいや行う。

　（g）課題や活動に必要なもの（例：学校教材，鉛筆，本，道具，財布，鍵，書類，眼鏡，携帯電話）をしばしばなくしてしまう。

(h) しばしば外的な刺激（青年期後期および成人では無関係な考えも含まれる）によってすぐ気が散ってしまう。

(i) しばしば日々の活動（例：用事を足すこと，お使いをすること，青年期後期および成人では，電話を折り返しかけること，お金の支払い，会合の約束を守ること）で忘れっぽい。

(2) **多動性および衝動性**：以下の症状のうち6つ（またはそれ以上）が少なくとも6か月持続したことがあり，その程度は発達の水準に不相応で，社会的および学業的/職業的活動に直接，悪影響を及ぼすほどである。

注：それらの症状は，単なる反抗的行動，挑戦，敵意の表れではなく，課題や指示を理解できないことでもない。青年期後期および成人（17歳以上）では，少なくとも5つ以上の症状が必要である。

(a) しばしば手足をそわそわと動かしたりトントン叩いたりする。またはいすの上でもじもじする。

(b) 席についていることが求められる場面でしばしば席を離れる（例：教室，職場，その他の作業場所で，またはそこにとどまることを要求される他の場面で，自分の場所を離れる）。

(c) 不適切な状況でしばしば走り回ったり高い所へ登ったりする（注：青年または成人では，落ち着かない感じのみに限られるかもしれない）。

(d) 静かに遊んだり余暇活動につくことがしばしばできない。

(e) しばしば「じっとしていない」，またはまるで「エンジンで動かされるように」行動する（例：レストランや会議に長時間とどまることができないかまたは不快に感じる他の人達には，落ち着かないとか，一緒にいることが困難と感じられるかもしれない）。

(f) しばしばしゃべりすぎる。

(g) しばしば質問を終わる前に出し抜いて答え始めてしまう（例：他の人達の言葉の続きを言ってしまう。会話で自分の番を待つことができない）。

(h) しばしば自分の順番を待つことが困難である（例：列に並んでいるとき）。

(i) しばしば他人を妨害し，邪魔する（例：会話，ゲーム，活動に干渉する。相手に聞かずにまたは許可を得ずに他人の物を使い始めるかもしれない。青年または成人では，他人のしていることに口出ししたり，横取りすることがあるかもしれない）。

B　不注意または多動性－衝動性の症状のうちいくつかが12歳になる前から存在していた。

C　不注意または多動性－衝動性の症状のうちいくつかが2つ以上の状況（例：家庭，学校，職場；友人や親戚といるとき；その他の活動中）において存在する。

D　これらの症状が，社会的，学業的または職業的機能を損なわせているまたはその質を低下させているという明確な証拠がある。

E　その症状は，統合失調症，または他の精神病性障害の経過中に起こるものではなく，他の精神疾患（例：気分障害，不安症，解離症，パーソナリティ障害，物質中毒または離脱）ではうまく説明されない。

限局性学習症/限局性学習障害
Specific Learning Disorder

A　学習や学業的技能の使用に困難があり，その困難を対象とした介入が提供されているにもかかわらず，以下の症状の少なくとも1つが存在し，少なくとも6か月間持続していることで明らかになる。

(1) 不的確または速度が遅く，努力を要する読字（例：単語を間違ってまたゆっくりとためらいがちに音読する，しばしば言葉を当てずっぽうに言う，言葉を発音することの困難さをもつ）

(2) 読んでいるものの意味を理解することの困難さ（例：文章を正確に読む場合があるが，読んでいるもののつながり，関係，意味するもの，またはより深い意味を理解していないかもしれない）

(3) 綴字の困難さ（例：母音や子因を付け加えたり，入れ忘れたり，置き換えたりするかもしれない）

(4) 書字表出の困難さ（例：文章の中で複数の文法または句読点の間違いをする，段落のまとめ方が下手，思考の書字表出に明確さがない）

(5) 数字の概念，数値，または計算を習得することの困難さ（例：数字，その大小，および関係の理解に乏しい，1桁の足し算を行うのに同級生がやるように数字的事実を思い浮かべるのではなく指を折って数える，算術計算の途中で迷ってしまい方法を変更するかもしれない）

(6) 数学的推論の困難さ（例：定量的問題を解くために，数学的概念，数学的事実，または数学的方法を適用することが非常に困難である）

B　欠陥のある学業的技能は，その人の暦年齢に期待されるよりも，著明にかつ定量的に低く，学業または職業遂行能力，または日常生活活動に意味のある障害を引き起こしており，個別施行の標準化された到達尺度および総合的な臨床消化で確認されている。17歳以上の人においては，確認された学習困難の経歴は標準化された評価の代わりにしてよいかもしれない。

C　学習困難は学齢期に始まるが，欠陥のある学業的技能に対する要求が，その人の限られた能力を超えるまでは完全には明らかにはならないかもしれない（例：時間制限のある試験，厳しい締め切り期間内に長く複雑な報告書を読んだり書いたりすること，過度に思い学業的負荷）。

D　学習困難は知的能力障害群，非矯正視力または聴力，他の精神または精神疾患，心理社会的逆境，学業的指導に用いる言語の習熟度不足，または不適切な教育的指導によってはうまく説明されない。

出典）日本精神神経学会（日本語版用語監修），高橋三郎・大野裕（監訳）『DSM-5 精神疾患の診断・統計マニュアル』医学書院，2014，pp.33-66.

身体障害程度等級表

（身体障害者福祉法施行規則　別表第5号）

級別	視覚障害	聴覚又は平衡機能の障害		音声機能言語機能又はそしゃく機能の障害
		聴覚障害	平衡機能障害	
1級	視力の良い方の眼の視力（万国式試力表によって測ったものをいい，屈折異常のある者については，矯正視力について測ったものをいう。以下同じ。）が0.01以下のもの			
2級	1　視力の良い方の眼の視力が0.02以上0.03以下のもの 2　視力の良い方の眼の視力が0.04かつ他方の眼の視力が手動弁以下のもの 3　周辺視野角度（I／4視標による。以下同じ。）の総和が左右眼それぞれ80度以下かつ両眼中心視野角度（I／2視標による。以下同じ。）が28度以下のもの 4　両眼開放視認点数が70点以下かつ両眼中心視野視認点数が20点以下のもの	両耳の聴力レベルがそれぞれ100デシベル以上のもの（両耳全ろう）		
3級	1　視力の良い方の眼の視力が0.04以上0.07以下のもの（2級の2に該当するものを除く。） 2　視力の良い方の眼の視力が0.08かつ他方の眼の視力が手動弁以下のもの 3　周辺視野角度の総和が左右眼それぞれ80度以下かつ両眼中心視野角度が56度以下のもの 4　両眼開放視認点数が70点以下かつ両眼中心視野視認点数が40点以下のもの	両耳の聴力レベルが90デシベル以上のもの（耳介に接しなければ大声語を理解し得ないもの）	平衡機能の極めて著しい障害	音声機能，言語機能又はそしゃく機能の喪失
4級	1　視力の良い方の眼の視力が0.08以上0.1以下のもの（3級の2に該当するものを除く。） 2　周辺視野角度の総和が左右眼それぞれ80度以下のもの 3　両眼開放視認点数が70点以下のもの	1　両耳の聴力レベルが80デシベル以上のもの（耳介に接しなければ話声語を理解し得ないもの） 2　両耳による普通話声の最良の語音明瞭度が50％以下のもの		音声機能，言語機能又はそしゃく機能の著しい障害
5級	1　視力の良い方の眼の視力が0.2かつ他方の眼の視力が0.02以下のもの 2　両眼による視野の2分の1以上が欠けているもの 3　両眼中心視野角度が56度以下のもの 4　両眼開放視認点数が70点を超えかつ100点以下のもの 5　両眼中心視野視認点数が40点以下のもの		平衡機能の著しい障害	
6級	視力の良い方の眼の視力が0.3以上0.6以下かつ他方の眼の視力が0.02以下のもの	1　両耳の聴力レベルが70デシベル以上のもの（40cm以上の距離で発声された会話語を理解し得ないもの） 2　一側耳の聴力レベルが90デシベル以上，他側耳の聴力レベルが50デシベル以上のもの		
7級				

級別	肢体不自由		
	上肢	下肢	体幹
1級	1　両上肢の機能を全廃したもの 2　両上肢を手関節以上で欠くもの	1　両下肢の機能を全廃したもの 2　両下肢を大腿の2分の1以上で欠くもの	体幹の機能障害により坐っていることができないもの
2級	1　両上肢の機能の著しい障害 2　両上肢のすべての指を欠くもの 3　一上肢を上腕の2分の1以上で欠くもの 4　一上肢の機能を全廃したもの	1　両下肢の機能の著しい障害 2　両下肢を下腿の2分の1以上で欠くもの	1　体幹の機能障害により坐位又は起立位を保つことが困難なもの 2　体幹の機能障害により立ち上ることが困難なもの
3級	1　両上肢のおや指及びひとさし指を欠くもの 2　両上肢のおや指及びひとさし指の機能を全廃したもの 3　一上肢の機能の著しい障害 4　一上肢のすべての指を欠くもの 5　一上肢のすべての指の機能を全廃したもの	1　両下肢をショパー関節以上で欠くもの 2　一下肢を大腿の2分の1以上で欠くもの 3　一下肢の機能を全廃したもの	体幹の機能障害により歩行が困難なもの
4級	1　両上肢のおや指を欠くもの 2　両上肢のおや指の機能を全廃したもの 3　一上肢の肩関節，肘関節又は手関節のうち，いずれか一関節の機能を全廃したもの 4　一上肢のおや指及びひとさし指を欠くもの 5　一上肢のおや指及びひとさし指の機能を全廃したもの 6　おや指又はひとさし指を含めて一上肢の三指を欠くもの 7　おや指又はひとさし指を含めて一上肢の三指の機能を全廃したもの 8　おや指又はひとさし指を含めて一上肢の四指の機能の著しい障害	1　両下肢のすべての指を欠くもの 2　両下肢のすべての指の機能を全廃したもの 3　一下肢を下腿の2分の1以上で欠くもの 4　一下肢の機能の著しい障害 5　一下肢の股関節又は膝関節の機能を全廃したもの 6　一下肢が健側に比して10cm以上又は健側の長さの10分の1以上短いもの	
5級	1　両上肢のおや指の機能の著しい障害 2　一上肢の肩関節，肘関節又は手関節のうち，いずれか一関節の著しい障害 3　一上肢のおや指を欠くもの 4　一上肢のおや指の機能を全廃したもの 5　一上肢のおや指及びひとさし指の機能の著しい障害 6　おや指又はひとさし指を含めて一上肢の三指の機能の著しい障害	1　一下肢の股関節又は膝関節の機能の著しい障害 2　一下肢の足関節の機能を全廃したもの 3　一下肢が健側に比して5cm以上又は健側の長さの15分の1以上短いもの	体幹の機能の著しい障害
6級	1　一上肢のおや指の機能の著しい障害 2　ひとさし指を含めて一上肢の二指を欠くもの 3　ひとさし指を含めて一上肢の二指の機能を全廃したもの	1　一下肢をリスフラン関節以上で欠くもの 2　一下肢の足関節の機能の著しい障害	
7級	1　一上肢の機能の軽度の障害 2　一上肢の肩関節，肘関節又は手関節のうち，いずれか一関節の機能の軽度の障害 3　一上肢の手指の機能の軽度の障害 4　ひとさし指を含めて一上肢の二指の機能の著しい障害 5　一上肢のなか指，くすり指及び小指を欠くもの 6　一上肢のなか指，くすり指及び小指の機能を全廃したもの	1　両下肢のすべての指の機能の著しい障害 2　一下肢の機能の軽度の障害 3　一下肢の股関節，膝関節又は足関節のうち，いずれか一関節の機能の軽度の障害 4　一下肢のすべての指を欠くもの 5　一下肢のすべての指の機能を全廃したもの 6　一下肢が健側に比して3cm以上又は健側の長さの20分の1以上短いもの	

級別	肢体不自由		心臓，じん臓若しくは呼吸器又はぼうこう若しくは直腸，小腸，ヒト免疫不全ウイルスによる免疫若しくは肝臓の機能の障害		
	乳幼児期以前の非進行性の脳病変による運動機能障害				
	上肢機能	移動機能	心臓機能障害	じん臓機能障害	呼吸器機能障害
1級	不随意運動・失調等により上肢を使用する日常生活動作がほとんど不可能なもの	不随意運動・失調等により歩行が不可能なもの	心臓の機能の障害により自己の身辺の日常生活活動が極度に制限されるもの	じん臓の機能の障害により自己の身辺の日常生活活動が極度に制限されるもの	呼吸器の機能の障害により自己の身辺の日常生活活動が極度に制限されるもの
2級	不随意運動・失調等により上肢を使用する日常生活動作が極度に制限されるもの	不随意運動・失調等により歩行が極度に制限されるもの			
3級	不随意運動・失調等により上肢を使用する日常生活動作が著しく制限されるもの	不随意運動・失調等により歩行が家庭内での日常生活活動に制限されるもの	心臓の機能の障害により家庭内での日常生活活動が著しく制限されるもの	じん臓の機能の障害により家庭内での日常生活活動が著しく制限されるもの	呼吸器の機能の障害により家庭内での日常生活活動が著しく制限されるもの
4級	不随意運動・失調等による上肢の機能障害により社会での日常生活活動が著しく制限されるもの	不随意運動・失調等により社会での日常生活活動が著しく制限されるもの	心臓の機能の障害により社会での日常生活活動が著しく制限されるもの	じん臓の機能の障害により社会での日常生活活動が著しく制限されるもの	呼吸器の機能の障害により社会での日常生活活動が著しく制限されるもの
5級	不随意運動・失調等による上肢の機能障害により社会での日常生活活動に支障のあるもの	不随意運動・失調等により社会での日常生活活動に支障のあるもの			
6級	不随意運動・失調等により上肢の機能の劣るもの	不随意運動・失調等により移動機能の劣るもの			
7級	上肢に不随意運動・失調等を有するもの	下肢に不随意運動・失調等を有するもの			

| 級別 | 心臓，じん臓若しくは呼吸器又はぼうこう若しくは直腸，小腸，ヒト免疫不全ウイルスによる免疫若しくは肝臓の機能の障害 | | | |
	ぼうこう又は直腸の機能障害	小腸機能障害	ヒト免疫不全ウイルスによる免疫機能障害	肝臓機能障害
1級	ぼうこう又は直腸の機能の障害により自己の身辺の日常生活活動が極度に制限されるもの	小腸の機能の障害により自己の身辺の日常生活活動が極度に制限されるもの	ヒト免疫不全ウイルスによる免疫の機能の障害により日常生活がほとんど不可能なもの	肝臓の機能の障害により日常生活活動がほとんど不可能なもの
2級			ヒト免疫不全ウイルスによる免疫の機能の障害により日常生活が極度に制限されるもの	肝臓の機能の障害により日常生活活動が極度に制限されるもの
3級	ぼうこう又は直腸の機能の障害により家庭内での日常生活活動が著しく制限されるもの	小腸の機能の障害により家庭内での日常生活活動が著しく制限されるもの	ヒト免疫不全ウイルスによる免疫の機能の障害により日常生活が著しく制限されるもの（社会での日常生活活動が著しく制限されるものを除く。）	肝臓の機能の障害により日常生活活動が著しく制限されるもの（社会での日常生活活動が著しく制限されるものを除く。）
4級	ぼうこう又は直腸の機能の障害により社会での日常生活活動が著しく制限されるもの	小腸の機能の障害により社会での日常生活活動が著しく制限されるもの	ヒト免疫不全ウイルスによる免疫の機能の障害により社会での日常生活活動が著しく制限されるもの	肝臓の機能の障害により社会での日常生活活動が著しく制限されるもの
5級				
6級				
7級				

備　考

1　同一の等級について二つの重複する障害がある場合は，1級上の級とする。ただし，二つの重複する障害が特に本表中に指定せられているものは，該当等級とする。

2　肢体不自由においては，7級に該当する障害が2以上重複する場合は，6級とする。

3　異なる等級について2以上の重複する障害がある場合については，障害の程度を勘案して当該等級より上の級とすることができる。

4　「指を欠くもの」とは，おや指については指骨間関節，その他の指については第一指骨間関節以上を欠くものをいう。

5　「指の機能障害」とは，中手指節関節以下の障害をいい，おや指については，対抗運動障害をも含むものとする。

6　上肢又は下肢欠損の断端の長さは，実用長（上腕においては腋窩より，大腿においては坐骨結節の高さより計測したもの）をもって計測したものをいう。

7　下肢の長さは，前腸骨棘より内くるぶし下端までを計測したものをいう。

索 引

た 行

● **編著者**　　　　　　　　　　　　　　　　　　　　　〔執筆分担〕

武藤(松尾)久枝　中部大学現代教育学部 教授　　　第4章1・2，第7章1・4，第9章，
（むとう（まつお）ひさえ）　　　　　　　　　　　　第10章1(1)～(3)，第13章，コラム（p.54）

小川 英彦　愛知教育大学教育学部 教授　　　　　　第1章，コラム（p.15，16）
（おがわ ひでひこ）

● **著者（五十音順）**

一木 薫　福岡教育大学教育学部 教授　　　　　　　第2章2，コラム（p.31）
（いちき かおる）

大河内 修　中部大学現代教育学部 教授　　　　　　第5章2・3，第7章3，第11章1・2，
（おおこうち おさむ）　　　　　　　　　　　　　　コラム（p.79，108）

荻原 はるみ　名古屋柳城短期大学 教授　　　　　　第5章1，コラム（p.70，71）
（おぎわら）

勝浦 眞仁　桜花学園大学保育学部 准教授　　　　　第11章3(3)(4)・4，第12章演習事例①，
（かつうら まひと）　　　　　　　　　　　　　　　コラム（p.162）

金山 三惠子　四国大学看護学部 准教授　　　　　　第6章
（かなやま みえこ）

岸本 美紀　岡崎女子大学子ども教育学部 准教授　　第10章1(4)～(6)，コラム（p.145）
（きしもと みき）　　　　　　　　　　　　　　　　第12章 事例の活用について・演習事例⑦⑧

熊谷 享子　豊橋創造大学短期大学部 准教授　　　　第2章1，コラム（p.24）
（くまがい たかこ）

幸田 政次　元 愛知みずほ大学短期大学部 教授　　第3章，第7章2，第11章3(1)(2)，
（こうだ まさつぐ）　　　　　　　　　　　　　　　コラム（p.38，39，46）

白取 真実　貞静学園短期大学 講師　　　　　　　　第8章2～4，第12章演習事例②～④
（しらとり まみ）

千田 隆弘　中部大学現代教育学部 講師　　　　　　第7章4
（せんだ たかひろ）

髙沢 佳司　皇學館大学文学部 助教　　　　　　　　第8章1，コラム（p.114，115）
（たかさわ けいじ）

橋本 悦子　中部大学現代教育学部 非常勤講師　　　第9章，第10章2・3，第12章演習事例⑤⑥
（はしもと えつこ）　　　　　　　　　　　　　　　第13章，コラム（p.133，134）

布施 由起　関東短期大学 准教授　　　　　　　　　第4章3・4，コラム（p.61，62）
（ふせ ゆき）

松原 章子（イラスト作成）
（まつばら あきこ）

コンパス　障害児の保育・教育

2018年（平成30年）　4月5日　初 版 発 行
2020年（令和2年）　12月15日　第3刷発行

編著者　武　藤　久　枝
　　　　小　川　英　彦

発行者　筑　紫　和　男

発行所　株式会社 建 帛 社
　　　　KENPAKUSHA

〒112-0011　東京都文京区千石4丁目2番15号
TEL　（03）3944-2611
FAX　（03）3946-4377
https://www.kenpakusha.co.jp/

ISBN 978-4-7679-5064-8　C3037
©武藤久枝，小川英彦ほか，2018.
（定価はカバーに表示してあります）

壮光舎印刷／田部井手帳
Printed in Japan